FED
SIGNAL
페드 시그널

지은이 | 김성재

1판 1쇄 인쇄 | 2023년 10월 11일
1판 1쇄 발행 | 2023년 10월 18일

펴낸곳 | (주)지식노마드
펴낸이 | 노창현
표지 디자인 | 블루노머스
등록번호 | 제313-2007-000148호
등록일자 | 2007. 7. 10
(04032) 서울특별시 마포구 양화로 133, 1201호(서교동, 서교타워)
전화 | 02) 323-1410
팩스 | 02) 6499-1411
홈페이지 | knomad.co.kr
이메일 | knomad@knomad.co.kr

값 25,000원

ISBN 979-11-92248-13-4 13320

FED SIGNAL

페드 시그널

연준의 날갯짓은 어떻게
서울의 태풍이 되는가?

김성재 지음

최고의 연준 전문가가 예측하는 임박한 위기의 징조들

nomad
지식노마드

외환위기의 진짜 원인을 파고든 끝에 만나게 된 존재, 연준

돌이켜보면 반세기 넘는 인생을 살면서 절반 이상을 경제와 금융시장만 바라보고 살았다. 대학에서는 최고학부에서 경제학을 전공했다. 가장 우수한 교수들에게서 배웠고 가장 똑똑한 친구들과 대화했다. 경제학 서적을 읽으면서 세상 모든 것이 교과서가 가르치는 정책대로 되는 줄 알았다. 머릿속에 모델을 그리면서 시장과 경제를 분석했다. 마치 경제가 내 손바닥 위에 있는 듯 보였다. 후진적 정책만 남발하는 정부가 안타깝기도 했다.

그러나 대학을 졸업하고 종합금융회사에 취업해 국제금융시장에서 일하기 시작하면서 내 지식이 얼마나 얕은 것이었는지 금방 깨달았다. 대학에서 공부한 이론적 모델로 분석하기에는 글로벌 금융시장의 변화와 움직임은 아주 빨랐다. 로이터 모니터에 뜨는 금융뉴스의 의미를 이해하느라 이리저리 뛰다 보면 하루가 금방 지나갔다. 출퇴근길에 지하철에서 읽는 경제 신문의 기사들도 돌을 씹는 것처럼 무미건조하고 이해하기 어려웠다. 답답한 마음이 들었다. 금융권에서 뼈가 굵은 선배들과 만나 식사를 하고 차를 나누며 대화를 하고서야 시장 지식이 책에는 존재하지 않는다는 사실을 깨달았다. 농사를 지으려면 《농사직설》을 읽을 것이 아니라 농부에게 물어야 한다는 진실을 느꼈다. 시간이 가면서 국제금융시장의 흐름을 조금씩 몸으로 이해하기 시작했다.

국내 주식시장에도 재미를 붙여 신문에서 자주 거론하는 인기 종목에 발을 들여놓기도 했다. 주가가 움직이는 원리를 알기 위해 책도 읽고 강의를 듣기도 했다. 주식시장은 마치 정부가 움직이는 체스판 위의 말처럼 느껴졌다. 재무부 장관의 말 한마디에 따라 주가가 춤을 췄다. 그러다 외환위기가 왔다. 우리나라 정부는 IMF에 구제금융을 신청했다. 외환시장에는 환란이 왔다. 원·달러 환율이 순식간에 1,000원을 돌파하더니 얼마 안 있어 2,000원이 되었다.

주식시장은 아비규환이었다. 얼마 전 1,000포인트 돌파를 자축하던 주가지수는 반 토막이 훨씬 넘게 떨어졌다. 기라성 같던 재벌 기업들이 속속 부도가 났다. 교과서에서나 봤던 IMF가 그렇게 무서운 것인지 그때 처음 알았다. 동종업계 회사들이 영업정지를 당하고 은행들이 우수수 망했다. 거리에는 실업자가 가득했다. 부도난 기업인들의 한숨 소리가 곳곳에서 들렸다.

여기저기 내로라하는 전문가들은 우리나라의 추락에 흥분하며 그 원인을 분석하느라 바빴다. 온갖 분석 글들이 지면을 채웠다. 그러나 답답했다. 어느 글 하나 시원하게 마음에 다가오지 않았다. 어떤 사람은 종합금융회사가 외환위기의 주범이라 떠들어댔다. 단기외채를 함부로 들여와 부실 동남아 채권에 투자하는 바람에 부도 위기에 몰려 환란이 왔다는 것이다. 또 어떤 사람은 재벌이 외환위기의 진원지라고 비난했다. 문어발식 외형 확대에만 치중하느라 부채비율을 너무 높였고 외화 채무도 너무 많이 써 위기를 키웠다는 것이다. 그리고 어떤 사람은 정부의 무사안일한 정책을 질타했다. 종합금융회사 인가를 남발해 금융 부실화를 재촉했다는 것이다.

다들 부분적으로 일리 있는 견해였다. 그러나 전체 그림을 보여주는 분석은 없었다. 종합금융회사도, 재벌도, 기업도 수십 년 그렇게 일해왔고 그렇게 해서 한강의 기적을 일궜는데, 왜 지금 와서 그것이 환란과 금융위기로 비화되어야 했는지 속 시원하게 말해주는 사람은 없었다.

시야를 넓힐 필요가 있었다. 예금보험공사에 들어가 전체 금융 시스템과 금융기관의 영업에 대한 감각을 익혔다. 2005년 코넬대학으로 유학을 떠났다. 국내에서는 서울대학교 황우석 교수의 논문 조작 사건으로 시끄러웠지만, 나의 관심은 오직 금융위기의 진짜 주범을 추적하는 데 집중됐다. 책을 읽고 공부를 하면서 외환위기를 만드는 범인은 국제자본의 급격한 흐름이란 사실을 어렴풋이 깨달았다. 국내 요소는 거기에 원인을 제공하는 불쏘시개에 불과하다는 사실도 인식했다. 이 같은 원리를 일찍이 파악한 조지 소로스(George Soros)와 헤지펀드들은 전 세계를 대상으로 투자를 하며 천문학적인 수익을 남기고 있다는 것도 알게 됐다.

국제자본의 핵심은 달러자본이며 글로벌 달러자금의 큰 흐름을 변화시키는 것은 미국의 중앙은행인 연방준비제도(연준)라는 것도 인식했다. 연준의 정체를 파악해보기로 했다. 그들의 정책도 궁금했다. 프랑스 출신의 촉망받는 학자인 젊은 지도교수와 몇 시간에 걸쳐 몇 번을 토론했다. 그리고 석사 논문 연구 주제로 '미국 연준의 통화정책이 주식시장에 끼치는 영향'을 채택했다.

뉴욕 증권시장의 모든 거래량 자료를 밤새 모아서 초 단위 수익률로 계산해 실시간 단위의 주가 움직임을 추적했다. 그를 통해 연준의 갑작스러운 금리 인상은 자본시장의 추락을 가져온다는 사실을 알게 됐다. 역으로 연준의 예상치 못한 금리 인하는 자본시장에 축복을 안겨준다는 것도 깨닫게 됐다. 그런데 그 축복의 기쁨에 오래 젖어서 헤어나지 못하면 언젠가 역풍을 맞게 되고 곤경에 처한다는 점도 인식하게 됐다.

현재의 좋은 분위기에 빠져 언제 닥칠지 모르는 환경 변화에 대비하지 않는 순진한 투자자, 순진한 기업, 순진한 나라가 금융위기의 제물이 된다는 결론에 이르렀다. 보이지 않는 미래에 닥칠 위험에 항상 대비하는 경각심 있는 투자자, 경각심 있는 기업, 경각심 있는 나라가 부(富)를 축적해간다는 인식을 가지게 됐다.

번영의 길은 모험적인 투자의 반복이 아니라 보이지 않는 리스크까지 파악하려 하고 그 리스크를 헤지하려는 위험관리 시스템에 있었다. 2008년 초, 2년 6개월 만에 석사 논문을 완성하고 코넬대학을 떠났다. 가족과 머나먼 남쪽 끝 루이지애나로 향했다. 파이낸스 박사 공부를 지속하기로 한 뒤 찾은 금융 리스크 관리 이론의 대가인 돈 챈스(Don M. Chance) 교수가 거기에 있었다. 1년 차 박사과정 공부에 집중하던 그해 가을학기가 시작되자마자 대형 허리케인이 찾아왔다. 금융시장에도 태풍이 불었다. 리먼 브라더스(Lehman Brothers)가 파산하자 월가에서 금융 멜트다운이 시작되었다. 강의 시간에 교수들은 금융위기의 원인과 자산시장의 반응에 대해 수시로 토론했다. 그 와중에도 숱한 은행과 기업이 도산했다. 실업이 다반사가 되었다. 자본주의 본류인 미국의 헤게모니가 저물었다는 탄식이 여기저기서 들렸다.

필자는 지도교수인 챈스와 상의해 연준의 금리 변동이 일으키는 외환 위험을 기업과 은행이 어떻게 관리하고 있는지 세밀하게 연구하기로 했다. 4년 만에 박사학위를 마치고 노스캐롤라이나의 조그만 학교에서 강의를 시작했다. 그 후에도 금융위기는 꼬리에 꼬리를 물고 일어났다. 2010년 유럽에서는 재정 위기가 터졌다. 그리스 시위대의 성난 모습과 부도에 몰린 나라의 슬픈 운명이 교차했다. 2020년 전 세계는 코로나19로 대공황에 버금가는 위기에 직면했다. 경기침체를 극복하고자 온갖 극약처방을 동원했다. 코로나19가 해제되고 경제봉쇄가 풀리자 인플레이션이 급습했다.

자산가격도 급등했다. 주식, 채권, 가상화폐, 부동산시장에 유례를 찾아보기 힘든 슈퍼 버블이 형성됐고 우크라이나전쟁까지 발발했다. 인플레이션은 40년 만에 최악의 상태로 악화했다. 물가를 잡기 위해 연준은 초고강도 금리 인상과 양적 긴축을 시행했다. 이로 인해 주식과 채권 시장이 동반 붕괴되는 초유의 사태가 일어났다. 달러화가 초강세를 보이며 여러 나라가 외환위기로 내몰렸다. 서방 진영이 러시아에 대한 경제제재를 단행하고 중국이 러시아 편에 서면서 세계가 양분됐다. 지정학적 위기가 고조되고 탈세계화의 진행이 빨라졌다.

긴축의 후유증으로 미국과 유럽의 대형은행에서 뱅크런(Bank Run, 대규모 예금인출)이 일어났다. 자산 규모로 20위권 안에 드는 실리콘밸리은행(SVB, Silicone Valley Bank)과 시그니처은행(Signature Bank)이 파산했다. 167년의 역사를 가진 글로벌 투자은행 크레디트스위스(Credit Suisse)는 경쟁사인 UBS에 반강제로 인수됐다. 자동차론과 상업용 모기지론 시장에서 여신 부실화가 빨라지면서 전운이 감돌고 있다. 대형 사모펀드가 위기에 처했다는 뉴스가 오르내린다. 유가와 원자재 가격이 안정되면서 인플레이션이 한풀 꺾이자 주식시장은 인상적인 상승 랠리를 펼쳤다. 달러화 가치도 눈에 띄게 안정됐다. 그러나 미국 고용시장은 이해하기 어려울 정도로 강한 모습이다. 업종별로 각기 다른 속도로 코로나 팬데믹의 후유증에서 벗어나며 일손 부족이 끝날 줄 모르고 있다. 미국 경제성장률도 양호하다. 연준은 금리 인하에 나서겠다고 쉽사리 말하기 어렵게 됐다.

따라서 이렇게 고금리 상태가 장기간 이어진다면 어떤 일이 벌어질지가 관건이다. 길은 두 갈래다. 낙관적 전망은 1994년을 회고한다. 1년간 금리가 2배 올랐지만, 주가는 곧 반등세를 재개했고 경제는 제2차 세계대전 전후 최장기 호황을 지속했다. 비관적 전망은

2000년과 2008년을 복기한다. 닷컴 버블과 부동산 버블이 붕괴하면서 주가는 처절하게 붕괴했고 미국은 금융위기를 맞았다. 과연 남은 2023년과 2024년 자산시장과 경제는 어떤 모습을 보일까? 채권시장은 장단기 금리 역전이 심화하면서 경기침체를 예고하고 있다. 주식과 부동산 시장은 장밋빛 전망이 고개를 들었다.

이 책에서는 경제 문외한도 쉽게 이해하고 적용할 수 있지만, 매우 단순하고 강력한 경제 분석 틀을 소개할 것이다. 이 분석 도구를 사용해 21세기 금융위기 시즌 2를 전망하고 과거의 숱한 경제적 사건을 파헤칠 것이다. 외환위기의 몸통인 연준의 정책 결정 과정과 효과도 논의할 것이다. 되도록 상세한 설명을 덧붙여 독자의 이해를 돕고 흥미를 자극하려 한다.

이 책이 여러분의 금융시장과 경제에 대한 시야를 확대하고 투자 성과를 높이는 데 조금이라도 도움이 된다면 그것으로 만족할 것이다. 다가올 위기에 대비한 리스크 관리를 위한 통찰력이 될 수 있기를 바란다.

차례

1부

슈퍼 버블의
미래 읽기

1장

금융시장을 읽는
한 줄의 공식

실력 없는 뱃사공이라도 아예 없는 것보다 낫다.

2021년 주가는 사상 최고치를 경신하고 또 경신했다.

동학개미와 서학개미가 모두 즐거웠다.

투자자들은 주가 상승의 이유를 진지하게 생각해보지 않았다.

2022년 주가는 신저가를 갈아치우고 또 갈아치웠다.

모두가 좌절했다.

투자자들은 주가 하락의 이유를 꼼꼼히 따져보지도 않았다.

2023년 주가는 인상적인 반등세를 펼쳤다. 모두가 안심하고 있다.

과연 이후로도 안전할 수 있을까?

반등한 주가는 정당화될 수 있을까?

은행 위기는 영영 끝났을까?

경기침체와 금융위기 시즌 2의 가능성은 배제해도 될까?

금융위기 시즌 2는 오는가?

2023년 3월 중순, 전혀 예기치 못했던 은행 위기가 미국을 강타했다. 그 직전에도 코인시장과 관련한 예금인출이 있었지만, 미국 자산 규모 16위의 상업은행이 뱅크런을 맞을 줄은 몰랐다. 3월 13일의 블랙먼데이를 피하려고 워싱턴의 재무부, 연방준비제도이사회(FRB), 연방예금보험공사(FDIC) 직원들은 밤을 새워 대기했다. 백악관의 경제 실세 레이얼 브레이너드(Rael Brainard) 보좌관도 안절부절못했다. 실리콘밸리은행(SVB)이 그대로 무너진다면 25만 달러 이상을 예금한 스타트업과 벤처캐피털 업계에 도산의 회오리가 휘몰아칠 판이었다. 주식시장은 붕괴되고 연준의 고강도 금리 인상으로 취약해진 미국 경제가 곧바로 경기침체의 수렁 속으로 빨려 들어갈 가능성이 컸다.

그렇다고 법을 어길 수는 없었다. 정부가 보장할 수 있는 예금

한도는 25만 달러였고 그 이상을 보장하려면 비상조치가 필요했다. SVB 예금의 90% 이상이 예금 보장 한도 밖에 있었다. 과거대로 이 은행을 파산시키고 주식시장의 붕괴를 맞을 것인가, 비상조치를 취해 일단 살릴 것인가? 고민이 브레이너드 보좌관의 머리를 어지럽혔다. 전화기를 집어 들었다. 조 바이든(Joe Biden) 대통령에게 상황을 설명하고 비상조치를 건의했다. 또 다른 경제위기를 피하고 싶은 대통령도 동의했다. 정부와 연준, 백악관은 "모든 예금을 보장하겠다"라는 긴급 메시지를 냈다. 연준은 긴급대출프로그램(TFP, Term Funding Program)을 마련해 은행에 유동성을 제공하겠다고 발표했다. 금융시장은 극적으로 위기를 넘겼다.

그로부터 4개월 글을 쓰고 있는 이 시점, 미국 주식시장은 이보다 좋을 수는 없는 상태를 만끽하고 있다. 몇 주째 쉼 없는 상승 랠리를 펼치고 있다. 얼마 안 있어 역사적 전고점을 넘을 기세다. 온다던 경기침체의 구름은 옅어지고 있다. 염려했던 물가 오름세는 고개를 숙이고 있다. 고용시장은 오히려 호전되고 있다. 은행 위기의 그림자나 금융위기의 가능성은 찾아보기 어렵다.

그렇다면 정말 안심해도 될까? 지금이라도 레버리지를 높여 주식의 추격매수에 나서야 할까? 고용이나 경제성장률 같은 경기 후행지표를 보면 그렇게 말할 수 있다. 그러나 미래의 경제 상황을 예측하는 데 도움을 주는 경기 선행지표는 다르게 말한다. 주택시장에서 집값은 여전히 강세이지만 주택담보대출 신청은 급감하고 있다. GDP 성장률은 2%가 넘지만, 제조업 경기 전망은 하강세를 멈추지 않고 있다. 은행의 실적도 겉으로는 좋아 보이지만 속으로는 곪아 터지고 있다. 사방에서 은행의 목을 조르고 있다. 예금은 금리가 높은 펀드로 날아가고 있다. 채권의 평가손은 엄청난데 팔 수도 없다. 연준의 긴급대출프로그램(TFP)에 의지해 연명하고 있다. 감독당국은 자본을 늘리라고 압박해온다. 은행은 대손충당금을 더 쌓고 여신심사 기준을 높이고 있다.

이렇게 되면 가뜩이나 고금리에 시달려온 기업의 채무 부담이 급격히 커질 수밖에 없다. 대출 만기가 다가오면 새로 돈을 빌려야 할 텐데 손을 내밀 곳이 없다. 제도권이고 비제도권이고 신규 자금 공여를 꺼린다. 기업 부도가 늘어나고 여신 연체율이 오른다. 은행 실적이 악화되고 파산하는 은행이 늘어난다. 정부는 부실은행을 인수하라고 대형은행을 독려한다. 은행이 더 몸을 사리면서 파산이 경제 전반으로 확산한다.

코로나 팬데믹 당시 정리해고를 했다가 고용난에 시달리며 해고를 꺼려온 기업도 다시 해고를 늘린다. 실업이 급증하고 주택담보대출 원리금을 갚지 못해 가압류된 주택이 늘어난다. 끝까지 버티던 주택시장이 붕괴한다. 이때쯤이면 주식시장은 이미 2차 하락이 한창 진행 중이다. 2022년에 이어 투자자들은 또 한 번 거대한 손실에 직면한다. 왜 주식시장에 또다시 발을 담갔다가 실패를 했을까 자성하는 목소리가 시장을 가득 채운다.

이 같은 시나리오는 현실화할 수도 있고 그렇지 않을 수도 있다. 그러나 내가 보기에 그 가능성은 적지 않다. 확률이 낮다고 해도 현실화하면 그 손해는 엄청나다. 위험관리에 신경을 쓰는 투자자라면 신중해야 한다. 위험관리에 신경을 쓰지 않으면 실패한 투자자가 된다. 실패한 투자자로 남지 않기 위한 방법을 찾아보자.

아주 쉬운 경제분석: GDP와 화폐 수량

좋은 씨앗도 올바른 시기에 씨앗을 뿌리지 않으면 좋은 결실을 얻지 못한다. 마찬가지로 투자자도 미시적 기업분석을 통해 가치 있는 기업을 찾아냈다 해도 투자의 타이밍이 좋지 않으면 투자 결과가 좋을 수 없다. 그러면 "워런 버핏(Warren Buffett) 같은 위대한 투자자는 기업가치만 보지 않나요?"라고 반문하는 사람이 있을 것이다. 착각이다. 워런 버핏도 끊임없이 투자 타이밍을 살핀다. 그는 투자 타이밍을 족집게같이 맞히는 타이밍의 달인이다. 버핏도 가을이 오면 수확을 하고 봄이 오면 씨앗을 뿌린다. 한여름이든 한겨울이든 돈이 생기는 족족 주식을 사서 보유만 하는 투자자가 아니다. 가치투자는 기업가치만 보는 것이 아니라 기업가치가 저평가되었는지, 아니면 고평가되었는지 끝없이 살피는 과정이다. 그러려면 경제를 넓게 보는 안목을 길러야 한다.

거시적 경제분석 모델이 필요하다. 경제 모델이라고 하니 긴장부터 하는 사람도 있을 것이다. 복잡한 수식과 기호로 가득한 경제 모델을 떠올리는 사람도 있을 것이다. 그러나 분석 모델이 반드시 복잡할 필요는 없다. 단순하고 이해하기 쉬울수록 더 좋은 모델이다. 농부는 천체물리학의 어려운 이론을 전혀 모르고도 자신만의 단순한 계절 모델을 이용해 농사를 잘 짓는다. 야구 선수도 물리학의 역학 법칙을 모르지만, 자신만의 신체 모델로 시속 160km가 넘는 공을 뿌리고 연속으로 홈런을 친다. 나도 나름의 분석 모델이 있다. 완벽한 모델은 아니다. 여러분의 이해를 돕기 위해 소개한다. 이 모델에서 얻은 통찰력이 책의 나머지 부분을 이해하고 여러분의 모델을 갖추는 데 도움이 되기를 바란다.

필자는 경제분석 모델의 기본 아이디어를 20세기 전반기에 미국에서 활동한 경제학자 어빙 피셔(Irving Fisher)에게서 가져왔다. 그의 화폐수량이론과 교환방정식에서 모티브를 얻었다. 이름은 거창하지만, 내용은 간단하다. 겁먹지 않고 따라오면 얼마든지 쉽게 이해할 수 있다. 이 이론은 다음의 단순한 교환방정식으로 표현할 수 있다.

$$MV = PT$$

수식이 나온다고 해서 긴장할 필요는 없다. 정말 단순한 식이다. 수시로 미국 신문의 사설에 오르내릴 정도로 간단한 방정식이다. M과 V를 곱한 것은 P와 T를 곱한 것과 일치한다는 내용이다. 여기서 M은 Money의 약자로 경제 내에 돌고 있는 돈의 총량이고, V는 Velocity의 약자로 제품의 거래 속도이다. 또 P는 Price의 약자로 물가이고, T는 Transaction의 약자로 제품의 총거래량이다.

간단한 예를 들어보자. 어떤 경제에 가계가 있고 빵 공장 하나만 있다고 가정하자. 가계가 경제에 존재하는 화폐의 전부인 100만 원을 가지고 있다. 가계는 이 화폐를 오로지 빵을 사는 데만 쓴다. 다른 물건을 사거나 투자를 하려고 화폐를 사용하지 않는다. 빵 공장은 1년에 빵 1,000개를 만든다. 빵값이 1개에 1,000원이라 하자. 그러면 빵 공장의 총매출(P × T)은 100만 원이다. 빵 가격(P)에 총거래량(T) 1,000개를 곱한 것이다. 그러면 가계의 총지출도 1,000만 원이어야 한다. 오로지 빵을 사는 데 돈을 다 쓰기 때문이다.

화폐의 총량(M)에 그것이 경제를 한 바퀴 도는 속도(V)를 곱하면 총지출액이 나온다. 한 바퀴 돌면 100만 원이고 두 바퀴 돌면 200만 원이다. 총화폐량(M)에 화폐의 속도(V)를 곱하면 총지출액(M × V)을 산출할 수 있다. 경제의 총지출액이 100만 원이므로 MV = 100만 원이다. 총지출액(MV)은 총매출액(PT)과 일치해야 한다. 따라서 100만 원 × V = 100만 원이다. 거래속도 V = 1이다. 전체 돈이 경제를 한 바퀴 돌아 가계에서 빵 공장으로 흘러간 것이다.

이것을 경제 전체로 확대해보자. 수식은 다음과 같이 된다.

$$MV = PY$$

위에서와 마찬가지로 M은 경제에 있는 총통화량 또는 중앙은행이 경제에 공급한 화폐의 총량이다. 우리나라로 보면 돈은 전부

한국은행이 찍어낸다. 그래서 M은 한국은행이 발행해서 경제에 유통한 돈의 총액수다. P는 물가수준이다. 경제에서 생산하고 거래하는 모든 제품의 평균 가격을 의미한다. Y는 경제에서 1년간 생산하고 팔린 재화와 서비스의 총량으로 누군가의 주머니로 들어가게 되므로 '국민소득(Income)'이라고 한다. 여기에 물가(P)를 곱하면 P × Y가 되는데 이를 '명목국민소득(Nominal national income)'이라고 한다. 아래에서 보겠지만 PY는 일상에서 자주 접하는 국내총생산(GDP)과도 같게 된다.

한편 화폐의 유통 속도를 뜻하는 V는 다소 복잡한 개념이다. V는 돈의 평균 회전율로 생각하면 된다. 주식 거래를 할 때 종종 접하는 주식의 회전율과 유사한 개념이다. 어떤 종목의 유통 가능 주식 수가 1억 주인데 어떤 날 하루 주식 거래량이 10억 주였다. 그러면 1주가 평균적으로 10회 거래된 것이라 볼 수 있다. 이때 주식회전율은 10배가 된다고 말한다. 어떤 경제에 돈의 총량이 1조 원인데 한 해에 생산하고 거래한 재화와 용역의 총액이 2조 원이라 하자. 그러면 1원짜리 화폐가 1년에 평균적으로 2회 지불된 것이라 말할 수 있다. 그래서 이 경우에 통화의 유통 속도가 2라고 한다.

실제 경제의 예를 통해 실명해보자. 2022년 미국의 GDP는 약 25조 달러다. GDP는 명목국민소득과 같으므로 PY = 25조 달러로 볼 수 있다. 한편 M2 기준 통화량은 21조 달러다. M2는 현금과 현금성 예금, 저축성 예금을 합해 통화량을 측정하는 수단이다. 따라서 M = 21조 달러라 볼 수 있다. 그러면 MV = PY는 21조 달러 × V =

25조 달러로 표현한다. 양변을 21조 달러로 나누면 V = 25조/21조 = 1.2가 된다. 2022년 우리나라 명목 GDP는 2,160조 원이고 M2 기준 총통화량은 3,810조 원이다. 그러면 당시 통화의 유통 속도는 명목 GDP를 총통화로 나눈 것 또는 V = PY/M = 2,160/3,810 = 0.6이 된다. 미국의 통화 유통 속도가 우리나라보다 2배 빠르다.

MV = PY에는 피셔의 중요한 통찰력이 숨어 있다. 만약 통화의 유통 속도가 잘 변하지 않고 재화와 용역의 생산량도 크게 변동하지 않는다고 가정하자. 다시 말하면 V와 Y가 고정적이라고 하자. 그러면 물가(P)는 통화량(M)이 변한 만큼 변한다. 통화량이 10% 늘어나면 물가도 10% 오른다. 여기서 경제에 관심이 많은 사람은 뭔가 떠오르는 말이 있을 것이다. 노벨상 수상자 밀턴 프리드먼(Milton Friedman)의 명언이다. "인플레이션은 늘 어디서나 화폐적 현상이다(Inflation is always and everywhere a monetary phenomenon)." 단순하면서도 강력한 명제다. 국가가 화폐 발행을 남발하면 인플레이션이 오고 인플레이션이 왔다면 국가가 너무 많은 돈을 찍어냈기 때문이라는 것이다. 기회만 있으면 돈을 찍어서 뭔가 보여주려고 하는 정치인들에 대한 경고의 메시지이기도 하다.

밀턴 프리드먼의 경제가 맞으려면 V가 크게 변하지 않아야 한다. 여기에는 이견이 존재한다. V의 안정성에 대해 20세기 경제학계에서는 기라성 같은 학자들 간에 열띤 논쟁이 있었다. 피셔는 V가 거래 관행이나 시장의 기술적 요소에 의해 결정되므로 안정적이라고 봤다. 반면 영국 경제학자 케인스(Keynes)는 V가 경기 상황에 따라 불안정하게 변한다고 주장했다. 사람들은 화폐를 재화나 용역을 거래하기 위해서뿐 아니라 자산시장에 투자하기 위해서도 보유하는데, 투자수익률에 대한 기대치가 바뀌면 화폐에 대한 수요가 변하고 M도 변화한다고 본 것이다. 수익률에 영향을 미치는 경기 상황에 따라 V가 변화한다고 봤다.

케인스에 대한 반론도 만만치 않았다. 통화주의이론을 정립한 밀턴 프리드먼이 선봉에 섰다. 그는 사람들이 단기적 소득수준이 아니라 장기적 관점에서 소비나 투자를 결정하므로 V는 크게 변하지 않는다고 주장했다. 그를 비롯한 통화주의학파는 V가 안정적이라고 봤다.

케인스와 프리드먼이 V의 안정성 여부에 대해 열띤 논쟁을 벌인 이유는 단순하다. 그 결론에 따라 어떤 경제정책을 써야 하는지에 대한 견해가 갈리기 때문이다. 프리드먼과 통화학파는 V가 안정적이므로 통화량인 M을 크게 증가시키는 인위적 경기확장정책에 반대한다. M이 크게 증가하면 시차를 두고 물가(P)가 급격하게 올라 인플레이션이 악화될 것이라 보기 때문이다.

이 같은 주장은 미국 공화당이나 우리나라 국민의힘 정치인들에게 정책 수립의 논리를 제공한다. 보수정당은 무분별한 사회복지정책이나 소득주도성장 같은 경기확장정책을 쓰는 데 반대한다. 또 돈을 찍어 나랏빚을 늘리는 데도 강한 거부감을 표현한다. 작은 정부를 선호하고 가급적 예산 규모를 줄이려 한다. NGO에 대한 정부의 보조금을 삭감하고 공공기관 통폐합을 추진한다. 통화량 증가가 미래세대의 부담을 늘리고 물가를 불안하게 하기 때문이다. 그러면서도 기업의 세금을 깎아주는 감세는 선호한다. 그런데 감세를 하면 M이 늘어나기는 마찬가지다. 미래세대의 부담도 증가한다.

반면 케인스학파는 V의 변동성이 크므로 경기가 침체되면 정부가 돈을 찍어서 M을 증가시키고 경기(Y)를 부양해야 한다고 본다. 경기침체기에는 V가 크게 낮아지므로 정부 예산을 늘리고 화폐량을 증가시켜도 물가에 큰 부작용을 미치지 않을 것이라 보기 때문이다.

이것은 미국과 우리나라의 민주당이 선호하는 논리다. 나라가 빚을 내 청년세대에게 보조금을 지급하고 노인층에 일자리를 줘서 경기를 부양해야 한다는 진보 진영의 주장과 가깝다. 그러면서 진보 정당은 기업과 부자에게 더 많은 세금을 거둬들이려 애쓴다. 정부가 돈을 찍으면 될 텐데 굳이 증세를 하려 한다. 진보 진영도 물가 불안을 우려하기는 마찬가지다.

요체는 정책 그 자체가 아니라 언제 집행하느냐는 타이밍이다. 이런 스타 경제학자들의 싸움은 크게 재미도 없고 이해하기도 쉽지 않다. 투자자로서 우리는 단지 인사이트만 얻으면 충분하다. 길잡이가 될 나침반처럼 말이다.

우리의 무기: 수정한 분석 틀

분석 모델을 한번 만들어보자. 먼저 피셔의 교환방정식에서 출발하자. MV = PY. 그런데 오른편에 PY만 있어 영 시원치 않다. 이렇게 되면 실물경제의 거래량만 반영하게 되기 때문이다. "대체 실물경제는 또 뭐야?"라며 짜증을 내는 사람도 있을 것이다. 충분히 이해한다. 실물경제는 단순히 우리 주변에서 눈으로 목격되는 생산과 소비의 현장이라고 보면 된다. 공장에서 물건을 만들고 제품을 운반하고 가게에서 팔리는 일상의 모습 말이다.

이 실물경제에서 생산하는 물건과 같은 재화와 미용실 서비스와 같은 용역이 생산되어 팔리는 가격을 다 합하면 GDP가 된다. 분기별 총생산은 분기 GDP이고 1년 총생산은 연간 GDP가 된다. 이렇게 생산된 재화와 용역은 누군가에게 팔려나간다. 그 누군가를 크게 나누면 가계, 기업, 정부와 외국이 된다. 약간 전문적인 용어로 하면 GDP는 가계의 소비지출(C), 기업의 설비투자(I), 정부지출(G)과 순수출(X − M*)이다. 그래서 GDP는 다음 산식을 통해 계산할 수 있다.

$$GDP = C + I + G + (X - M^*)$$

여기서 순수출은 반도체, 자동차 같은 총수출(X)에서 원유, 부품, 소재와 같은 총수입(M*)을 빼서 산출한다. 이 식에서 수입을 의미하는 M*은 위의 교환방정식에서의 M과는 완전히 다르다. 그래서 경제가 성장하려면 민간소비(C)를 활성화하든지 설비와 같은 민간 부문의 투자(I)가 늘든지 수출이 잘돼야 한다고 얘기한다. 이렇게 생산된 재화와 용역은 누군가가 사 간다. 사 가지 않으면 GDP 집계에서 아예 잡히지 않는다.

집에서 아무리 설겆이를 열심히 해도 그 대가를 돈으로 받고 세금을 내지 않으면 GDP를 계산하는 국가는 모른다. 그래서 GDP가 한 나라의 총생산을 계산하는 완벽한 방식은 아니다. 현재 쓰이는 것 중에 그나마 제일 낫다고 보면 된다. 그래서 누군가가 시장에서 사 가야 GDP에 포함된다. 다시 말하면 GDP는 우리나라에서 생산된 재화와 용역에 대해 구매자가 지출하는 돈 액수의 총계라고도 할 수 있다. 그래서 GDP = 총지출이다.

이렇게 지출한 돈은 누군가의 수입이 된다. 전문용어로는 생산 요소를 제공한 데 대한 대가로 벌어들이는 소득이 된다. 생산에 필요한 노동에 대한 대가로 임금이 나가고 건물 사용에 대한 대가로 임차료가 나가고 자금을 사용한 대가로 이자와 배당금이 나가는데 역으로 가계와 건물주와 은행과 투자자의 수입이 된다. 그래서 GDP는 국민이 벌어들이는 총소득과도 일치한다. 이를 'GDP = 국민소득'이라고 한다. 이런 이유로 GDP 또는 국민소득을 종종 Y로 표시한다.

$$Y = C + I + G + (X - M^*)$$

똑똑해 보이는 경제 전문가들이 나와 성장률이 떨어지고 있어서 걱정이라고 할 때 경제성장률은 전년 대비 Y 증가율을 의미한다. 경제성장이나 GDP에 대해 감을 좀 잡았을 것이다.

그러면 다시 피셔의 교환방정식을 보자. MV = PY. 그렇다. Y에다 P를 곱했다. 이 PY는 실물경제의 1년 총생산에다 평균 물가를 곱했으니 실물경제의 1년 명목 GDP다. 명목이라고 하면 좀 헷갈리는 사람도 있을 것이다. 그냥 요즘 시세로 계산한 GDP라고 이해하면 된다.

여기에 대비되는 것이 실질 GDP다. 돈의 가치가 변하지 않는다고 보고 기준연도의 물가로 계산한 GDP가 실질 GDP다. 물가 상승 때문에 어부지리로 얻은 것이 아니라 땀 흘려 생산해 만든 GDP가 얼마인지를 나타낸다. 그래서 경제성장률은 실질 GDP를 사용해 그 증가율로 계산한다. 실제 계산에서는 명목 GDP를 먼저 구하고 여기에 인플레이션을 할인한다. 어쨌든 실물경제 1년간의 총생산액을 현재 시세로 구한 것을 PY라고 보면 된다. 여기서 방점은 실물경제에 찍힌다. 그런데 돈이 꼭 실물경제에서만 쓰이란 법은 어디에도 없다. 실제 가계의 소득과 부는 실물경제에서만 나오지 않는다. 자산시장에서도 나온다. 현대로 갈수록 가계 부의 원천으로서 자산시장의 중요성은 커진다.

여기서 또 "화폐시장은 무엇이고, 자본시장은 또 무엇이고, 금융시장은 또 무엇이고, 자산시장은 또 무엇이지?" 하고 의아해하는 사람이 있을 것이다. 화폐시장(Money market)은 현금과 같이 유동성이 매우 높은 1년 미만 단기채권이 돈과 같이 거래되는 시장이라 이해하면 된다. 요즘은 그냥 머니마켓이라고 많이 부른다. 은행 홈페이지에 가서 머니마켓펀드를 찾아 이 시장에 투자할 수도 있다. 은행이 발행한 단기채권인 양도성수익증권(CD)이나 기업어음(CP), 단기국채(T-bill) 같은 것들이 포트폴리오로 들어 있는 펀드가 머니마켓펀드다.

자본시장(Capital market)은 화폐시장보다는 만기가 긴 채권이나 주식을 거래하는 장소다. 기업이나 정부가 돈을 마련하려고 발행하는 증권을 거래하는 시장이다. 증권(Securities)은 법적 효력이 있는 일정 양식의 문서다. 빳빳한 종이에 돈과 같이 액면 금액과 발행인, 만기 같은 것을 기재한 카드와 같은 것이다.

증권에는 채권증서와 주식증서가 있다. 채권(Bond)은 발행인이 투자자로부터 돈을 빌리기 위해 찍어서 파는 증권이다. 정부나 기업은 은행에서 돈을 빌릴 수도 있다. 이렇게 1:1로 돈을 빌리는 시장은 여신시장 또는 대부시장이라고 불린다. 채권시장에서 차입자는 기관이나 일반 투자자에게 채권을 팔아 돈을 융통한다. 채권에는 매 기간 지급해야 할 이자가 정해져 있다. 만기에는 원금을 갚아야 한다. 차입자가 이 의무를 지키지 못하면 채권이 부도가 난다. 그렇다면 채권은 주식과 어떻게 다를까? 주식(Stock)은 만기가 없고 이자도 지급하지 않는 증권이라 보면 된다. 그런데 주식은 회사에 대한 소유권이므로 보유자는 회사의 주인과 같이 배당금을 받고 주주총회에도 참석할 수 있다.

금융시장(Financial market)은 화폐시장과 자본시장을 아우르는 개념이라고 보면 된다. 자산시장은 전통적 금융자산이 거래되는 금융시장에 부동산이나 원자재 등과 같은 상품과 가상화폐 등 비금융자산시장까지 포함하는 시장이다. 비전통적 비금융 투자자산을 대안투자자산(Alternative asset)이라고도 한다. 수익률이 높지만 위험성도 크다. 최근 문제가 된 증권사의 부동산 프로젝트파이낸스(PF)가 대표적이다. 따라서 자산시장은 금융자산과 비금융자산을 모두 포함하는 넓은 개념이라고 보면 된다. 그러나 대개는 수익성도 높고 위험도도 어느 정도 갖춰 널리 투자되는 주식·채권·부동산 시장을 좁은 의미의 '자산시장'이라고 한다.

그런데 화폐는 실물경제뿐 아니라 자산시장에서도 널리 유통된다. 최근 가계는 오히려 자산시장에서 형성되는 부와 소득에 더 큰 신경을 기울이기도 한다. 내 아파트 가격 오르는 것이 얇은 월급봉투보다 더 큰 의미가 있기 때문이다. 코인과 주식투자에서 인생 역전을 노리는 젊은 층에는 말할 것도 없다. 자산시장에서 나오는 부가 모두 명목 GDP인 PY에 잡히지 않는 것은 아니다. 실물경제 활동과 관련이 깊은 이자와 배당소득은 GDP에 포함된다.

그러나 우리가 자산에 투자하는 것이 반드시 이자와 배당금을 받기 위해서만은 아니다. 오히려 자산가격이 상승해 재산이 늘어날 것으로 믿고 투자하는 경우가 더 많다. 이렇게 투기 목적으로 은행에서 증권사 계정으로 돈을 이체해 자산에 투자한다. 이렇게 투자한 자산에서 발생하는 매매손익은 GDP에 제대로 반영되지 않는다. 실물경제 활동에서 창출된 부가 아니어서 그렇다. 평가손익은 말할 것도 없다. 여기서 매매손익은 자산을 팔았을 때 발생하는 이익과 손실이고 평가손익은 자산을 아직 매도하기 전에 평가액만으로 추정한 이익과 손실이다.

문제는 자산시장의 매매손익이나 평가손익이 피셔 방정식의 총통화량(M)과 화폐의 유통 속도(V)에 큰 영향을 준다는 사실이다. 한편 M의 개념은 시대가 변하면서 진화해왔다. 처음에는 중앙은행이 찍어낸 본원통화에다 체크카드로 은행에서 바로바로 인출해 쓸 수 있는 은행 예금만 포함했다. 이를 M1이라고 불렀다. 그런데 투자를 정말 하고 싶으면 적금을 깨서라도 하게 된다. 그래서 총통화량에는 M1과 더불어 저축성 예금과 머니마켓펀드도 포함했다. 이를 M2라고 한다. 현대적 개념으로는 신용카드 사용량 같은 것도 돈과 얼추 비슷하다. 이런 것들을 포함해서 더 넓은 의미의 통화량으로 집계하려는 시도도 있다. 이렇게 돈의 범위가 넓어지면 V는 자꾸 떨어지게 된다. 명목 GDP인 PY가 자산시장의 움직임을 제대로 반영하지 못하기 때문이다. 다소 이해하기 혼란스러울 것이다. 충분히 이해한다.

간단한 예를 들어보자. 주식시장이 초호황이라고 가정하자. 사람들은 너도나도 주식을 사지 못해 안달이 났다. 아파트를 담보로 대출을 받아 주식을 사기도 한다. 그러면 화폐 수요인 M은 당연히 커지고 주식을 사고팔면서 화폐 시장에서의 V도 당연히 늘어날 것이다. 그러나 PY는 이 움직임을 제대로 감지하지 못한다. 가계 소득과 부가 급격하게 늘어나지만, 명목 GDP는 이를 제대로 반영하지 못한다. 왜 그럴까? 자산시장을 아예 고려하지 않기 때문이다. 우리는 피셔 방정식을 수정해 자산시장을 포함시킬 필요성을 강하게 느낀다.

그렇다면 자산시장의 움직임을 감안한 피셔의 교환방정식을 새로 써보자. 우선 자산시장의 거래량을 Y', 자산의 평균 가격을 P'라 하자. 그러면 아래와 같이 수정한 교환방정식을 만날 수 있다.

$$MV = PY + P'Y'$$

우리는 중요한 시사점을 발견할 수 있다.

첫째, PY는 실물시장의 명목 GDP이고 $P'Y'$는 자산시장의 시가총액이다. 자산시장이 활황을 보이면 $P'Y'$가 상승할 것이다. 그러면 V도 상승한다. 여기에서 말하는 V는 통상 사용하는 V와 다르다는 것을 명심해야 한다. 오른편에 자산시장의 가치인 $P'V'$가 포함돼 있기 때문이다. 따라서 자산가격이 올라 $P'Y'$가 급등하면 V는 통상의 화폐 속도보다 훨씬 빠르게 상승한다. 이러한 V의 상승은 물가(P)를 불안하게 한다.

둘째, 자산시장 활성화는 실물경제에도 영향을 준다. 주가가 오르고 부동산 가격이 상승하면 가계의 부와 소득이 늘어난다. 가계의 부가 늘면 소비가 따라 늘어난다. 부자가 되었다는 생각에 씀씀이가 헤퍼진다. 여행도 가고 외식도 자주 하고 차도 새로 바꾸고 명

품시계 같은 고가의 사치품도 구매한다. 이로 인해 국민소득 Y가 늘어나고 물가 P도 상승 압박을 받는다. 경제가 성장하고 물가가 오르는 것이다. 이를 부의 효과(Wealth effects)라 한다. 따라서 다른 조건이 동일하다면 자산시장의 활황은 부의 효과를 통해 물가(P)를 자극한다.

셋째, 기술 진보나 지정학적 요인으로 생산성이 향상돼 국민소득 Y가 성장할 경우 자산가격이 상승해 자산시장이 활황세에 진입한다. 즉, Y의 상승은 또 $P'Y'$를 증가시킨다. 그러면 또 물가가 불안해진다. Y가 상승하고 자산시장이 활황을 보여도 P가 안정될 수 있다. 생산성 향상으로 매출단가가 하락하는 경우다. 개혁개방을 시작한 이후 중국에서 일어난 일이다. 기술 진보와 싼 노동력이 그 원동력이었다. 2001년 세계무역기구(WTO)에 가입하고 수출이 크게 늘어 세계의 공장이 되자 저물가인 디플레이션(Deflation)을 세계로 수출했다. 전 세계 물가안정에 크게 기여했다. 그러나 이것은 긴 안목에서 볼 때 예외적인 시기였다.

넷째, 통화량(M)이 증가하면 시중 유동성이 늘어나 자산시장이 먼저 반응한다. 자산가격이 올라 $P'Y'$가 증가하고 경기도 활황세를 보인다. 그러면 또 물가가 불안해진다.

따라서 통화량(M), 실물경제(PY), 자산시장($P'Y'$)은 일대일 접근만으로는 제대로 이해할 수 없다. 정확한 전망도 불가능하다. 다이내믹한 삼국지적 접근을 통해서만 올바르게 경제와 시장을 분석할 수 있다. 주식시장에서 좋은 성과를 거두었던 이들은 모두 여기에 대한 통찰력이 있었다. 앞으로 우리는 이 통찰력을 바탕으로 과거의 사건들을 분석하려 시도할 것이다. 또한, 현실을 분석하고 투자전략에 응용할 것이다. 여러분도 여기에 동참해줄 것이라 믿는다. 그 과정에서 여러분 자신의 통찰력이 자라고 여러분 자신의 분석 모델이 자리 잡기를 바란다.

경제정책 분석: Y 일병 구하기와 물가

위에서 우리는 MV, PY와 $P'Y'$가 《삼국지》처럼 밀접하게 엮여 서로 영향을 주고받는다는 사실을 알았다. 그런데 어느 나라나 국리민복(國利民福)을 추구하는 경제정책의 관심은 P와 Y에 집중된다. 완전고용을 위한 경제성장(Y)과 물가안정(P)이 경제정책의 주된 목표가 된다. P와 Y의 움직임은 모두 자산가격($P'Y'$) 변동에 큰 여파를 초래한다. 국가의 자원을 동원할 수 있는 정부의 힘은 여전히 막강하기 때문이다. 따라서 투자에 실패하지 않으려면 P와 Y의 관계에 대해 이해할 필요가 있다.

다음에서 간단한 수요·공급 분석으로 P와 Y가 변동하는 원리를 설명한다. 양 끝에서 끌어당기는 두 힘이 만나 줄다리기의 승패가 결정되듯 수요와 공급은 시장이라는 장소에서 가격과 생산량을 결정하는 기본 동력이기 때문이다. 수요·공급 분석은 중고등학교 교과서에서도 다루는 내용이지만 도식적인 설명을 싫어하는 사람도 있을 것이다. 그러나 차분히 생각을 정리하고 수요와 공급 곡선을 상상해본다면 그렇게 어렵지도 않고 따분하지도 않다. 아니, 매우 유용하다. 주가, 환율, 금리, 물가가 모두 수요와 공급의 힘에 의해 결정되기 때문이다. 아무쪼록 이 논의가 여러분이 기본적인 경제 원리와 거시경제의 흐름을 파악하는 데 도움이 되기를 바란다.

수요와 공급 곡선을 떠올려보자. 복잡할 것 없다. 가위의 양날을 상상하면 된다. 가위를 사각형 종이 위에 똑바로 내려놓자. 한쪽 날은 왼쪽 위에서 밑으로 비스듬히 내려가고 또 다른 날은 오른쪽 위에서 아래로 향한다. 그런데 두 날의 방향은 정반대다. 종이의 가장자리 왼쪽 직선 위에 자를 갖다 대었다고 생각하자. 아래 끝의 0에서 위로 갈수록 10mm, 20mm… 이렇게 높이가 올라간다. 이 높이를 제품의 가격이라 생각하자. 종이의 가장자리 아래쪽 직선

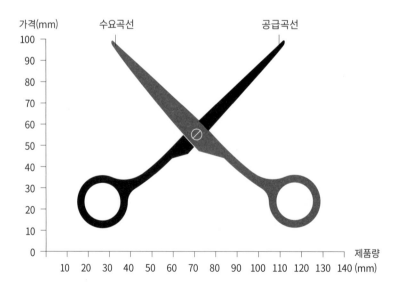

위에도 또 다른 줄자를 가로로 펼쳐놓자. 왼쪽 끝단의 0에서 오른쪽으로 갈수록 10mm, 20mm… 이같이 길이가 길어진다. 이 길이를 제품의 판매량이라고 생각하자.

다시 말하면 종이를 2차원 평면이라 봤을 때 왼쪽 수직축에는 가격이 표시돼 있고 아래 수평축에는 판매량이 나타나 있다. 왼쪽 위에서 오른쪽 아래로 비스듬히 내려가는 녹색 날은 수요곡선에 해당한다. '가격이 내릴수록 제품을 소비하려는 욕구가 증가한다'라는 수요 법칙을 따르기 때문이다. 당신이 매일 지하 식당가에서 점심을 해결한다고 생각해보자. 분식집 김밥에서 일식집 초밥 세트까지 다양한 음식을 소비할 수 있다. 항상 초밥 세트를 먹고 싶었지만, 예산이 빠듯했다. 그러던 어느 날 초밥 세트 가격이 크게 내렸다. 원재료가 되는 생선 가격이 내려서다. 그러면 당신은 예전보다 맘 편하게 초밥을 사서 즐길 수 있을 것이다. 다른 이들도 초밥에 대한 수요를 늘릴 것이다. 반대로 초밥 가격이 다시 올라버리면 수요는 감소한다.

또 다른 가위 날도 있다. 오른쪽 위에서 왼쪽으로 비스듬히 누운 검은색 가위 날은 공급곡선에 해당한다. '가격이 오를수록 제품의 공급이 증가한다'라는 공급 법칙을 따르기 때문이다. 언급한 일식집을 생각해보자. 젊은 세대 사이에서 연어 초밥이 선풍적 인기를 끌었다고 가정하자. 원가에 비교해 연어 초밥 세트 가격도 날이 갈수록 오르고 있다. 높은 가격에도 꾸준히 판매가 늘고 있다. 이 일식당은 연어를 더 많이 사 오고 조리사도 1명 더 채용해 연어 판매를 늘리려 할 것이다. 전기차 가격이 상승하면 현대차가 전기차 생산 라인을 늘려 매출액을 증가시키려 하는 것도 같은 원리다. 가격이 다시 하락하면 공급량을 줄이려고 한다.

이렇게 수요곡선을 의미하는 가위의 녹색 날은 왼쪽 수직축의 가격이 하락할수록 아래쪽 수평축의 판매량이 늘어나는 '우하향'의 형태를 띤다. 반면 공급곡선을 의미하는 가위의 또 다른 검은색 날은 가격이 상승하면 판매량이 늘어나는 '우상향'의 형태를 그린다.

가위를 자세히 보면 2개의 날이 손잡이 윗부분에서 교차한다. 교차지점에는 두 날이 떨어지지 않도록 작은 금속 축이 박혀 있고 그 위에는 둥근 단추가 얹혀 있다. 이 둥근 점에서 가위의 양날의 힘이 교차한다. 교차점 위에서는 검은색으로 표시된 우상향하는 공급곡선이 녹색으로 표시된 우하향하는 수요곡선의 오른쪽에 위치한다. 다시 말하면 이 교차점 위의 어느 가격대에서도 공급은 수요를 초과한다. 이렇게 되면 생산자가 힘들게 제품을 만들어도 시장에서 소화가 되지 않아 재고가 누적된다. 재고가 쌓이면 생산자는 적자를 볼 가능성이 커진다. 결국 재고 소진을 위해 생산자는 판매 단가를 인하한다. 그러면 수요는 증가하고 공급은 감소한다. 이 재고 소진 과정은 가격이 수요곡선과 공급곡선이 교차하는 지점에 이를 때까지 이어진다.

한편 가위의 두 날이 교차하는 지점의 아래쪽에는 손잡이가 있다. 교차점 아래 손잡이 윗부분에는 우하향하는 녹색 수요곡선과 우상향하는 검은색 공급곡선이 있다. 이번에는 수요곡선이 공급곡선보다 오른쪽에 있다. 다시 말하면 가위가 교차하는 지점의 아래쪽 가격대 어디에서나 수요가 공급을 초과한다. 시장에서는 판매물량 부족 현상이 나타난다. 물건을 내놓자마자 팔린다. 생산이 판매를 따라가지 못한다. 재고 소진 속도가 아주 빨라 재고 부족에 시달린다. 생산자는 수입을 늘리기 위해 판매단가를 인상한다. 판매가격의 인상은 재고 부족 현상이 사라질 때까지 이어진다.

가위 교차지점에서 재고 누적도, 재고 부족도 나타나지 않는다. 이 지점의 가격에서 수요와 공급이 일치하기 때문이다. 다시 말하면 이 지점에서 수요와 공급이 균형을 달성해서 그렇다. 이 교차지점의 가격을 균형가격, 이 교차지점의 판매량을 '균형판매량'이라고 한다. 이 균형가격에서 시장은 안정을 찾는다. 소비자는 느긋하게 제품을 살 수 있고 생산자도 판매 부족이나 재고 누적에 시달리지 않게 된다. 마치 적정 온도에서 우리가 추위나 더위를 느끼지 않는 것과 같다.

주식, 채권, 외환, 코인 등 모든 시장가격은 그 순간 수요와 공급이 일치해 달성된 균형가격이다. 그렇다고 균형가격이 변하지 않는다는 의미는 아니다. 종이 위에서 가위를 움직이듯이 수요곡선과 공급곡선이 좌우로 이동하는 일이 있기 때문이다.

우선 어떤 이유로 수요곡선 전체가 우측으로 점프하기도 한다. 가위의 두 날을 분리해 수요곡선을 의미하는 녹색 날을 오른쪽으로 옮기는 것을 상상해보자. 이렇게 되면 모든 가격대에서 수요가 늘어나 판매량이 증가한다. 겨울옷을 파는 가게가 있다고 하자. 평소에는 외투가 10만 원에 적당량 팔려 재고가 잘 소진됐다. 그런데 어느 해 갑자기 날씨가 매우 추워졌다. 그러자 두꺼운 옷에 대한 수요가 확 늘어났다. 같은 10만 원에 외투를 찾는 소비자의 발길이 크게 늘어났다. 그 외투보다 싼 점퍼나 비싼 바바리코트에 대한 수요도 증가한다. 갑자기 비가 내리면 우산에 대한 수요가 증가하는 것도 좋은 예다.

어떤 경우에는 수요곡선 전체가 좌측으로 점프하기도 한다. 수요곡선을 뜻하는 가위의 녹색 날을 분리해 왼쪽으로 옮겨다 놓는 것에 해당한다. 이렇게 되면 모든 가격대에서 수요가 줄어 판매량이 감소한다. 좋은 예가 갑질이나 주가조작과 같이 기업 이미지를 해치는 사건이 벌어져 그 기업의 제품에 대한 불매가 벌어졌을 때다. 당연히 그 기업 제품은 가격대를 불문하고 수요가 줄어 팔리지 않을 것이고 재고가 누적된다.

이렇게 수요곡선이 좌우로 이동하면 균형가격과 판매량도 변동한다. 가위에서 수요곡선을 뜻하는 녹색 날을 떼어내 오른쪽으로 옮겨보자. 녹색 날의 수요곡선과 공급곡선을 뜻하는 검은색 날이 교차하는 지점은 이전보다 높아지고 이전보다 오른쪽이다. 다시 말하면 수요곡선이 우측으로 이동하면 균형가격이 상승하고 균형판매량이 증가한다. 가위에서 수요곡선에 해당하는 녹색 날을 떼어내 왼쪽에 위치시키면 공급곡선에 해당하는 검은색 날과 교차하는 지점은 이전보다 아래쪽 그리고 왼쪽으로 바뀐다. 다시 말하면 수요곡선이 좌측으로 이동하면 균형가격은 내리고 균형판매량은 감소한다.

공급곡선도 우측으로 점프할 수 있다. 자동차회사를 생각하면 이해하기가 쉽다. 미국에서 현대차에 대한 주문이 쇄도하고 있다고 하자. 현대 입장에서는 오늘이라도 차를 팔아 매출을 올리고 싶지만 생산할 수 있는 자동차 대수는 정해져 있다. 아쉽지만 오늘은 생산능력 이상으로 제품을 공급할 수 없다. 그런데 현대가 조립 라인을 자동화해 생산성을 높였다고 하자. 그러면 현대는 같은 시간에 더 많은 제품을 공급할 수 있다. 따라서 생산성이 증가하면 공급곡선은 우측으로 이동한다. 공급곡선의 우측 이동은 가위에서 공급곡선을 뜻하는 검은색 날을 분리해 더 오른쪽에 올려다 놓는 것과 같다. 그렇게 되면 공급곡선이 녹색 날인 수요곡선과 교차하는 지점은 이전보다 아래쪽 그리고 오른쪽이 된다. 공급곡선의 우측 이동은 균형가격의 하락과 균형판매량의 증가를 가져온다.

한편 공급곡선이 좌측으로 점프하는 것도 생각할 수 있다. 공급망 붕괴로 자동차 생산에 필요한 반도체가 품귀를 빚고 가격도 급등했다고 하자. 그렇게 되면 현대차는 생산 라인을 멈추고 반도체가 올 때까지 기다려야 한다. 갑자기 국제원유 가격이 급등했다고 하자. 그러면 원유를 사서 정제해 판매하는 정유회사의 원가 비용이 상승한다. 과거에 판매하던 완제품 가격으로는 수지가 맞지 않아 더는 생산할 수 없게 된다. 제품의 모든 판매 가격대에서 공급이 감소한다.

이렇게 생산비용이 증가하면 공급곡선은 좌측으로 이동한다. 공급곡선의 좌측 이동은 가위에서 공급곡선에 해당하는 검은색 날을 분리해 더 왼쪽에 위치시키는 것과 같다. 그러면 검은색 날인 공급곡선이 녹색 날인 수요곡선과 만나는 지점은 이전의 교차점보다 위쪽 그리고 왼쪽이 된다. 따라서 공급곡선의 좌측 이동은 균형가격의 상승과 균형판매량의 감소를 불러일으킨다.

여러분이 여기까지 잘 이해했기를 바란다. 위의 미시적 수요·공급 분석을 경제 전체로 확대해 적용해볼 것이다. 어려울 것은 없다. 어떤 제품에 대해 경제 내에 존재하는 모든 수요를 합하자. 이를 모든 제품으로 확대해 수요의 총합을 구하자. 그러면 경제 내 총수요를 구할 수 있다. 경제 내에 존재하는 어떤 제품의 판매량을 모두 더하자. 이를 모든 제품으로 확대해 판매량의 총합을 구하자. 그러면 경제 내 총공급을 구할 수 있다. 개별 수요곡선이 우하향하듯 그것들을 합친 국민경제의 총수요곡선도 우하향한다.

마찬가지로 개별 공급곡선이 우상향하듯 이들을 합친 총공급곡선도 우상향한다. 위와 같이 종이 위에 있는 가위를 이용해보자. 녹색 날은 우하향하는 총수요곡선을 뜻하고 검은색 날은 우상향하는 총공급곡선에 해당한다. 종이의 왼쪽 수직축에는 개별 가격을 평균한 물가(P)를 표시한다. 종이의 아래 수평축에는 개별 판매량을 모두 합한 경제 내 총판매량을 표시한다. 국민경제 내 총판매량은 실질 GDP와 같다.

따라서 총수요곡선과 총공급곡선이 자리 잡은 종이의 좌측 수직축에는 물가인 P를, 종이의 아래 수평축에는 실질 GDP인 Y를 표시할 수 있다. 우리는 총수요·총공급 분석을 통해 정부와 중앙은행의 정책이 초래하는 결과를 추적할 준비가 되었다. 이 분석 방법에 익숙해지면 여러분도 정부가 어떤 정책을 발표했을 때 그 정책이 경제에 어떤 효과를 미칠지 빠르게 파악할 수 있다.

앞서 언급했듯이 경제정책의 목표는 경제성장과 물가안정으로 요약할 수 있다. 경기가 나쁠 때 경제성장 목표를 강조하게 된다. 다시 말해 코로나 팬데믹이 오거나 전쟁 또는 금융위기가 닥쳐 경기가 침체에 빠지면 경제는 마이너스 성장을 보일 가능성이 커진다. 경제가 평소 플러스 성장을 보일 때도 일자리를 구하기는 쉽지 않다. 청년 실업률은 매우 높다. 각종 사회보장과 교육, 국방에 지출할 정부 예산은 넉넉하지 않다.

경제가 마이너스 성장에 빠지면 어떻게 될까? 우리나라 경제는 박정희 대통령 시해와 12·12 쿠데타 직후, IMF 경제위기, 코로나 팬데믹 같은 경우에 마이너스 성장세를 보였다. 미국은 대공황(The Great Depression), 오일 쇼크, 걸프전쟁, 닷컴 버블 붕괴, 글로벌 금융위기, 코로나 팬데믹 당시 경제가 역성장했다. 이렇게 경기가 침체하면 실업률은 두 자릿수로 치솟고 정부의 세수는 격감한다. 그대로 방치하면 경제의 기본 체력은 고갈된다. 경제의 성장 포텐셜인 잠재성장력이 잠식되는 것이다. 사람으로 보면 병이 났는데 치유하지 않고 방치하는 것과 같다. 그래서 정부는 경제성장, 즉 Y 구하기에 나선다.

정부가 의도적으로 예산을 확대 편성해 지출을 늘리고 적자재정을 편성하는 것을 '확장적 재정정책'이라고 한다. 이를 통해 정부는 GDP를 증가시키려 한다. 즉, $Y = C + I + G + (X - M^*)$에서 G(재정지출)를 크게 증가시켜 Y를 부양하려는 것이다. 가장 좋은 예가 1930년대 대공황이다.

프랭클린 D. 루스벨트(Franklin Delano Roosevelt) 대통령은 뉴딜정책을 통해 재정을 투입하고 댐을 건설했다. 이를 통해 고용을 늘리고자 했다. 2008년 금융위기 때 버락 오바마(Barack Obama) 행정부가 정부지출을 늘려 인프라스트럭처와 사회보장에 투자한 것도 마찬가지다. 코로나 팬데믹 때 미국 정부가 가계에 긴급지원금을 지급하고 실업급여를 늘린 것도 재정을 통해 경기를 부양하기 위해서였다. 확장적 재정정책은 1930년대 영국의 경제학자 케인스가 처음 제안한 이래 1970년대까지 경제정책의 표준 모델이 되었고 오늘날에도 민주당과 진보 진영이 신봉하는 정책 모델이다.

정부가 이렇게 재정지출(G)을 늘리면 국민소득이 증가해 총수요곡선이 우측으로 점프한다. 그러면 가위의 양날인 총공급곡선과 총수요곡선이 새로 교차하는 지점은 이전보다 오른쪽 그리고 위쪽이다. 다시 말하면 균형 GDP가 이전보다 증가해 경제가 성장한다. 이를 통해 경기침체에서 벗어날 수 있다. 여기까지만 보면 확장적 재정정책은 경제성장을 확보하는 좋은 정책이다. 문제는 수요공급곡선에서 보듯이 Y를 구하면 동시에 물가인 P도 상승한다는 사실이다. 즉, 균형물가가 상승한다.

정부와 더불어 중앙은행의 통화정책도 총수요곡선의 우측 이동을 초래할 수 있다. 수정한 피셔 방정식을 소환해보자. MV = PY + P′Y′에서 M이 증가하면 자산시장의 유동성이 개선돼 자산가치(P′Y′)가 상승한다. 다시 말하면 중앙은행이 화폐를 발행해 통화 공급을 증가시키면 자산시장이 활황세를 맞는다. 이것은 부의 효과를 통해 가계의 소비 여력을 증가시킨다. Y = C + I + G + (X − M*)에서 C(소비)가 늘어나 총수요가 진작된다. 중앙은행이 금리를 내리면 가계와 기업이 내야 할 이자비용이 줄어든다. 이렇게 채무 부담이 감소하면 가계는 소비를 늘리고 기업은 설비투자를 증가시킨다. 즉, C와 I가 진작된다. 이를 통해 총수요곡선은 우측으로 이동한다. 그 결과 균형물가는 상승하고 균형 GDP는 증가한다.

경제 상황이 매우 좋지 않아 실업률이 높은 경제를 생각해보자. 노동력이 늘어나 있고, 놀고 있는 가용자원도 풍부해 맘만 먹으면 생산량을 얼마든지 늘릴 수 있다. 문제는 제품이 팔리지 않는다는 데 있다. 이런 상태에서는 수요가 증가해 가격이 조금만 상승해도 제품 생산과 판매량이 크게 증가할 수 있다. 이런 상황은 가위의 검은색 날인 총공급곡선이 서 있지 않고 거의 누운 상태를 의미한다. 가위에서 검은색 날을 분리해 상승 각도를 줄여서 총수요곡선 위에 올려놓으면 된다.

정부의 경기부양책으로 총수요곡선이 우측으로 점프했다고 하자. 그러면 어떻게 될까? 총공급곡선이 거의 누워 있으므로 새로이 총수요곡선과 총공급곡선이 교차하는 점에서는 균형물가가 이전보다 거의 상승하지 않게 된다. 그러나 균형 GDP는 크게 상승한다. 이를 경제학적 용어로 표현하면 다음과 같다. 공급의 가격탄력성이 큰 경제에서 확장적 재정정책은 인플레이션을 유발하지 않고 경제성장을 견인해낼 수 있다.

반면 단기에 공급을 증가시킬 여력, 즉 슬랙(Slack)이 별로 없는 상태에서는 가격이 올라도 생산을 늘리기가 어렵다. 이런 상태는 꼿꼿이 서 있는 총공급곡선의 형태로 표현할 수 있다. 다시 말하면 총공급곡선의 상승 각도가 매우 가파르다. 가위에서 총공급곡선에 해당하는 검은색 날을 분리해 거의 세운 상태로 총수요곡선 위에 올려놓자. 그리고 나서 녹색 날의 총수요곡선을 우측으로 옮기면 어떤 일이 생길까? 총공급곡선과 총수요곡선이 교차하는 새로운 지점에서 물가는 이전보다 크게 상승한다. 반면 GDP는 크게 변동하지 않는다. 즉, 이런 경제 상태에서 확장적 재정정책을 취하면 균형물가는 크게 오르지만, 균형 GDP는 크게 증가하지 않는다. 경제학적 용어로 표현하면 다음과 같다. 공급의 가격탄력성이 낮은 상태에서는 확장적 재정정책이 인플레이션을 악화시킬 뿐 경제성장에는 크게 기여하지 못한다.

그러면 정부와 중앙은행은 경제정책을 통해 총수요곡선을 좌측으로 점프시킬 수도 있을까? 그렇다. 경기가 과열되어 물가가 불안할 때 정부와 중앙은행은 긴축적 재정정책과 통화정책을 통해 총수요곡선을 좌측으로 이동시키고자 한다. 정부는 세금을 늘리거나 재정지출을 줄이는 방법으로 긴축예산을 편성한다. 이렇게 해서 G를 줄이고 총수요곡선의 좌측 이동을 유도한다. 중앙은행은 M을 줄이거나 금리를 올려 금융시장 유동성을 흡수한다. 그 결과 자산가치가 줄어들어 가계의 부와 소득이 감소한다. 즉, 마이너스 부의 효과가 발생한다.

또한 금리 인상은 가계의 소비 여력과 기업의 투자 여력을 줄인다. 이로 인해 C와 I가 위축되어 총수요곡선이 좌측으로 이동한다. 총수요곡선에 해당하는 녹색 가위 날이 좌측으로 이동하면 검은색 날인 총공급곡선과 만나는 교차지점은 예전보다 아래쪽 그리고 왼쪽이 된다. 다시 말하면 긴축적 재정정책과 통화정책은 균형물가를 하락시키고 균형 GDP를 감소시킨다. 이를 통해 경기 과열을 식히고 물가를 안정시키고자 한다.

한편 총수요곡선은 정부와 중앙은행의 경기부양책이나 긴축정책을 통해 좌우로 이동시킬 수 있다. 그러나 총공급곡선은 정부가 맘대로 이동시키기 어렵다. 경제의 생산 활동에 좌우되기 때문이다. 의외의 외부 요인으로 총공급곡선이 좌측으로 종종 점프하기도 한다. 전쟁이나 변란 등으로 생산비용이 갑자기 상승하는 경우다. 총공급곡선에 해당하는 검은색 가위 날을 분리해 좌측으로 옮겨 총수요곡선에 해당하는 녹색 날 위에 포개놓자. 그러면 총공급곡선과 총수요곡선은 이전보다 높은 지점에서 만난다. 두 곡선은 이전보다 왼쪽에서 교차한다. 다시 말해 총공급곡선의 좌측 이동은 균형물가의 상승과 균형 GDP의 하락을 초래한다. 이것은 정책 담당자에게 최악의 악몽이다.

경제는 불황 속 물가 급등이라는 스태그플레이션(Stagflation)에 빠져든다. 제1차 오일 쇼크가 전 세계를 강타한 1974년 미국 물가상 승률은 두 자릿수에 이르고 경제는 마이너스 성장하는 스태그플레 이션에 직면했다. 제2차 오일 쇼크가 벌어진 1980년에는 물가가 전 년 대비 15% 오르고 2분기 GDP 성장률은 -8%를 기록했다. 이 시 기 미국은 총수요 관리정책의 실패와 오일 쇼크가 겹치며 경제의 암흑기를 경험했다.

그렇다면 오일 쇼크 때와는 상반되게 총공급곡선을 우측으로 점프시킬 수 있다면 물가와 경제성장이라는 2마리 토끼를 다 잡 을 수도 있다. 총수요곡선이 우하향하는 가운데 총공급곡선이 오 른쪽으로 이동하면 균형물가는 하락하고 균형 GDP는 증가할 것 이기 때문이다. 1980년대 초 미국 로널드 레이건(Ronald Reagan) 행 정부는 세금 감면을 통해 기업의 생산비용을 줄여주는 정책을 사 용했다. 그 결과 인플레이션율과 실업률이 동시에 하락했다. 감세 정책의 효과에 초점을 둔 이런 보수적 경제철학을 '레이거노믹스 (Reaganomics)' 또는 '공급 중시 경제학'이라고 한다.

그 후 40년간 물가는 대체로 안정됐다. 극히 예외적인 경우를 제외하고 인플레이션이 5%를 넘은 적이 거의 없었다. 중국이 세계 의 공장이 되면서 저렴한 생산비용으로 공급을 늘리고 싼 가격에 제품을 수출해 물가안정에 크게 기여했다.

2장

연준은
어떻게 시장을 움직이는가?

달러는 어느 무엇도 약속하지 않는 약속어음이다.

2023년 7월 연준은 금리를 25bp 인상했다.

기준금리 상단은 5.5%에 달했다.

2000년 이래 가장 높은 수준이 됐다.

중립금리 2.5%까지 인상을 주장하던 이들의 전망을 머쓱하게 했다.

관건은 금리가 얼마나 더 오를 것인가에 있지 않다.

언제까지 고금리를 유지할 것인가에 있다.

고용시장과 주택시장의 향방이

연준 금리정책의 피벗(Pivot)을 좌우하는 결정적인 요인이다.

이 시장의 냉각은 2024년에 본격화할 것이다.

그때는 연준의 금리 인하가 중요한 것이 아니다.

경기침체가 닥쳐올 것이기 때문이다.

또 한 번 주식시장에는 한파가 몰아칠 것이다.

연준의 절대반지 M

투자자로서 성공하려면 금융시장의 유동성 동향을 잘 파악하고 있어야 한다. 풍부한 유동성은 부도의 위험성을 낮추고 자산시장의 수급을 개선하는 데 도움을 주기 때문이다. 그런데 금융 안정성 유지라는 제3의 목표를 수행하는 연준은 세계 금융시장 유동성의 파수꾼이기도 하다. 연준은 금융시장 유동성에 영향을 미치는 요소를 수시로 파악해 보고서로 작성하고 통화정책에 반영한다. 다시 말하면 연준 정책은 경제성장과 물가안정을 가장 중요한 쌍둥이 목표로 하지만 전면에 내세운 이 2가지 목표 외에 금융시장 유동성 안정이라는 또 다른 목표를 숨기고 있다. 즉, 연준의 통화정책 목표는 3면적이며 양면적이지 않다. 이를 깨닫지 못하고 연준의 정책을 분석하면 크게 잘못된 결론에 이를 수 있다.

자산시장에 보다 강력한 영향을 주는 것은 금융시장 유동성 안정이라는 제3의 목표에 따라 이뤄진 연준의 결정이다. 연준의 금융시장 유동성 관리정책은 전 세계 주요 시장에서 자산가격을 결정하는 가장 중요한 요소다. 그래서 투자자로서 실패하지 않으려면 미국을 넘어 세계의 중앙은행인 연준의 정책을 세밀하게 알아야 한다. 연준의 통화정책이 글로벌 달러 유동성에 영향을 미쳐 자산가격의 흐름을 바꾸기 때문이다.

1장에서 수정한 피셔 방정식과 총수요·총공급 분석을 통해 경제정책이 실물경제에 미치는 영향과 화폐경제와 실물경제의 연결구조를 탐색했다. 이를 다시 한번 복기해보자.

수정한 피셔의 교환방정식 $MV = PY + P'Y'$에 의하면 통화량 M의 증가는 금융시장 유동성 개선을 통해 자산가치 $P'Y'$를 증가시킨다. 이것은 다시 가계의 부와 소득을 증가시켜 소비를 유발하는 부의 효과를 통해 Y를 부양한다. M의 증가는 그 부산물로 물가 P를 자극하기도 하고, 가계와 기업의 채무 부담을 낮춰 국민소득 Y를 증가시키는 직접적 효과를 가져다주기도 한다. 반면 M의 감소는 금융시장 유동성을 악화시켜 자산가치($P'Y'$)를 붕괴시킨다. 이로 인해 가계의 부와 소득이 감소하고 소비가 줄어드는 마이너스 부의 효과가 발생한다. 그 결과로 물가(P) 상승의 압박이 줄어든다. 또한 가계와 기업의 이자·채무 부담을 높여 P의 증가폭을 가라앉힌다. 통화량 M의 감소는 국민소득 Y에도 부정적 효과를 가져와 경제성장을 가로막는다.

이렇게 M의 파워는 막강하다. 전 세계 금융시장의 유동성을 줄였다 늘였다 한다. 전 세계 달러 유동성의 방향과 흐름을 결정적으로 좌지우지한다. 그 결과 외환위기가 발생하고 금융위기가 덮치기도 한다. 이렇게 막강한 절대반지 달러 M을 끼고 있는 것이 연준이다. 연준만이 독립적으로 절대반지 M을 돌려 시장 유동성을 통제할 수 있다. 그 머리인 연준 의장은 경제에 대한 영향력에 관한 한 미국 대통령의 힘을 능가한다. 그래서 그를 세계 경제 대통령이라고 부른다.

그렇게 중요한 연준에 대해 탐색해보자. 2장에서는 연준의 구조, 정책수단, 정책 결정 과정을 세밀하게 검토한다. 때로는 기술적인 부분도 많을 것이다. 편안한 마음으로 다가가기를 바란다. 2장에서의 지식이 자산시장 수익률에 결정적 영향을 줄 연준 정책 분석에 도움이 되기를 바란다.

연준의 무기고: 금리와 양적 완화

금융시장 유동성과 자산가격, 물가와 경제성장을 좌우하는 막강한 M의 힘을 작동시키기 위해 연준은 금리와 양적 완화라는 양날의 검을 무기로 사용한다. 기준금리가 제로 부근이 아닌 정상적 상황일 때 연준은 이 금리를 올리거나 내려서 달러 유동성을 조절한다.

첫째, 연준은 대개 경기가 과열되고 물가 불안의 우려가 있어 기준금리를 인상한다(Hike rates)고 말한다. 여기서 투자자들은 과열이라는 의미에 경기, 물가와 더불어 자산가격이 포함되어 있다는 사실을 명심해야 한다. 다시 말하면 연준은 항상 자산시장을 면밀히 관찰하고 있고 자산가격 상승이 과도하다고 생각되면 금리를 올린다는 얘기다. 즉, 연준은 늘 시장을 걱정하는 마음 좋은 부모가 아니다. 시장이 정도가 넘게 행동하도록 과감하게 회초리를 치켜드는 무서운 훈장님이다. 때로는 연준이 타이밍이 너무 늦게 회초리를 들어 자산가격에 버블이 생기고 너무 심하게 때리는 바람에 버블이 붕괴해 금융위기가 오기도 한다.

대부분의 금융위기에는 연준의 회초리가 숨어 있다. 연준은 금리를 올리기 위해 시장에 보유 채권을 매각한다. 그렇게 해서 통화량 M을 줄인다. 그러면 시장 유동성이 감소해 자산가격이 하락하고 가계의 부가 감소한다. 이렇게 연준이 통화긴축에 나서면 경제의 총수요곡선이 좌측으로 이동해 물가 상승 압력이 해소된다. 그러나 다시 한번 투자자는 실물경제의 물가 상승 압박이 실상은 자산시장에서의 자산가격의 붕괴를 통해 달성된다는 사실을 명심해야 한다. 이것은 역으로 자산시장에 버블이 남아 있는 한 물가 상승 압박이 제대로 해소되기 어렵다는 뜻이기도 하다. 그런 상태에서는 연준이 긴축적 통화정책을 지속할 수밖에 없다.

둘째, 연준은 대개 경기침체 우려가 있어 기준금리를 인하한다(Cut rates)고 발표한다. 여기에서 경제 전문가들은 경기침체 우려라는 단어에 치중해 경제성장률이나 실업률을 점검할 것이다. 그러나 투자자들은 또 한 번 여기에 숨어 있는 의미를 곰곰이 탐색해야 한다. 연준이 말하는 경기침체가 자산가격의 지나친 하락을 뜻함을 깨달아야 한다.

연준은 이미 자산가격이 부의 효과 메커니즘을 통해 실물경제에 커다란 영향을 미친다는 사실을 체득하고 있기 때문이다. 이 경우 연준은 금리 인하를 위해 시장에서 채권을 사들인다. 채권을 매수하면 통화가 시중에 풀려서다. 이를 통해 M이 증가하고 시장 유동성이 개선된다. 그러면 자산가격이 상승해 가계의 부와 소득이 증가한다. 가계의 소비가 증가하는 부의 효과와 가계와 기업의 채무 부담 경감으로 총수요곡선이 우측으로 이동한다. 이를 통해 경기는 회복하고 물가도 상승한다. 여기서 연준이 어느 선에서 금리 인하를 중단할 것인지는 자산가격의 상승 속도가 큰 영향을 미친다. 자산가격이 과도하게 상승하면 총수요곡선이 너무 오른쪽으로 이동해 물가에 대한 상승 압박이 강해지기 때문이다.

그래서 투자자들은 연준이 자산시장 동향을 예의 주시하고 있다는 사실을 반드시 명심해야 한다. 이 경우 연준은 자산시장의 뒤를 든든하게 지켜주는 마음씨 좋은 후견인이다. 주식시장이 급락할 때마다 등장해서 금리를 인하했던 앨런 그린스펀(Alan Greenspan) 전 연준 의장이 대표적이다. 이런 연준의 자산시장 지킴이 역할을 가격이 하락해도 손실을 막아주는 풋옵션과 같다고 해서 '연준 풋' 또는 '그린스펀 풋'이라고 부른다.

셋째, 연준은 대개 경기와 물가에 큰 이상이 없으니 기준금리를 현 상태로 유지한다(Keep unchanged)고 한다. 이것은 동시에 자산 시장에 대해 연준이 오케이 사인을 보낸 것이라 해석할 수도 있다. 시장 유동성을 주입하거나 고갈시킬 필요가 있는 상태가 아니라는 의미다. 주가가 어느 정도 상승했다고 해서 크게 불안해하지도 말고, 주가가 어느 정도 하락했다고 해서 연준이 후견인 역할을 하리라고 기대하지도 말라는 뜻이 담겨 있다.

그렇다면 연준은 왜 이렇게 자산시장의 동향에 민감하게 반응할까? 그렇게 많은 경제 데이터를 수집하고 똑똑한 연구원들을 거느리고 있으면서 주식시장의 눈치를 보는 이유가 무엇일까? 대답은 의외로 간단하다. 경기와 물가 같은 실물경제지표는 앞날을 반영하지 못하는 후행지표이기 때문이다. 다시 말하면 현재의 물가 상승률이나 실업률은 과거 경제의 성과가 누적된 결과이지 그 수준이 미래 경제 동향을 보여주지는 못한다.

현재 물가가 상당히 낮아졌으니 앞으로도 물가가 안정될 것이라 보거나 현재 실업률이 낮으니 앞으로도 경기가 좋을 것이라 보는 것은 오류로 나타날 여지가 크다. 반면 주식시장은 미래의 경제 상황과 기업의 수익성을 예측한다. 그래서 주가는 선행지표의 역할을 한다. 채권시장도 마찬가지다. 장기채권은 미래의 금리를 예측해 결정된다. 따라서 자산시장의 동향이 현재 실물경제지표보다 미래 실물경제 동향을 더 정확히 예측할 가능성이 커진다. 연준이 항상 시의적절한 정책 결정을 내리는 것은 아니다. 숱한 실수를 저지른다. 투자자들은 연준 파수꾼이 되어 그들의 의견과 정책 편향을 면밀하게 주시해야 한다.

연준은 또한 금융위기 등으로 경기침체가 매우 심할 때 기준금리를 0% 가까이 내린다. 금리를 더는 내릴 수 없으면 금리와는 상관없이 채권을 사들이는 프로그램을 진행한다. 이를 양적 완화(QE, Quantitative Easing)라 한다. 연준이 양적 완화에 돌입했다는 것은 실물경제와 자산시장 모두 매우 위급한 상황에 내몰렸다는 사실을 뜻한다. 따라서 투자자들은 양적 완화 프로그램을 개시했다고 해서 자산시장이 곧 반등하리라 성급하게 결론 내려서는 안 된다. 연준은 시장이 반응하지 않으면 양적 완화의 단계를 계속 올린다.

연준이 무제한 양적 완화를 선언하면 자산시장은 대개 큰 폭의 반등세를 보인다. 양적 완화를 지속하는 한 대부분 자산시장의 상승 추세는 꺾이지 않는다. 한편 경기회복이 충분히 진행되었다는 판단이 서면 연준은 양적 완화의 규모를 줄이기 시작한다. 이를 '테이퍼링(Tapering)'이라고 한다. 테이퍼링이 중요한 이유는 연준의 자산시장에 대한 시각 변화를 보여주기 때문이다. 테이퍼링을 한다는 것은 연준이 회초리를 들 준비가 되었음을 시사한다.

마지막으로 연준은 테이퍼링을 종료하고 전체 보유 자산 규모를 줄이겠다고 발표한다. 이것은 연준이 채권을 팔아 적극적으로 시중 유동성을 흡수하겠다고 선언한 것이다. 이를 '양적 긴축(QT, Quantitative Tightening)'이라고 한다. 투자자들은 양적 긴축의 진행 과정을 매우 주의 깊게 관찰해야 한다. 양적 긴축은 대개 양적 완화와 같이 공격적으로 진행되지는 않는다. 만기가 돌아오는 채권 원금을 상환받고 재투자하지 않는 방법으로 유동성을 흡수한다. 이런 이유로 양적 긴축 초기에는 그 영향이 크지 않을 수 있다. 하지만 가랑비에 옷 젖듯 시간이 흐를수록 금융시장 유동성이 고갈돼 어느 시점에 금융시장 붕괴로 이어질 수도 있다.

민스키 모멘트와 달러 밀크셰이크 이론

연준은 이렇게 자산시장을 면밀히 관찰하며 통화정책의 수단과 방향을 결정한다. 하지만 때로는 연준의 정책이 의도하지 않은 결과를 낳기도 한다. 긴축의 타이밍을 놓쳤다가 자산시장에 가격 거품이 생기는 것을 방치하기도 하고 버블 관리에 실패해 자산시장의 붕괴와 경제위기를 가져오기도 한다. 이와 관련해 민스키 모멘트(Minsky moment)와 달러 밀크셰이크 이론(Dollar Milkshake Theory)이 있다. 이 2가지는 연준 통화정책의 부산물이 어떻게 국내 경제와 세계 경제에 금융위기를 초래하는지 설명해준다.

미국 경제학자 하이먼 민스키(Hyman Minsky)는 불황과 호황 사이를 오가는 경기 사이클을 투자자의 투기 활동과 연관 지어 설명하려 했다. 그는 자본주의 경제는 기본적으로 불안정한 체제이며 쉬지 않고 변동하는 속성이 있다고 봤다. 그는 경기 사이클을 투자자의 심리 상태에 따라 세 단계로 구분했다.

첫째, 위험관리 단계에서 투자자들은 리스크를 헤지하고 본업에 충실하려고 한다. 기업은 수익성을 높여 현금흐름을 창출하려고 노력하고 가계는 자금을 투기적 활동에 투입하기보다 저축을 늘린다. 자금이 효율적으로 재투자되고 경제는 양호한 성장세를 보인다. 위험도를 충분히 고려한 투자와 소비를 줄이고 절약하는 습관이 맞물리면서 물가가 안정된다. 경제는 전반적으로 적당한 경제성장과 낮은 인플레이션하에 내실을 다지는 골디락스(Goldilocks) 상태를 보인다. 기업의 설비투자 계획이 합리성을 띠면서 이익이 늘어나고 양호한 현금흐름이 창출된다. 이 단계에서 연준은 금리를 동결하면서 자산시장을 가끔 모니터링한다.

둘째, 장기간 기업 이익이 성장하고 경기가 호조를 보이자 투기적 단계로 진입한다. 오랜 호황에 위험성에 대한 인식이 희박해진다. 고수익을 추구하는 투기적 수요가 증가한다. 투자자들은 집이나 차와 같은 자산을 담보로 제공하고 돈을 빌려 위험자산에 투자하기 시작한다. 연준도 금융시장 유동성과 자산시장에 대한 주의를 서서히 높인다. 시장이 과열 상태를 보이면서 연준은 금리를 베이비스텝(0.25%)으로 조금씩 상승시킨다. 여기서 연준은 적절한 선제적 긴축의 타이밍을 놓친다. 자산시장에서 화폐의 유통 속도(V)가 빨라지고 버블의 조짐이 일면서 연준은 보다 빠르게 금리를 올려야 하지만 그렇게 하지 못한다.

셋째, 증권사에서 투자자금을 차입해 자산을 추가로 투자하는 레버리지 단계가 시작된다. 자산가격이 오르면 그 자산을 담보로 또 돈을 빌려 레버리지를 높인다. 다른 사람이 올린 가격을 딛고 자산을 매입해 또 가격을 올리는 폰지 투자가 횡행한다. 자산시장에서 가격 거품이 형성되기 시작한 것이다. 자산가격은 고삐 풀린 망아지처럼 상승세를 지속한다. 자산가격이 미래 현금흐름에 기반한 적정 가치로부터 점점 더 크게 이탈한다. 그러자 자산가격이 펀더멘털과 비교해 너무 가파르게 올랐다는 경고가 나오기 시작한다. 자산시장의 과열을 경계하는 의견도 다수 등장한다. 연준도 공격적인 금리 인상에 나선다. 눈치 빠른 스마트 머니(Smart Money) 투자자가 차익 실현을 위해 자산을 매도하기 시작한다. 그 뒤를 따라 헤지펀드도 대거 매도 행렬에 가담한다. 자산가격 상승은 둔화한다. 가격 변동성도 커진다. 증권사를 비롯한 금융권은 자산담보대출을 죈다. 시장 주변의 유동성이 고갈되자 일반 투자자도 자산 매도에 나선다. 자산가격 하락이 가팔라지면서 레버리지 투자에 대한 마진콜(Margin call)이 속출한다. 자산시장에서 손실을 본 가계가 소비를 줄이고 기업도 투자 계획을 연기한다. 투자와 소비가 둔화하면서 실물경제의 성장 전망이 불투명해진다. 이 시점에서 경제는 '민스키 모멘트'라고 불리는 티핑 포인트에 이른다. 이 시기를 지나면 자산시장은 급락하고 경제는 침체에 빠진다.

2000년 닷컴 버블에 이은 민스키 모멘트를 지났을 때 나스닥지수(나스닥종합주가지수)는 75% 하락했다. 2006년 부동산 버블에 이어 민스키 모멘트가 찾아온 후 집값은 30% 내렸다. 이렇게 자산시장이 침몰하면 연준은 또 금리를 인하하고 양적 완화를 시행한다. 그 속도가 지나치게 빠르면 또 다른 민스키 모멘트가 잉태된다. 투자자들은 자산시장에서의 가격 버블의 정도와 연준의 정책 속도를 주시해 민스키 모멘트가 찾아올지 예의 주시해야 한다.

달러 밀크셰이크 이론은 미국의 투자자 브렌트 존슨(Brent Johnson)이 연준의 통화정책과 달러화 가치의 관계를 설명하려고 소개한 이론이다. 연준이 금리를 인하하면 금융시장 유동성이 증가한다. 이것은 마치 밀크셰이크를 만드는 과정에서 병 안에 우유를 주입하는 것과 같다. 우유가 맛있는 과일과 섞여 유동성의 풍미를 높인다.

이렇게 늘어난 유동성은 미국에서만 머물지 않는다. 위험도가 큰 신흥국 시장과 하이일드 정크본드 시장에도 유동성이 스며들면서 주식과 채권 가격이 급등한다. 이 시장에 투자하려고 미국 밖에서 유통되는 유로달러가 대거 유입된다. 연준의 금리 인하로 늘어난 달러 유동성이 지구촌 곳곳을 적신다. 이머징 마켓(Emerging market)에서 자산가격이 펀더멘털과 비교해 과도하게 상승한다. 신흥국 경제도 양호한 성장세를 구가한다. 미국의 거대 펀드들은 신흥국 시장에서 올린 수익으로 파티를 연다.

그런데 자산시장의 과열을 감지한 연준이 통화정책의 방향을 긴축으로 변경하면 정반대 현상이 발생한다. 연준의 금리 인상은 밀크셰이크 병에 들어 있는 우유를 마셔버리듯이 달러 유동성을 빨아들인다. 미국의 자본시장에서 유동성이 악화되면서 자산가격이 하락한다. 그간 신흥국 시장에서 재미를 본 국제자본은 철수를 서두른다. 위험도가 큰 약한 고리인 이머징 마켓과 정크본드 시장이 가장 먼저 타격을 받는다.

연준의 변심으로 자금시장의 큰 흐름이 180도 바뀌면서 국제 자금이 미국 국채와 같은 우량자산으로 이동한다. 달러화에 대한 선호도도 높아진다. 안전자산에 대한 선호 현상(Flight-to-Quality)이 가시화된다. 국제투자자본이 신흥국을 빠져나와 선진국으로 환류하면서 신흥국의 통화가치가 하락한다. 몇몇 나라에서는 달러를 사려는 수요가 몰리면서 외환위기가 발생한다. 연준이 급히 개입해 해외 중앙은행과 통화스왑을 맺고 달러화 공급을 증가시킨다. 그러나 중앙은행 간 통화스왑은 몇 개 선진국 간에만 이뤄진다. 신흥국 자산시장이 붕괴하면서 경제도 침체에 빠진다. 신흥국 경제의 고전은 연준이 금리를 내리는 다음 사이클이 시작될 때까지 이어진다. 따라서 해외 자산에 대한 투자를 고려하는 사람들은 연준의 금

토 막 상 식

유로달러(Eurodollar)는 미국 국경 밖으로 흘러나가 유통되는 달러를 말한다. 유로달러의 규모는 미국 내에서 유통되는 달러의 규모를 능가한다. 한편 달러화가 세계 최초의 기축통화는 아니다. 에스파냐(스페인)의 페소화가 세계 기축통화의 첫 반열에 올랐다. 콜럼버스 이후 에스파냐 정복자들은 안데스산맥의 세계 최대 은광에서 어마어마한 양의 은을 채굴했다. 대규모로 은화가 유입되면서 에스파냐는 물가 상승에 직면하게 됐다. 에스파냐인들은 물가가 상대적으로 싼 외국으로부터 물건을 수입했다. 국제수지 적자가 누적되면서 페소화는 유럽 전역과 아시아, 아메리카에서 광범위하게 유통되는 세계 기축통화가 되었다. 19세기 이후에는 영국 파운드가 세계 기축통화의 지위를 이어받았다. 대영제국은 세계 1위의 경제 대국이 되었다. 전세계 무역의 절반 이상이 파운드로 결제했고 런던은 국제금융의 센터가 되었다.

리정책이 국제 달러 유동성에 미치는 영향을 주의 깊게 관찰해야
한다.

타협의 산물: 특이한 연준 시스템

1907년 미국에 큰 금융위기가 닥쳤다. 뱅크런이 은행가를 휩쓸
었고 엄청난 수의 기업이 도산했다. 경제는 마이너스 성장했다. 이
금융위기는 주기적으로 발생한 은행 위기의 연장선이었다. 미국 정
치권은 예금인출 사태에 직면한 은행에 긴급자금을 수혈할 최종 대
부자(Lender of last resort)의 필요성에 공감했다. 이에 통화량을 조
절하고 은행을 감독할 중앙은행을 설립하려는 움직임을 구체화했
다. 마침내 1913년 우드로 윌슨(Woodrow Wilson) 대통령은 연방준
비제도법에 서명했다. 미국 중앙은행으로서 연방준비제도가 공식
적으로 출범했다.

그러나 그 과정이 순탄치만은 않았다. 공화당 보수파는 분권적
시스템을 지향했다. 이들은 은행들이 지방별로 은행연합회를 결성
하고 이들이 모여 지역별로 상위 연합회를 조직한 뒤 최종적으로 워
싱턴에 본부를 둔 전국연합회를 두자고 제안했다. 이 은행연합회가
중앙은행 역할을 하도록 하자는 제안이었다. 반면 민주당 진보파는
대통령이 중앙은행 고위층의 임명권을 행사해 중앙은행에 대한 통
제권을 가져야 한다고 주장했다. 중앙은행의 지배구조를 둘러싼 견

해 차이였다.

보수파는 중앙은행을 민간이 소유하고 지배해야 한다는 견해였고 진보파는 연방정부가 그 역할을 맡아야 한다는 주장이었다. 윌슨 대통령은 양자의 의견을 절묘하게 조화하는 타협안을 선택했다. 그 타협의 산물이 특이한 준비제도 시스템으로서의 중앙은행이었다. 그 이름도 생경한 연방준비제도였다.

대통령은 연준에 대한 통제권을 가지기 위해 연방정부기구의 하나인 연방준비제도이사회(FRB, Federal Reserve Board of Governors)를 수도 워싱턴에 두었다. 대통령이 연준 이사(Director)와 연준 의장(Chair)에 대한 임명권을 행사한다. 의회의 견제권을 존중하려고 대통령이 지명한 뒤 상원의 인준을 통과하도록 했다. 연방준비제도이사회는 의장, 부의장, 감독담당 부의장, 평이사 4명 등 7명으로 구성된다. 연준 이사의 임기는 14년이다. 각종 압력으로부터 자유롭게 하려고 충분히 긴 임기를 보장한다. 연임은 불가능하다. 연준 의장의 임기는 4년이며, 연임이 가능하다. 레이건 대통령이 임명한 앨런 그린스펀 의장은 18년간 근무했다. 최장수 연준 의장인 윌리엄 마틴(William Martin)도 1951년부터 1970년까지 18년 이상을 재임했다.

한편 중앙의 연방준비제도이사회를 견제하려고 전국을 12개 권역으로 나눠 지역 연방준비은행(Federal Reserve Banks)을 두었다. 이들 연방준비은행의 지분은 연준 시스템에 가입한 그 지역 소재의 은행들이 소유하도록 했다. 즉, 연방준비은행을 민간이 소유하는 은행으로 설립해 중앙을 견제하도록 했다. 그렇다고 연방준비은행이 완전한 민영은행인 것은 아니다. 중앙 연방준비제도이사회의 주요 결정을 모두 따르도록 설계돼 있다.

연방준비은행은 일종의 반관반민 형태의 특수은행이다. 연방준비은행의 주요 의사결정은 이사 9명으로 구성되는 연방준비은행 이사회에 의해 내려진다. 이사 가운데 6명은 가맹 은행이 추천하고 3명은 중앙의 연방준비제도이사회가 추천한다. 흥미로운 사실은 지역 연방준비은행 총재(President)의 연봉이 연준 의장보다 훨씬 높다는 사실이다. 지역 연방준비은행은 경제학 또는 파이낸스 박사를 연구원으로 채용해 통화정책과 지역 경제에 대해 활발한 리서치를 수행한다. 지역 연방준비은행 총재는 각 연방준비은행 이사회에서 선임하지만, 연방준비제도이사회의 승인을 얻어야 한다.

연방준비은행은 '은행의 은행(Bank of banks)'이기도 하다. 은행은 연방준비은행에 계좌를 열고 현금을 예치한다. 은행이 연준에 예치한 현금을 지불준비금(Reserves), 연방준비은행에 개설한 계좌를 지준계좌라고 한다. 은행은 지준계좌를 중심으로 다른 은행과 돈을 주고받는다. 개인들이 은행에 개설한 예금계좌를 통해 돈을 송금하고 입금받는 것과 같다. 은행이 연준이 구축한 페드와이어(FedWire) 서비스를 이용하면 다른 은행과 보다 신속하게 현금 결제를 시행할 수 있다.

은행은 예금인출에 대비해 예금의 일정 부분을 반드시 지준계좌에 예치해야 한다. 이를 '필요지불준비금(Required reserves)'이라고 한다. 은행은 연준에 그 이상의 금액을 맡겨도 된다. 필요지준금을 초과해 예치한 금액을 '잉여지불준비금(Excess reserves)'이라고 한다. 필요지준금의 규모는 중앙의 연방준비제도이사회가 결정한다. 연방준비제도이사회는 필요지준금을 총예수금으로 나눈 필요지불준비율(Required reserve ratio)을 통해 필요지준금 규모를 정한다. 필요지준율은 대개 10%다. 어떤 은행이 1,000억 원을 예금으로 받았다면 그중 100억 원은 연준에 예치해야 한다. 한편 연준은 다음 토막 상식 코너에서 보듯 2020년 3월 필요지불준비율을 영으로 낮췄다. 코로나 팬데믹 당시의 경기침체를 감안해 은행의 부담을 덜어주기 위한 한시적 조치였다. 그러나 최근 지불준비금의 중요성이 낮아진 터라 언제 연준이 필요지불준비율을 과거 수준으로 다시 올릴지는 미지수다. 한국은행은 단일화된 시스템의 중앙은행이다. 미국과 같이 지역 연방준비은행이 따로 없이 한국은행이 연방준비제도이사회의 역할과 연방준비은행의 역할을 모두 한다.

은행이 자금 부족 사태에 직면하면 4가지 방안 중 하나를 통해 유동성을 확보한다.

첫째, 연준에 있는 지준계좌를 통해 다른 은행에서 돈을 빌릴 수 있다. 자금에 여유가 있는 다른 은행의 지준계좌로부터 잉여지준금을 차입한다.

둘째, 은행은 연준과 환매조건부계약(레포, Repurchase agreement)을 맺어 자금을 빌릴 수도 있다. 레포는 은행이 연준에 국채와 같은 증권을 담보로 건네주고 현금을 받는 거래다. 만기 시

2008년 금융위기 이후 대출의 부도 위험이 커지자 은행은 예금으로 수취한 돈을 대출하기보다 연방준비은행에 지불준비금으로 안전하게 맡겨놓고자 했다. 그러나 은행의 지불준비금 예치는 세금과 같은 역할을 했다. 당시에는 연준이 지불준비금에 이자를 지급하지 않았기 때문이다. 은행으로서는 안전을 대가로 상당한 규모의 기회비용을 지불하는 것과 마찬가지였다. 다행히 연준은 수지 악화에 직면한 은행의 입장을 감안해 2008년 10월부터 필요지불준비금에는 1.4%, 잉여지불준비금에는 그보다 낮은 0.75%의 이자를 지급하기 시작했다. 필요지불준비금에 대한 이자율(IORR, Interest Rate on Required Reserves)은 연준의 기준금리보다 약간 낮은 수준에서 결정되었고 잉여지불준비금에 대한 이자율(IOER, Interest Rate on Excess Reserves)은 그보다 낮았다. 연준이 기준금리를 올리거나 내리면 그에 발맞추어 IORR과 IOER도 조정했다. 그런데 이렇게 이자율을 차등을 두었지만 잉여지불준비금의 규모는 2008년 초 1,600억 달러에서 그해 11월 5,600억 달러로 급등했다. 이에 결국 2008년 11월 연준은 잉여지불준비금에 대한 이자율을 필요지불준비금에 대한 이자율과 일치시켰다. 그해 12월 연준이 기준금리를 0~0.25%로 내리자 IOER과 IORR도 0.25%로 인하되었고 이 이자율 수준이 2015년 12월까지 지속됐다. 한편 은행의 잉여지불준비금 규모는 2014년 여름 2조 7,000억 달러까지 수직 상승했다. 금리가 낮은 가운데 은행이 적극적으로 대출에 나서지 않았기 때문이다. 그런데 그해부터 연준이 통화정책의 기조를 긴축으로 전환하면서 잉여지불준비금 규모가 줄어들기 시작했다. 연준이 2015년 12월부터 기준금리를 올리고 2017년부터는 양적 긴축정책까지 가동하면서 잉여지불준비금은 2019년 9월 1조 3,000억 달러 수준까지 감소했다. 한편 연준이 그해 다시 금리를 인하하고 2020년 초에는 코로나 팬데믹이 경제를 강타했다. 그 여파로 잉여지불준비금은 2020년 3월 1조 9,000억 달러로 급등했다. 이에 연준은 더 이상 필요지불준비금 예치를 강요하는 것이 의미 없다고 판단해 필요지불준비율을 영으로 낮추기로 결정했다. 은행은 이제 예금에 대해 강제로 지불준비금을 예치할 필요가 없었다. 그런데도 잉여지준금 규모는 2020년 5월 3조 2,000억 달러까지 수직 상승을 거듭했다. 결국 현재는 잉여지불준비금의 개념은 무의미해진 것이나 다름없다. 전체 지불준비금 규모는 2021년 11월 4조 2,000억 달러까지 상승했다가 2023년 9월 현재 3조 2,000억 달러 수준을에 은행은 빌린 돈을 되갚고 국채를 돌려받는다. 역(逆)레포도 존재한다. 역레포는 RRP(Reverse Repurchase agreement)라고도 한다. 은행이 역레포를 이용하면 은행은 연준에 돈을 빌려주고 연준은 은행에 국채를 담보로 지급한다. 역레포 거래의 만기가 되면 은행은 국채를 상환하고 돈을 돌려받는다.

셋째, 은행은 보유 자산을 매각할 수도 있다. 통상 유동성이 높은 주식이나 채권을 매도해 현금을 마련한다. 그래서 시장성 높은 증권을 제2의 지준이라고도 한다. 그런데 유동성 높은 증권이 없으면 울며 겨자 먹기로 대출과 같이 유동성이 떨어지는 자산을 매각해야 한다. 이런 비유동자산의 매각에는 시간이 걸린다. 빨리 매도해 현금화하려면 헐값에 파는 수밖에 없다.

넷째, 최종 대부자인 연준의 문을 두드리는 방법이 있다. 연방준비은행은 재할인창구(Discount window)를 통해 은행의 대출 요청을 접수한다. 그런데 은행이 연준에 대출받으러 갔다는 자체가 이 은행의 자금 사정이 좋지 않다는 신호로 작용할 수 있다. 소문이 나면 부실은행으로 인식되어 낙인효과에 시달릴 수 있다. 그래서 위기가 아닌 평상시에 은행은 연준의 재할인대출(Discount loans)을 받기를 꺼린다. 이 대출에 부과되는 이자율을 '재할인율(Discount rate)'이라고 한다. 재할인율은 연방준비제도이사회가 결정한다.

한편 미국은 중소형 은행의 천국이었다. 거의 동네마다 하나씩 그 동네 주민이 소유한 은행이 있었다. 그래서 다른 나라보다 은행 숫자가 압도적으로 많았다. 미국 은행의 숫자는 한때 1만 개가 훨씬 넘었지만, 현재는 5,000개에 미치지 못한다. 금융위기로 인한 파산과 인수합병(M&A)으로 지속적으로 감소해왔다. 미국 은행의 숫자가 많다고 해서 완전경쟁을 하는 시장은 아니다. 빅4로 불리는 4대 은행이 전체 은행자산의 40%가량을 차지하고 있다.

그렇다면 미국의 모든 은행은 강제로 연준 시스템에 소속되어야 할까? 그렇지는 않다. 미국 은행의 인가 시스템이 이중적이기 때문이다. 에이브러햄 링컨(Abraham Lincoln) 행정부가 창설한 연방 재무부 산하 통화감독국(OCC, Office of the Comptroller of the Currency)의 인가를 받은 내셔널뱅크는 의무적으로 연준 시스템에 가입해야 한다. 반면 주정부 인가를 받은 스테이트뱅크는 반드시 연준 멤버가 될 필요는 없다. 현재 연준 멤버는 전체 은행의 3분의 1이 좀 넘는다. 자산 규모 6위의 대형은행인 트루이스트은행(Truist Bank)도 연준 멤버가 아니다.

한편 은행의 예금은 연방정부, 주정부 인가를 막론하고 대부분 연방예금보험공사(FDIC, Federal Deposit Insurance Corporation)의 보호를 받는다. 어떤 은행이 파산하면 1인당 25만 달러까지 예금 지급을 FDIC가 보장한다. 연준 멤버십과 달리 FDIC 멤버십은 대단히 중요하다. FDIC 멤버 은행이라는 간판이 없으면 예금 고객을 확보하기가 어렵다.

은행이 부실화되어 파산하면 FDIC가 손실을 입는다. 그래서 FDIC가 은행의 1차 감독기관이 된다. 은행의 자본 적정성을 감시하고 문제가 있으면 현장조사팀을 파견해 적기 시정조치를 내린다. 은행의 부실이 심각해 회생 가능성이 없다고 판단되면 영업정지 조치를 내린다. 그 직후 해당 은행을 파산시키고 자산과 부채를 다른 은행에 공매한다. 그런데 금융지주회사 또는 금융그룹은 연준이 직접 감독한다. 연준은 스트레스 테스트를 통해 대형은행의 건전성을 주기적으로 점검한다. 은행의 파산으로 금융시스템에 위기가 생길 우려가 있으면 연방 재무부, 연준, FDIC가 긴밀히 협력해 대처한다.

통화정책과 공개시장조작

연준의 통화정책은 연방공개시장위원회(FOMC, Federal Open Market Committee) 회의에서 결정한다. FOMC는 위원 12명으로 구성한다. 연준 이사 7명과 뉴욕 연방준비은행 총재는 당연직이다. 나머지 4자리는 11곳 지역 연방준비은행 총재들이 1년 로테이션 방식으로 맡는다. 연준 의장이 FOMC 의장을 겸하고 뉴욕 연방준비은행 총재가 부의장이 된다.

정례 FOMC 회의는 1년에 8회(1, 3, 4, 6, 7, 9, 11, 12월) 워싱턴 본부에서 열린다. 통화정책 방향에 대해 화요일과 수요일 이틀에 걸쳐

회의하고, 투표하고, 그 결과를 미국 동부시간으로 수요일 오후 2시에 발표한다. 연준은 금리 결정 여부와 통화정책의 방향을 담은 성명서를 홈페이지에 올린다. 연준 의장은 2시 30분부터 기자회견을 통해 질문을 받고 보충 설명을 한다. 연준이 FOMC 회의의 결과를 발표하는 수요일 오후 2시가 되면 전 세계 금융시장이 그 의미를 분석하느라 숨을 죽인다. 때때로 경제 상황이 위급하다고 판단되면 FOMC 특별회의를 개최해 연방기금금리를 조정한다.

투표권을 가진 정식 FOMC 멤버는 12명이지만 지역 연방준비은행 총재들도 모두 회의에 참석해 토론하고 발언한다. 이를 통해 지역 경제의 이해를 대변하고 중앙의 연방준비제도이사회를 견제한다. 지역 연방준비은행 총재들의 의견은 자신이 대표하는 지역의 정치적, 경제적 상황에 크게 좌우된다. 보수성이 강하고 농업이 중요한 산업적 기반인 중서부와 중남부 지역 총재들은 금리 인상과 통화 긴축을 선호하는 매파적(Hawkish) 성향이 강하다. 반면 진보적 경향이 강한 동북부와 서부 출신 총재들은 비둘기파적(Dovish) 성향을 보인다. 경제와 금융시장 여건에 따라 FOMC 멤버들이 이견 없이 한 방향으로 움직이는 경우도 많다.

금융경색을 걱정하지 않아도 되는 평상시에 FOMC의 통화정책은 기준금리 결정을 통해 이뤄진다. 구체적으로 FOMC는 연방기금금리의 목표치(Target)를 조정하는 방식으로 금리정책을 결정한다. 금리를 조정할 때 연준은 통상적으로 25bp(0.25%p)씩 기금금리를 내리거나 올린다. 그러나 보다 강력한 대책이 필요하다면

50bp(0.50%p) 또는 75bp(0.75%p)씩 금리를 인상하거나 인하하기도 한다. 아주 가끔 연준은 한 번에 금리를 100bp(1%p) 올리거나 내리기도 한다. 연준이 기금금리를 25bp 내리거나 올리면 베이비스텝 (Baby step)을, 50bp 인상하거나 인하하면 빅스텝(Big step)을 밟았다고 한다. 75bp를 변경시키면 자이언트스텝(Giant step)으로 금리를 조정했다고 한다. 금리를 100bp 올리거나 내리기면 울트라 빅스텝(Ultra big step)이라고 한다.

최근 연준은 기금금리 목표치를 범위를 정해 발표하고 있다. 2008년 12월 이전에는 기금금리 목표치를 단일 수치로 발표했다. 예를 들면 2008년 10월 8일 기금금리 목표치는 1.50%, 10월 19일에는 1.00%를 목표치로 발표했다. 그런데 그해 12월 16일 금리를 0%대로 내리면서 기금금리 목표치는 0~0.25%로 발표됐다. 목표치의 상한과 하한을 발표한 것이다.

연준이 금리를 일정 수준으로 유지하려고 사용하는 정책수단을 '공개시장조작(Open market operations)'이라고 한다. 공개시장조작은 뉴욕 연방준비은행이 담당한다. 뉴욕 연방준비은행은 웅장한 빌딩으로 가득한 뉴욕 맨해튼의 남쪽 끝 월가에 인접해 있다. 그 건물 9층의 거대한 트레이딩 데스크에서 연준의 공개시장조작을 진행한다. 연준은 채권을 사고팔아 실효금리를 조절하는데 주 매매 대상은 미국 국채(Treasury)다.

국채는 연방 재무부가 정부의 재정지출 재원을 조달하려고 발행한다. 어느 나라나 재정수입이 재정지출을 능가하면 국채를 발행할 필요가 없다. 그러나 대부분 미국 연방정부는 재정적자에 직면한다. 이때 연방정부는 나랏빚인 국채를 발행하고 이를 채권시장에 매각해 재원을 마련한다. 이렇게 채권이 발행돼 처음 팔리는 시장을 '1차 시장' 또는 '프라이머리 마켓(Primary market)'이라고 한다.

글을 쓰는 이 시점에 미국 연방정부의 채무 규모는 32조 3,300억 달러를 넘어섰다. 1초에 1만 5,000달러의 나랏빚이 늘어나고 있다. 미국의 나랏빚은 GDP의 119%에 달한다. 나랏빚이 연간 총생산보다 높아지는 건 분명히 위험한 신호다. 정치 불안정으로 금융위기 상황을 겪고 있는 남미 베네수엘라의 GDP 대비 부채비율은 무려 350%다. 일본의 GDP 대비 부채비율도 266%다. 우리나라는 2022년 말 현재 GDP 대비 부채비율이 49.4%로 양호한 편이다. 그러나 2011년 30.3%에서 빠른 속도로 증가하고 있다. 경제성장률은 정체되는 데 비해 정부 예산은 더 가파른 속도로 늘어나서 그렇다.

그렇다면 부채비율이 높은 일본 같은 국가의 국채가 부도날 수도 있을까? 금본위제에서는 국가가 충분한 금을 보유하지 못하면 부도가 날 수도 있었다. 1971년 8월 금본위제를 폐지하고 법정화폐(Fiat currency)를 채택했다. 법정화폐는 정부가 마음만 먹으면 얼마든지 공급량을 늘릴 수 있다. 재무부가 국채를 발행해 프라이머리 마켓에 팔고 이를 중앙은행이 유통 시장 또는 세컨더리 마켓(Secondary market)에서 사들이면 된다. 중앙은행이 돈이 모자라면 발권력을 사용해 지폐를 더 찍어내면 된다. 따라서 국채는 기술적으로는 부도날 수가 없다.

희귀한 경우이겠지만 국채를 외화로 발행하면 부도가 날 수 있다. 외화는 타국 정부가 함부로 발행할 수 있는 것이 아니다. 그러나 대부분 국채는 자국 통화로 발행한다. 발행한 국채는 대부분 자국 투자자가 보유하므로 부도의 가능성이 거의 없다.

한 가지 변수가 있기는 하다. 미국과 같이 국가 채무에 한도(Debt ceiling)를 설정한 경우다. 채무 한도를 다 채우면 국채의 차환 발행만 가능할 뿐 신규 발행은 불가능해진다. 그러나 1917년 미국에서 채무 한도 제도를 도입한 이래 그 한도가 연장되지 않은 적은 한 번도 없었다. 최근에는 채무 한도 연장을 정략적인 도구로 활용하려는 시도가 증가했다. 오바마 행정부 시절에는 공화당이 협조하

토 막 상 식

미국 연방정부가 발행하는 국채는 만기에 따라 3종류로 구분할 수 있다. ① 단기국채(T-bills, Treasury bills)는 만기가 1년 이하인 국채다. 4주, 8주, 13주, 17주, 26주와 52주 만기가 있다. 이 중 만기가 3개월(13주)인 단기국채가 가장 인기 있다. 단기국채는 머니마켓펀드(MMMF, Money Market Mutual Fund)의 중요한 투자 대상이다. 액면가에서 금리를 반영해 할인한 가격으로 팔린다. ② 중기국채(T-notes, Treasury notes)는 만기가 1년 초과 10년 이하인 채권이다. 2년, 3년, 5년, 7년, 10년 만기 국채가 거래된다. 이 중 10년물이 가장 활발하게 매매된다. 그래서 10년 만기 국채의 수익률은 채권시장의 표준금리(Benchmark)가 된다. 이 국채의 수익률은 채권시장 분위기를 주도하므로 벨웨더 채권(Bellwether bond)이라고도 한다. ③ 장기국채(T-bonds, Treasury bonds)는 만기가 10년을 초과한 채권이다. 만기 20년 또는 30년 국채를 의미한다. 과거에는 30년 만기 국채가 표준물이 되기도 했다. 장기국채의 수익률은 모기지 대출금리의 기준이 되므로 그 움직임이 중요하다.

지 않아 채무 한도 위기가 발생했다.

2011년 8월 신용평가기관인 스탠더드앤드푸어스(S&P)가 미국 국채의 신용도를 강등시키기까지 했다. 미국 국채의 신용도는 항상 최고 등급인 트리플A(AAA)였다. 그런데 S&P는 극한까지 치닫던 여야 간 불협화음에 실망해 국채 신용도를 AA+로 내렸다. 그 바람에 주식시장을 포함한 금융시장에 일대 회오리가 일었다. 어쨌든 채무 한도는 연장될 수밖에 없었다. 그렇지 않으면 국가부도의 책임을 져야 하는 측이 엄청난 정치적 비난에 노출될 수밖에 없다. 이론적으로는 국채도 부도 위험에 처할 수 있지만, 실질적으로 국채의 부도 가능성은 거의 없다고 봐야 한다. 그래서 미국 국채는 투자 포트폴리오 구성에 필수적인 무위험자산(Riskless asset)으로 인식된다. 미국 국채수익률은 무위험수익률(Risk-free)로도 쓰인다.

연준의 독립성과 유럽중앙은행

중요한 권한을 가진 기구에 독립성을 부여하는 이유는 정치적 입김을 받지 않고 합리적 판단에 따라 의사결정을 할 수 있게 하기 위함이다. 대표적인 기구가 중앙은행이다. 중앙은행은 경기가 과열될 조짐이 보이면 금리를 올리고 경제 내 돈의 양을 줄여 물가 상승을 억제해야 한다. 그러나 유권자의 표를 얻기에 급급한 정치인들은 선심 공약을 남발하며 재정을 퍼부으려고 한다. 이들에게 물가안정은 부차적인 고려사항이다. 그래서 중앙은행이 정부 손아귀에 놀아나는 시녀가 되면 물가 불안이 상습적으로 발생할 가능성이 커진다. 후진국에서 이런 경향은 매우 강하다.

그렇다면 세계에서 가장 중요한 중앙은행인 연준은 정치적으로 독립되어 있을까? 다시 말하면 이들은 정부로부터 독립해 독자적 판단에 따라 금리와 통화량을 결정할 수 있을까? 1913년에 탄생한 이래 연준은 권한을 확장하며 조직으로서 성공 가도를 달려왔다. 제도적으로 탄탄하게 보장된 독립성이 성공의 밑바탕이 되었다.

연방준비제도이사회 이사 7명의 임기는 14년이다. 정치권의 눈치를 보지 않아도 될 정도로 충분히 기간이 길다. 한국은행의 예산이 정부의 통제를 받는 것과는 달리 연준의 예산은 이사회가 편성해 의회의 승인만 받으면 된다. 그러면서 연준법은 연방준비제도이사회에 과도한 권한이 집중되는 것을 막기 위해 지방에 별도로 지역 연방준비은행을 설립했다. 한국은행의 지역본부들이 완벽하게 중앙의 통제를 받는 지점의 성격을 띠는 것과 달리 지역 연방준비은행은 각 지역에 소재한 민간은행들이 지분을 나눠 소유하는 민간기구다. 지역 연방준비은행을 지배하는 이사진 9명 가운데 6명은 민간은행들이 선임한다. 지방 연방준비은행에 독립된 지배구조를 부여해 중앙 연준의 권력을 견제토록 하기 위함이다.

그러나 연준의 강력한 독립성에도 허점은 존재한다. 연방 대법원장의 임기가 종신인 것과 달리 연준 의장의 임기는 4년으로 제한된다. 의장이 연임하고자 하면 대통령의 재임명을 받아야 한다. 그간 대부분의 연준 의장은 한 번 이상 재임명되었다. 바이든 행정부의 재무장관인 재닛 옐런(Janet Yellen)만이 도널드 트럼프(Donald Trump) 당시 대통령에 의해 재임명을 받지 못한 채 연준을 떠나야 했다. 그녀의 전철을 밟는 것은 연준 의장에게는 크나큰 불명예일 수밖에 없다. 그런 면에서 임기 만료가 다가올수록 연준 의장들은 스트레스를 받으며 백악관의 눈치를 볼 수밖에 없다.

독립성의 저해에는 연준의 특이한 정책 목표도 한몫한다. 대부분 국가의 중앙은행은 고유의 존재 이유이자 가장 중요한 정책 목표로 물가안정을 든다. 그러나 1970년대에 미국 경제가 장기침체에 빠지자 미국 의회는 연준법을 개정해 연준이 쌍두마차 목표(Dual mandate)를 추구하도록 했다. 연준의 '물가안정과 완전고용'을 같은 비중의 정책 목표로 추구하도록 못 박았다. 이로부터 연준이 금리를 인상할 때마다 정부와 정치권은 합법적으로 이의를 제기할 수 있는 길이 열렸다.

독설로 유명한 트럼프 전 대통령은 연준이 금리 인상을 지속해 증시가 하락세를 보이자 제롬 파월(Jerome Powell) 연준 의장을 "배짱도, 감각도, 비전도 없고 의사소통도 형편없는 국가의 적"이라고 매도했다. 실제로 파면시키겠다고 위협했다. 코로나19가 터지자 연준이 다시 금리를 인하해 파월 의장이 파면되는 일은 일어나지 않았지만, 그가 입었을 정신적 상처는 컸다. 법조계에서는 대통령이 연준 의장을 파면할 수 있는지 법률적 논쟁이 벌어지기도 했다.

한편 2022년 상반기 파월 의장의 임기 만료가 다가오자 그의 친정부적 행보가 입방아에 올랐다. 물가 불안의 조짐에도 불구하고 선제적으로 대응하지 않고 긴축정책을 질질 끌며 미루었기 때문이다. 2021년 시중에는 유동성이 넘쳐흘렀다. 부동산을 비롯한 대부분의 자산시장에 거품이 끼었다. 인플레이션율이 5%를 넘고 있었다. 그럼에도 불구하고 파월 의장은 "인플레이션은 단지 일시적(Transitory)"이라는 레토릭을 반복했다. 완전고용을 달성할 때까지는 양적 완화를 지속해 매월 1,200억 달러에 달하는 채권 매입을 중단하지 않겠다고 했다.

파월 의장은 완전고용의 개념 자체를 재정의했다. 저소득 소수 인종의 고용까지 눈에 띄게 안정되기 전에는 확장적 통화정책을 그만두지 않겠다고 천명했다. 거기에다 연준이 기후변화 문제의 위협으로부터 금융 안정성을 유지하려고 노력해야 한다고 강조했다. 빈부격차 해소와 기후변화 문제의 해결은 바이든 행정부의 주요 정책 어젠다 중 하나였다. 연준 이사들도 그의 친정부적 행보에 제동을 걸지 않았다. 이 이사들도 결국은 정치적 압력에서 완전히 자유로울 수 없었다.

연준의 결정은 미국을 넘어 전 세계 금융시장의 유동성 흐름에 막강한 영향을 미친다. 연준의 잘못된 판단은 인플레이션을 초래할 뿐 아니라 많은 나라의 금융위기를 불러일으키는 원인이 된다. 그런 면에서 연준의 중요성은 연방 대법원 못지않다. 연준이 문제를 해결하는 것이 아니라 문제 그 자체가 되는 것을 막으려면 연준 의장의 임기를 늘리고 대통령과 정치권의 견제를 제도적으로 줄일 장치가 필요하다.

한편 1999년 유럽 대륙에서는 단일통화인 유로가 출범했다. 유로는 로마의 영광을 재현하기 위해 강대국 독일과 프랑스 주도로 결성된 유럽연합(EU, European Union)이 역내 무역장벽을 제거한 뒤 통일된 단일국가로 가기 위한 중요한 징검다리다. 유로화 생태계를 뒷받침하려고 유럽중앙은행(ECB, European Central Bank)도 설립했다. ECB는 자국의 기존 통화 사용을 포기하고 유로를 단일통화로 채택한 유로존(Eurozone) 내 화폐 공급과 통화정책을 담당하게 됐다. 현재 EU에 27개국이 가입해 있다. EU는 유로를 단일통화로 채택한 유로존과 비(非)유로존으로 나눠진다. 유로존은 20개국이고, 유로를 쓰지 않는 비유로존 국가로는 스웨덴·덴마크·폴란드·체코·헝가리·루마니아·불가리아가 있다.

ECB는 연준의 구조를 모방해 설립했다. 유럽 대륙의 금융센터인 독일 프랑크푸르트 본부에는 ECB 집행이사회(Executive Board)가 있다. 집행이사회는 의장, 부의장을 포함한 이사 6인으로 구성되어 있다. 임기는 8년이고 연임할 수 없다. ECB는 연준의 FOMC와 유사한 집행위원회(Governing Council)를 통해 통화정책의 방향을 결정한다. 집행위원회는 집행이사회 멤버 6명과 유로존 20개국 중앙은행의 수장으로 구성한다. ECB 집행위원회도 정기 회의를 하고 기준금리(Target financing rate)를 발표한다. ECB도 연준과 같이 레포를 시행하고 은행에 돈을 빌려주며 지준율을 책정한다.

전통적으로 ECB 내에서는 독일 중앙은행인 분데스방크

(Bundesbank)의 입김이 강하다. 1920년대 하이퍼인플레이션(Hyperinflation)을 경험한 적 있는 독일은 통화정책의 우선순위를 물가안정에 두려 한다. 이런 분데스방크의 성향은 경기부양을 주장하는 다른 나라 중앙은행들과 충돌을 일으켜 ECB 내에 분란의 소지가 되기도 한다.

ECB는 연준과 구별되는 중요한 차이점이 있다. 연방준비제도이사회는 어디에도 소속되지 않는 독립적 연방 기구이지만, ECB는 유로존에 소속된 각국의 중앙은행(National banks)이 지분을 보유한다. 이들 각국 중앙은행은 지역 연방준비은행들보다 독립성이 강하다. 연준은 미국이라는 통일된 국가의 중앙은행이다 보니 문제가 생기면 정부와 긴밀히 협의해 신속하게 대책을 마련하는 반면 유로존은 ECB와 각국 정부 간 협의를 원활하기 쉽지 않다. 정치적으로는 여전히 분열되어 있어서다.

통화정책은 ECB가 유로의 금리와 통화량을 조정해 수행한다. ECB가 정한 금리는 예외 없이 유로존 내 각국에 공통 적용한다. 환율도 마찬가지다. 유로존 내 모든 나라가 동일한 환율의 영향을 받는다. 독일에 적용하는 유로·달러 환율이 스페인에 적용되는 유로·달러 환율과 다르지 않다. 그런데 복잡한 문제가 발생한다. 통화는 통합했지만, 국경은 엄연히 존재하고 각국 내 경제정책도 서로 다르다.

좋은 예가 2010년 재정위기를 겪은 그리스와 유럽의 경제 강국 독일이다. 두 나라 모두 유로존 국가다. 그런데 독일의 산업 경쟁력이 그리스보다 강해 그리스는 독일과의 교역에서 해마다 큰 무역적자를 봤다. 이로 인해 그리스의 경제 상황은 나빠졌고 독일 경제의 성장률은 높아졌다. 이때 만약 그리스와 독일이 단일통화가 아니라 기존의 서로 다른 통화를 유지하고 있었다면 수출이 늘어난 독일 통화의 가치는 상승하고 그리스 통화의 가치는 하락했을 것이다. 독일 통화의 가치가 상승하면 해외에서 독일 수출품의 가격이 더 비싸진다. 이로 인해 독일 상품의 국제 경쟁력이 저하되고 독일의 그리스에 대한 수출은 줄어드는 반면 그리스의 독일에 대한 수출은 늘어난다. 양국 간 무역 불균형이 환율 조정을 통해 해소되는 것이다.

그러나 유로존 내부에서는 이와 같은 환율 조정 메커니즘이 작동할 수 없다. 모든 나라가 단일통화를 사용해서다. 이런 이유로 2011년 그리스가 심각한 재정위기를 겪자 유로존을 이탈하는 그렉시트(Grexit)에 나서야 한다는 의견이 나오기도 했다.

ECB는 보다 강력한 독립성을 보장받는다. 총재를 포함한 집행이사회 멤버들은 EU 집행위원회에서 선임한다. EU 집행위원회를 EU 각국의 정부 대표로 구성하므로 어느 한 나라의 정부가 결정을 좌지우지하기 힘든 구조다. 연준의 FOMC에 해당하는 한국은행 금융통화위원회는 총재와 부총재를 포함해 위원 7명으로 구성한다. 한국은행 총재는 대통령이 임명한다. 부총재는 총재가 추천하면 대통령이 임명하며, 다른 위원 5명은 각각 기획재정부 장관, 한국은행 총재, 금융위원회 위원장, 대한상공회의소 회장, 전국은행연합회 회장 등의 추천을 받아 대통령이 임명한다. 총재의 임기는 4년, 부총재는 3년이다. 1차에 한해 연임할 수 있다. 나머지 금통위원의 임기는 4년으로 연임할 수 있다. 기획재정부와 금융위원회는 정부 부처이고 상공회의소, 은행연합회 등도 정부 입김이 강하게 작용할 수 있다. 따라서 한국은행의 통화정책이 정부와 충돌할 때 한국은행은 정부의 영향력을 완전히 무시할 수는 없다. 1987년 민주화 시대가 개막하면서 한국은행의 독립성이 점차 강해져 왔다.

3장

시장이
멍청해지는 순간이 있다

꽃이 폈다고 봄이 온 것은 아니다.

2023년 여름 주식시장은 연초 이래 상승 랠리를 지속하고 있다.
시장이 오르자 경기 전망도 바뀌고 있다.
경기가 연착륙을 넘어 무착륙할 것이라 단언하는 이가 늘어난다.
그러나 시장이 오른다고 해서 경기침체가 오지 않는 것은 아니다.
기업 실적이 예상보다 많이 나오고 있지만, 기업 이익 자체는 줄고 있다.
경기침체의 가능성은 여전히 크다.
그 가능성을 반영하기 시작하면 주식시장은 또 한 번 2022년에 보았던
엄청난 하락세를 시작할 것이다.

멍청한 주식시장

주식투자에 성공하려면 열심히 공부해야 한다고 한다. 그래서 투자자들은 책을 사서 읽고 차트분석 기법을 익히기도 한다. 많은 뉴스를 듣고 정보를 수집하면서 주식시장이 오를 것인지 내릴 것인지 파악하려 한다. 현재의 주가 수준이 펀더멘털에 비해 적정한 것인지 판단한다. 이를 통해 주가가 과열되었는지, 적정한지, 과도하게 하락했는지 나름의 결론에 이르려고 노력한다.

유튜브를 듣고 애널리스트의 전망을 종합해 주가 흐름에 대한 나름의 시각을 정립하려 시도한다. 어떤 분석가는 차트를 이용해 현재의 주가를 설명하고 또 다른 분석가는 연준의 통화정책 방향을 예측하며 주가를 전망하려 한다. 수많은 분석가가 제각각의 견해를 합리화한다. 정보의 홍수 시대다. 정보와 뉴스를 취사선택만 하면 되는 편리한 세상이다.

그런데도 주식투자자가 실패하는 이유는 분위기에 휩쓸려서다. 어떤 기업의 적정 주가는 주주가치를 총주식수로 나눈 것이다. 주주가치는 기업가치에서 채무가치를 공제해 구한다. 기업가치는 영업을 통해 미래에 벌어들일 현금흐름을 현재가치로 환산한 것이다. 따라서 적정 주가를 결정하는 3대 요소는 미래 현금흐름, 금리, 채무부담으로 요약할 수 있다. 방점은 미래에 찍힌다. 전망이 중요하다.

미래 현금흐름은 기업의 이익창출 능력이 결정한다. 기업의 이익창출은 영업 전망에 의존한다. 독점적 기술력을 갖춘 기업이 아니라면 영업 전망은 산업 전망과 경기 전망이 결정한다. 산업 전망은 시장 환경이 블루오션인지 레드오션인지에 달렸다.

산업이 혹독한 경쟁에 노출돼 이익 창출이 불가능한 레드오션에 속하지 않았다면 경기 전망이 중요해진다. 경기가 호전되면 현금흐름은 늘 것이고 경기가 악화하면 현금흐름도 나빠진다. 그래서 시장의 변동성이 클 때면 경기가 침체될 것인지 아닌지에 경제분석의 초점이 놓인다. 시장의 변동성이 크다는 것은 시장참여자 사이에 경기 전망에 대한 견해차가 크다는 의미다. 시장 변동성은 연준이 고강도 금리 인상을 할 때 특히 커진다. 단기에 상승한 금리가 경기에 어떤 영향을 미칠지 가늠하기 쉽지 않아서다.

그래서 많은 투자자가 경기 전망을 포기한다. 거시경제는 예측할 수 없으므로 산업분석과 기업분석에 집중한다. 좋은 산업에 속한 좋은 기업의 주식을 사서 묻어두면 된다고 생각한다. 가치투자 열풍이 분다. 가치투자가 성공하려면 2가지 전제조건이 있다. 좋은 기업을 골라낼 수 있는 능력이 있어야 하고, 좋은 기업이 돈을 벌 수 있을 정도로 경기가 받쳐줘야 한다. 이 2가지에 확신이 있다면 가치투자에 전념하면 된다. 그렇지 않다면 경기 전망을 포기해서는 안 된다.

그런데 경기침체는 파괴적인 모습으로 주기적으로 우리를 찾아온다. 자신의 능력을 확신했던 야심 있는 숱한 투자자가 경기침체 속에 파산하고 인생을 망쳤다. 이들이 실패한 이유는 분위기에 휩쓸리지 않고 버티게 해주는 확고한 나침반이 없어서다. 나침반이 있었다면 경기침체가 오기 전 만족하고 주식시장을 떠났을 것이다. 경기침체가 한창 진행되면서 시장이 투자자의 비탄으로 가득할 때 용기를 가지고 되돌아왔을 것이다.

그렇다면 날고 긴다는 투자자들은 왜 경기침체를 버티지 못했을까? 그들이 경제를 바라본 것이 아니라 시장을 바라봤기 때문이다. 경제는 속이지 않았다. 경기침체를 향해 간다고 많은 시그널을 보냈지만 반등하는 주가에 희희낙락하던 투자자들은 귀를 기울이지 않았다.

경기가 침체로 간다는 믿을 만한 근거는 연준에서 나온다. 연준은 다수의 경제학·파이낸스 박사를 거느리고 방대한 데이터를 수집하며 경기 전망에 올인하는 조직이다. 연준만큼 미국 경기 전망에 많은 자원을 투입하는 기관은 없다. 그 연구 성과를 바탕으로 연준은 금리를 결정한다. 때때로 정치적 고려에 사로잡혀 실수도 하지만 연준의 금리 결정은 경기 전망의 결정판이다. 연준이 금리를 인상하기 시작했다는 것은 경기 과열이 용인하기 어려운 수준에 왔다는 의미다. 연준이 금리를 인하하기 시작했다는 것은 경기침체 가능성이 무시하기 어려운 수준으로 커졌다는 뜻이다. 연준이 금리 인상을 지속하거나 고금리를 유지한다는 것은 인플레이션 압력이 여전히 크다는 의미.

그런데 주식시장은 늘 앞서가려 한다. 그 방향이 정확하지도 않다. 연준이 금리 인상의 강도를 줄이면 주식시장은 상승을 시작한다. 금리 인상을 중지하면 상승 랠리에 힘이 실린다. 금리 인하를 고려하면 상승 가도 질주의 정점을 달린다. 주식시장의 강세에 낙관적 전망을 했던 투자자는 환호한다. 비관적 전망을 했던 투자자는 혼란스럽다. 자신의 멍청했던 전망을 탓하며 상승 랠리에 동참하지 못했던 순간을 후회한다. 증권 애널리스트와 경제분석가들도 흔들린다. 속속 경기 전망을 바꾼다. 경기침체와 경착륙 전망에서 연착륙과 경기 상승 전망으로 돌아선다. 전망 수정으로 주식시장의 상승세는 더 탄력을 받는다.

그러나 그 전망은 틀렸다. 연준의 결정은 이미 경기가 냉각하고 있음을 나타낸다. 어떤 사람은 연준이 금리를 올리면서도 파월 연준 의장은 경기 연착륙을 확신한다고 말하지 않느냐고 할 것이다. 파월의 기자회견을 믿어서는 안 된다. 그의 전망은 수시로 바뀌었다. 오직 FOMC의 결정만 고려해야 한다. 연준도 틀릴 수 있다. 그래도 자기 합리화에 충실한 시장 전문가보다는 정확하다. 연준의 전망이 맞다면 시장은 틀린 것이다. 그 틀린 시장을 보고 경기 전망을 수정한다면 연준을 신뢰하지 않는 것이다. 그러나 연준에 맞서서 시장이 승리한 경우는 거의 없다. 주식시장의 역사는 연준에 맞섰다가 패배한 실패의 경험으로 얼룩져 있다.

주식시장이 내리는 미래에 대한 전망은 틀리기 일쑤다. 주식시장 분석가들의 전망도 신뢰하기 어렵다. 채권시장이나 외환시장이 보는 전망은 주식시장보다는 신뢰할 만하다. 주식시장 전문가들은 대체로 미래에 대한 낙관적 편향이 강하다. 그 편향이 시장 전망을 긍정적인 방향으로 왜곡한다. 긍정적 시장 전망을 합리화하기 위해 경기 전망도 밝은 쪽으로 곡해한다.

그래서 주식시장은 멍청하다. 흥분한 투우장의 소처럼 날뛴다. 투우사가 치켜든 빨간 깃발을 향해 돌진하다가 방향을 바꿔서 또 달려든다. 주식시장은 동물적 감성으로 충만하다. 조금만 낙관적 틈새가 보이면 잽싸게 상승 모멘텀에 사로잡힌다. 경기장 벽이 가로막을 때까지 돌진해 세게 부딪친다. 그러고는 공포에 질려 반대 방향으로 질주한다. 시장은 멍청하다.

채권시장의 경기침체 예상

적정 주가를 결정하는 3대 요소 가운데 두 번째인 금리는 채권시장에서 결정한다. 세상에는 많은 금리가 존재한다. 은행의 주택담보대출금리, 신용카드 금리, 자동차 할부금리, 예금금리, 적금금리

등이 모두 돈을 사용하는 대가로 지불하는 이자율에 해당하는 금리다.

그런데 시중 실세금리를 가장 정확하게 반영하는 것은 채권금리다. 채권금리는 은행이 일방적으로 정하는 대출금리나 저축금리와 달리 거대한 채권시장에서 실시간 수급에 따라 정해지기 때문이다. 채권은 대출과 달리 시장에서 비교적 용이하게 사고팔 수 있다. 채권을 매도하거나 만기 시까지 보유하면 매수가격에 따라 매매손익이 발생한다. 채권 가격이 수시로 변동하기 때문이다. 이런 측면에서 채권금리를 채권수익률이라 부르는 것이 더 정확한 표현이다. 채권을 보유하면 받게 되는 이자 수입과 채권 매매에서 발생하는 손익을 더해야 채권투자에서 얼마의 수익을 얻었는지 정확히 알 수 있다. 채권수익률은 그 수익을 투자원금과 비교해 계산한다. 우리나라에서는 채권금리라는 표현을 더 자주 쓴다.

기업이나 정부는 부족한 자금을 융통하려고 채권을 발행한다. 채권은 그 보유자에게 원금과 이자를 정해진 날짜에 정해진 이자율로 갚겠다고 표시한 증서다. 채권 발행 시 지급하겠다고 약속한 원금과 이자는 대개 변동되지 않는다. 채권투자자에게는 미래에 지급할 이자와 원금이 소득원이 된다. 따라서 채권의 적정 가격은 채권에서 발생할 이자와 원금의 현재가치를 모두 합산한 것과 같다.

그런데 채권 가격은 시장에서 결정된다. 매수세가 강하면 채권 가격이 상승하고 매도세가 강하면 채권 가격이 하락한다. 채권투자자는 채권의 이자와 원금의 현재가치를 구할 때 사용하는 적정 할인율을 감안해 적정하다고 생각하는 가격에 채권을 매매한다. 만약 할인율이 더 높아야 한다면 그 할인율에 기반해 계산한 채권 가격은 더 낮아야 한다. 만약 할인율이 낮아야 한다면 채권 가격은 높아야 한다. 따라서 시장에서 결정된 채권 가격을 보면 시장이 적정하다고 생각하는 할인율을 알 수 있다. 이 할인율이 채권수익률이고 채권금리다. 그래서 채권 가격과 채권금리는 반대로 움직인다. 금리가 오르면 채권 가격은 떨어지고 금리가 낮으면 채권 가격은 오른다.

채권도 종류가 다양하다. 발행자가 누구인가에 따라 국채, 공채, 금융채, 회사채 등으로 나눈다. 만기가 얼마나 긴가에 따라 단기채권, 중기채권, 장기채권으로 나눈다. 단기채권의 수익률을 단기금리, 장기채권의 수익률을 장기금리라 한다. 국채, 공채, 금융채, 회사채의 수익률을 각각 국채금리, 공채금리, 금융채금리, 회사채금리라 한다. 같은 만기라면 국채금리가 가장 낮다. 국채는 부도 가능성이 거의 없다. 반면 금융채나 회사채는 부도 위험이 높아 그 금리도 국채금리보다 높아야 한다. 채권금리는 국채금리에 부도 위험 프리미엄을 붙여서 결정한다.

그렇다면 장기금리는 단기금리보다 높아야 할까? 채권 보유 기간이 장기일수록 부도 위험이나 가격 변동성 등 불확실성이 커진다. 따라서 다른 조건이 동일하다면 장기금리가 단기금리보다 높아야 할 것 같다. 실제 대부분은 만기가 길어질수록 금리가 높아지는 경향이 있다. 이를 채권수익률곡선으로 그리면 우상향하는 모습으로 나타난다. 수익률곡선은 왼쪽 수직축에 금리를, 아래쪽 수평축에 만기를 표시해 만기에 따라 채권금리가 어떻게 변화하는지 보여준다.

이 글을 쓰고 있는 2023년 7월 26일 현재 미국 국채의 수익률곡선은 우상향하는 모습을 보여주지 않고 있다. 1개월 만기 금리는 5.4%, 3개월 만기 금리는 5.4%, 6개월 만기 금리는 5.5%, 1년 만기 금리는 5.4%, 2년 만기 금리는 4.9%, 5년 만기 금리는 4.1%, 10년 만기 금리는 3.9%, 30년 만기 금리는 3.9%다.

이를 수익률곡선으로 그려보면 6개월까지는 만기가 길어질수록 금리가 상승하다가 그 후에는 하락하는 것을 알 수 있다. 다시 말하면 현재 미국 국채수익률곡선은 대체로 우하향하는 형태를 보여주고 있다. 이것을 역전된 형태의 수익률곡선이라 하는데 상당히 이례적으로 나타나는 형태다. 이 수익률곡선을 어떻게 해석해야 할까? 우선 2개월 만기 금리는 대체로 2개의 1개월 만기 금리의 평균과 같다는 것을 이해해야 한다.

예를 들어 현재 1개월 만기 금리가 6%, 다음 달 1개월 만기 금리가 4%라면 현재 2개월 만기 금리는 그 평균인 5%가 된다. 만약 2개월 만기 금리가 5.5%라면 누구든 2개월짜리 돈을 빌리지 않을 것이다. 1개월, 1개월씩 나눠 돈을 빌리면 평균 금리가 5%로 낮아지니 말이다. 만약 2개월 만기 금리가 4.5%라면 모든 사람이 2개월짜리 돈만 빌리려 할 것이다. 이것은 2개월짜리 금리를 5%까지 밀어 올리게 된다.

한편 단기금리는 연준의 기준금리에 강한 영향을 받는다. 만기가 얼마 남지 않아 연준이 정한 기준금리 부근에서 결정된다. 현재 연준의 목표 기준금리는 5~5.25%이지만 시장에서 결정되는 실효 기준금리는 5.1% 안팎이다. 그런데 1개월 만기 국채금리는 5.4%다. 이것은 연준이 1개월 내 금리를 25bp 인상할 것을 반영한다고 볼 수 있다.

한편 1개월 만기 금리가 5.4%인데 3개월 만기 금리도 5.4%다. 이것은 연준이 한 번 금리를 올리고 나면 그 후 3개월 내에는 금리를 동결할 것이란 예상을 반영한다. 한편 현재 3개월 만기 금리는 5.4%, 6개월 만기 금리가 5.5%다. 이것은 3개월 후의 3개월 만기 금리가 5.6%일 것을 시사한다. 그래야 2개의 3개월 금리 평균이 6개월 금리가 된다. 이것은 향후 3개월 후에서 6개월 후 사이에 연준이 한 번 더 금리를 올릴 가능성이 크다는 의미다.

6개월 만기 금리는 5.5%, 1년 만기 금리는 5.4%다. 이것은 연준이 향후 6개월 후에서 1년 후 사이에는 금리를 25bp 인하할 가능성이 크다는 것을 시사한다. 평균 금리가 5.5% 되려면 6개월 후의 6개월 만기 금리가 5.3%로 하락해야 하기 때문이다. 다시 말해 현재 채권시장은 연준이 2024년 상반기에 금리정책을 긴축에서 완화로 변경할 것이라는 예상을 반영하고 있다. 그리고 1년 후에서 2년 후까지는 평균 금리가 4.4%로 떨어질 것이라 예상한다. 2년 후에서 5년 후까지는 평균 금리가 3.6%로 하락하고 5년 후에서 10년 후까지는 평균 금리가 3.7%가 됨을 시사한다.

따라서 장기금리가 단기금리보다 낮아진다는 것은 미래에 연준이 금리를 인하할 것이란 사실을 반영한다. 그런데 연준은 경기침체의 가능성을 구체화하지 않으면 금리 인하를 고려하지 않는다. 이런 면에서 채권시장에서 발생한 장단기 금리 역전은 미래 경기침체 가능성을 시사한다고 볼 수 있다. 채권시장이 미래 금리 수준을 100% 정확히 예측하는 것은 아니다.

예를 들어 현시점에서 1년 전 미국 국채수익률곡선을 보면 6개월 만기 금리가 2.95%, 1년 만기 금리가 3.06%였다. 현시점에서 6개월 전부터 현재까지 금리를 3.17%로 예상했음을 알 수 있다. 2023년 상반기 연준이 한 번 정도 금리를 인상하고 동결로 들어갈 것을 예측했다. 그러나 연준은 2023년 들어서도 금리를 계속 인상했고 현재 금리는 5%를 넘었다.

그렇다고 채권시장의 장기 경기 전망도 틀렸다는 의미는 아니다. 장단기 금리 역전의 신호로 광범위하게 쓰이는 미국 2년 만기 국채금리와 10년 만기 국채금리는 2022년 7월에 역전되었다. 2년 만기 금리가 10년 만기 금리보다 높아진 후 그 차이가 점점 벌어졌다. 글을 쓰고 있는 현재 금리 차이는 -0.94%다. 이런 금리 역전 현상이 심화된 시기는 1981년 이후 처음이다. 닷컴 버블 붕괴 직전인 2000년에도 금리 역전은 -0.45%에 불과했고 2008년 금융위기 직전에도 금리 역전은 -0.16%에 그쳤다. 현재 채권시장은 닷컴 버블 붕괴 이후와 부동산 거품 붕괴 이후보다 더 심각한 경기침체를 예상하고 있다.

한편 연준은 경기침체를 예상하는 단기금리로 2년 만기 국채금리보다 3개월 만기 국채금리를 더 선호한다. 3개월 만기 금리는 2022년 10월 10년 만기 금리보다 낮아졌다. 현재 3개월 만기 국채와 10년 만기 국채 간 금리 역전폭은 -1.6%에 달한다. 이 또한 1980년대 초 이후 최대 폭이다. 닷컴 버블 이전과 부동산 거품 이전 금리 역전폭은 각각 -0.8%, -0.6%에 불과했다.

그렇다면 장단기 금리 역전은 얼마나 정확하게 경기침체 여부를 예측했을까? 1960년대 이후 3개월 만기 금리와 10년 만기 금리가 역전된 이후 경기침체가 오지 않은 경우는 없었다. 1980년 이후 미국 경제는 6번 경기침체를 겪었다. 이 모든 경기침체에 앞서 2년 만기 국채와 10년 만기 국채 간에 금리 역전이 일어났다.

1980년 1월부터 시작된 경기침체의 경우, 금리 역전은 16개월 전인 1978년 9월에 발생했다. 1981년 7월부터 시작된 경기침체의 경우, 금리 역전은 10개월 전인 1980년 9월에 발생했다. 1990년 7월부터 시작된 경기침체의 경우, 금리 역전은 18개월 전인 1989년 1월에 발생했다. 2001년 3월부터 시작된 경기침체의 경우, 금리 역전은 13개월 전인 2000년 1월에 발생했다. 2007년 12월부터 시작된 경기침체의 경우, 금리 역전은 18개월 선인 2006년 6월에 발생했다. 2020년 2월부터 시작된 경기침체의 경우, 금리 역전은 8개월 전인 2019년 6월에 발생했다.

경제 외의 변수로 경기침체가 온 2020년과 경기침체가 온 지 1년 반 만에 또 침체가 온 1981년을 제외하면 장단기 금리 역전이 발생한 지 1년 또는 1년 6개월 후에 경기침체가 왔음을 알 수 있다. 이 역사가 그대로 되풀이된다면 2023년 하반기에서 2024년 상반기에 경기침체가 찾아올 가능성이 크다고 볼 수 있다.

휘몰아치는 금융 불안

마지막으로 적정 주가를 결정하는 3대 요소 가운데 세 번째인 채무 부담을 점검한다. 기업의 미래 현금흐름 전망이 밝아 기업가치가 높다고 해도 영업과 투자를 뒷받침할 자금 마련에 실패한다면 주주가치가 급락한다. 연준의 양적 완화로 금리가 낮고 시중 유동성이 풍부한 상태에서는 채무 부담을 크게 걱정할 필요가 없다. 이자비용도 적고 만기가 돌아온 차입금도 어렵지 않게 롤오버할 수 있기 때문이다. 이런 환경 아래에서는 새로 사업을 시작하는 스타트업이나 테크기업들도 쉽게 투자를 받고 주식 IPO(신규상장)를 통해 성장 기회를 높일 수 있다.

재무 상태가 좋지 않아 신용등급이 낮은 기업도 차입매수(LBO)를 통해 새로운 경영진을 영입하고 사업 기회를 확장할 수 있다. 이 기업들의 LBO를 주도하는 곳은 사모펀드(PE)다. 사모펀드는 위험도가 커서 투기등급의 신용도를 가진 기업의 주식 인수에 드는 자금을 마련하고 직접 지분투자에도 나선다. 은행은 레버리지 금융을 통해 사모펀드의 기업 인수에 드는 자금을 대출한다. 사모펀드는 기업의 주식을 모두 인수한 뒤 그 주식을 상장 폐지한다. 이렇게 인수한 기업을 구조조정해 수익성을 높이고 그 주식을 재상장해 투자금을 회수한다. 사모펀드는 자금이 필요한 기업에 거액의 자금을 직접 빌려주며 이자 수입을 올리기도 한다.

그런데 연준이 긴축에 나서고 금리를 올려 시중 유동성이 악화하면 이 기업들은 도산의 기로에 서게 된다. 5%도 안 되던 차입금리가 두 자릿수로 뛰면서 이자 부담이 급증한다. 그로 인해 수익성이 저하되고 신용등급마저 강등되면 만기가 된 차입금을 롤오버할 수 없게 된다. 기업은 부도가 나고 이 기업에 투자한 사모펀드는 큰 손실에 직면한다. 은행도 대출 손실을 입고 종국에는 레버리지 금융시장에서 철수한다.

사모펀드의 수난은 여기서 끝나지 않는다. 유동성이 풍부할 때 사무실용 빌딩과 같은 상업용 부동산에 거액을 투자했기 때문이다. 경제가 성장하고 금리가 낮을 때는 상업용 부동산 가격은 대체로 상승한다. 빌딩에 입주한 업체로부터 얻는 렌트 수입이 꽤 쏠쏠해 투자자를 유치하기 쉽기 때문이다. 그런데 코로나19 같은 팬데믹이 확산하면 이전에는 볼 수 없었던 상황이 벌어진다. 재택근무가 늘어나면서 빌딩 공실률이 급증한다. 빌딩 소유자는 파산하고 여기에 투자한 사모펀드도 큰 손실을 입는다. 사모펀드는 제도권 금융이 수행하지 못하는 고위험 투자를 선도하는 섀도 뱅킹에 종사한다. 그 규모도 나날이 커져왔다. 이들이 위기에 빠진다면 중소 규모 기업의 자금난이 심화하고 경기가 냉각하게 된다.

미국에서 상업용 부동산 대출의 부실화가 진행되면 중소형 은행도 큰 타격을 면하지 못한다. 부동산개발업체에 대한 대출의 절반이 은행에서 나왔고 그 대부분이 중소 규모 은행이기 때문이다. 지역에 뿌리를 둔 중소형 은행의 특성상 여신영업의 주력이 지역사회 부동산개발업체일 수밖에 없다. 글을 쓰고 있는 현재 상업용 부동산 대출에 대한 연체율은 매우 낮은 상태다. 그러나 전망은 매우 어둡다. 빌딩 공실률이 수직으로 상승하고 있는 데다 2023년 안에 만기가 돌아오는 대출금이 수천억 달러에 달하고 2027년까지는 2조 달러가 넘는 대출이 만기가 되기 때문이다. 시간이 갈수록 연체율이 높아지면서 은행의 손실이 증가할 가능성이 크다.

은행의 손실 부담을 가중시키는 요인은 또 존재한다. 서브프라임 자동차 대출이다. 서브프라임 대출은 신용도가 양호한 상태에 미치지 못하는 차입자에 대한 대출을 뜻한다. 주로 저소득층과 젊은 층이 여기에 속한다. 이 글을 쓰는 현재 미국의 자동차 대출 규모는 1.5조 달러에 달한다. 이 가운데 서브프라임 대출은 전체의 15% 안팎이다. 문제는 중고차 가격이 상승세를 지속하자 은행이 대출 상환 능력이 상당히 낮은 이들에게 차를 담보로 대출을 일으켰다는 사실이다. 따라서 중고차 가격이 하락하면 이 대출의 부실화가 가속화할 가능성이 크다. 서브프라임 자동차 대출에 대한 연체율은 이미 역대 최고치에 근접하고 있다. 또한, 전체 자동차 대출 연체율도 2008년 금융위기 수준을 넘어섰다.

한편 은행의 신용카드 대출도 문제다. 코로나 팬데믹 기간에 미국 정부는 경기부양책의 일환으로 가계에 1인당 3,000달러가 넘는 현금을 지급했다. 학자금 대출 상환도 유예했고 월세를 내지 않아도 강제로 퇴거시키지 못하도록 했다. 직장을 그만둬도 매주 몇백 달러의 실직수당을 지급했다. 이로 인해 가계 저축이 크게 늘어 신용카드 대출도 크게 줄었다.

그러나 최근 카드빚은 코로나19 이전 수준을 훌쩍 뛰어넘어 그 규모가 가파르게 증가하고 있다. 조만간 카드빚 규모는 1조 달러에 달할 것으로 예상된다. 카드빚은 이자율이 매우 높다. 그런데도 카드빚이 급증한다는 것은 가계의 구매 여력이 그만큼 악화되고 있다는 사실을 시사한다.

각종 경제지표를 보면 미국 가계의 소비는 여전히 왕성하다. GDP의 가장 큰 부분을 차지하는 소비지출이 버티면 경제성장은 큰 문제가 없을 것처럼 보이기도 한다. 그러나 그 소비가 카드빚에 의해 떠받치고 있다면 결코 바람직한 상태가 아니다. 카드 대출 연체율도 급증하고 있다. 팬데믹 이전 2017년 수준을 넘었다. 신용카드 대출 부실화는 은행권 전체의 손익에 영향을 미칠 가능성이 크다.

향후 금융권의 건전성 여부를 좌우할 결정적인 변수는 주택시장이 쥐고 있다. 주택담보대출인 모기지론 규모가 12조 달러에 달하기 때문이다. 2008년 금융위기 이후 주택 가격이 상승세를 지속하면서 모기지론 규모도 꾸준히 증가했다. 연준이 기준금리를 크게 올렸지만, 미국 주택시장은 여전히 견조한 모습을 보여주고 있다.

2022년 하반기 하락했던 주택가격지수도 2023년 들어 오히려 회복세를 보이고 있다. 신규 주택 착공 건수도 반등하고 있고, 모기지론 연체율은 지속적으로 하락하고 있다.

그러나 표면적으로 평온해 보이는 주택시장에도 긴장감은 쌓이고 있다. 모기지론 금리가 강세를 지속하고 있기 때문이다. 15년 만기 모기지론 금리는 6%, 30년 만기 모기지론 금리는 7% 안팎이다. 50만 달러를 30년간 빌린다면 매월 납부하는 금액이 3,000달러를 넘는다. 가계에서 감당하기 쉽지 않은 수준이다. 결국에는 시간이 갈수록 주택 매입 여력이 감소해 집값도 하락하고, 모기지론 연체율이 상승해 은행 손실도 늘어날 가능성이 크다.

대출 부실화가 심화하면 은행은 여신심사 기준을 강화한다. 2021년 하반기 이후 은행들은 모든 대출의 여신 기준을 빠른 속도로 강화해오고 있다. 연준을 비롯한 금융감독기관도 은행의 자본적정성 기준을 크게 강화하고 있다. 모기지론의 위험가중치를 올리고 있다. 자산의 위험가중치가 상승하면 자기자본비율을 맞추기 위해 대출을 줄여야 한다. 거기다가 자기자본비율 기준 자체의 인상을 검토하고 있다. 자산건전성 확보방안을 강화하도록 다그친다. 결국 은행은 대출 규모를 줄이고 대출금리도 인상해 돈줄을 죌 수밖에 없다.

최근 30%에 가까운 은행이 자동차 대출과 신용카드 대출에 대한 여신 기준을 강화했다. 모기지론과 기업 대출에 대한 여신 기준도 강화했다. 2022년에만 해도 여신 기준을 느슨하게 하는 은행이 더 많았다. 기업 대출에 대한 여신 기준을 더 까다롭게 한 은행의 비중은 거의 절반에 달한다. 기업의 채무 부담이 커지고 있다는 방증이다.

특히 자기자본과 비교해 부채비율이 높은 기업의 부담이 매우 클 것이다. 이전과 달리 투자자들은 부채비율과 이자보상배율에 신경을 써야 한다. 영업이익으로 이자비용을 커버하지도 못해 이자보상배율이 1에도 미치지 못하는 기업에 대한 투자에 각별히 유의해야 한다. 단기로 차입을 많이 해 만기가 돌아오는 여신이 많은 기업에도 부도 위험을 감안해 적정 주주가치를 산정해야 한다.

금리가 거의 제로에 가까운데도 예금자가 여윳돈을 은행에 맡기는 이유는 은행이 예금을 원하는 시기에 언제든 인출해 쓸 수 있는 유동성을 제공해서다. 은행은 이렇게 예금으로 유치한 자금을 수익성 높은 자산에 투자해 경제성장에 기여한다. 자금이 필요한 기업에 대출하거나 발행한 채권을 매입한다. 은행이 가계와 차입자 사이에서 자금 중개를 원활히 하면 할수록 자금 사용의 효율성이 높아져 경제성장이 촉진된다. 반면 시중 유동성이 악화해 은행이 자금 중개에 애로를 겪고 스트레스를 받으면 경제성장에도 악영향이 끼친다.

2023년 7월 현재 시장 유동성을 측정하는 금융스트레스지수(FSI, Financial Stress Index)는 마이너스다. 다시 말하면 금융 유동성 상황은 상당히 양호하다. 그 배경에는 자금의 중개자 역할을 하는 은행에 대한 신뢰가 있다. 낮은 연체율에 비교적 보수적 여신관리로 은행의 건전성은 괜찮은 편이다.

그렇다고 2023년 내내 금융스트레스지수가 항상 괜찮았던 것은 아니다. 3월에 이 지수는 금융위기와 코로나19 확산 시기를 제외하고는 가장 높은 수준으로 악화했다. 실리콘밸리은행(SVB)과 시그니처은행에 뱅크런이 발생해 두 은행이 파산했기 때문이다. 두 은행의 자산 규모는 각각 상위 16위와 29위에 해당하는 대형은행이었다. 그 직후에는 세계적 투자은행인 크레디트스위스가 예금인출 사태를 겪다가 경쟁사인 UBS에 반강제로 인수되었다.

미국 은행 순위 18위의 퍼스트리퍼블릭은행(FRC, First Republic Bank)도 유동성 위기를 겪다가 J. P. 모건(John Pierpoint Morgan)에 인수되었다. SVB는 국채를 포함한 장기채권에 투자했다가 금리 인상으로 평가손이 누적되면서 뱅크런에 빠져들었다. FRC도 거액의 지방채에 투자했다가 손실에 직면했다. 시그니처은행은 가상화폐 시장에서 입은 손실이 컸다. 크레디트스위스는 헤지펀드 대출과 각종 스캔들로 손실이 누적되고 있었다.

이들의 공통점은 예금자의 신뢰를 상실했다는 점이다. 손실이 커지면 자기자본비율이 낮아지고 자본 적정성에 문제가 생기면 감독 당국이 개입해 영업을 정지시킬 가능성이 커지기 때문이다. 25만 달러까지의 예금은 정부가 지급을 보장하지만, 이 대형은행 예금은 25만 달러가 넘는 예금보험 비부보예금이 대부분이었다.

2008년 금융위기 이후 처음 발생한 대형은행의 뱅크런으로 금융 안정성이 크게 위협받았다. 그러자 백악관이 긴급히 개입했다.

바이든 행정부는 '시스템적 위기'를 선포하고 시스템적 위기가 왔을 때만 예외적으로 동원할 수 있는 긴급조치를 사용해 급한 불을 껐다. 그것이 25만 달러가 넘는 예금도 지급을 보장하고 유동성 위기에 처한 은행에 연준이 긴급자금을 제공하는 것이다. 정부가 예금자의 도덕적 해이를 묵인해주고 연준이 다시 유동성을 주입하면서 금융시장의 스트레스는 크게 낮아졌다. 시장 유동성이 개선되면서 주식시장은 상승 랠리를 재가동했다.

이렇게 금융 당국과 백악관의 긴급 개입으로 금융시장은 안정되었지만 엄청난 후폭풍이 뒤따를 가능성을 남겼다. 국민의 혈세로 모든 예금자를 구제하는 것이 바람직한지 의문이 일었다. 야당을 중심으로 부자와 기업을 구하려고 세금을 투입했다는 비난이 쏟아지고 있다. 시스템적 위기의 예외 조항을 적용해 부실은행을 매각하면서 발생한 손실을 연방예금보험공사(FDIC)가 떠안았기 때문이다.

미국 정부와 연준이 매우 예외적인 상황에서만 선포되는 '시스템적 위기'를 인정했다는 사실이 충격을 주었다. 2008년 9월 서브프라임 모기지(Subprime mortgage) 부실로 금융위기가 절정에 치달으면서 당시 은행 자산 순위 6위이자 최대의 저축대부조합(S&L)인 워싱턴뮤추얼(Washington Mutual)이 유동성 위기에 처했을 때도 미국 정부는 시스템적 위기를 고려하지 않았다. 자산 규모가 3,000억 달러를 훨씬 넘었던 워싱턴뮤추얼의 파산을 용인했다. 당시까지 사상 최대 규모로 기록된 은행의 파산이었다.

당시 4대 은행에 속했던 와코비아(Wachovia)가 유동성 위기에 몰리자 겨우 시스템적 위기를 인정했다. 그 후에도 시스템적 위기를 실제 적용한 은행은 시티은행 한 곳에 지나지 않았다. 이번에는 바이든 행정부가 시스템적 위기를 쉽게 인정해버렸다. 미국 금융 당국 스스로 은행 시스템이 매우 취약해졌다는 사실을 파악해서다. 엄격한 스트레스 테스트 대상에서 제외됐던 대형 지역 은행이 언제든 유동성 위기에 빠질 수 있다고 보고 위기 확산을 미리 진화하려 했다고 볼 수 있다.

글을 쓰고 있는 이 시점에 JP모건의 FRC 인수로 은행 위기는 지나간 일처럼 치부되고 있다. 은행들도 SVB 같은 위기를 겪지 않으려고 매도가능증권(AFS, Available-for-Sale)으로 분류한 채권을 대거 만기보유증권으로 변경하고 있다. 금융 당국도 은행에 대한 스트레스 테스트를 다시 강화하고 자본 적정성 심사를 강화할 태세다. 이를 통해 부실 조짐이 있는 은행의 합병을 유도할 것으로 보인다. 노련하고 진보적인 브레이너드 백악관 경제보좌관과 재닛 옐런 재무장관이 손발을 맞춰 은행 위기의 가능성을 사전에 차단하려 할 것이다.

정부 개입으로 은행 위기의 불씨를 완전히 진화할 수 있을지 의문이 크다. 연준이 고금리 정책을 지속하면 은행 위기는 언제든 재발할 수 있다. 바이든은 SVB 주식을 모두 소각해 예금 전액 보장이 구제금융(Bailout)이 아니라고 발뺌하고 있지만, 언제까지나 공적자금을 투입하면서 부실은행을 감쌀 수만은 없다. 거기다가 은행의 자산 부실화는 막 시작됐다. 채권 자산보다 규모가 더 크고 유동화가 어려운 대출 자산의 부실화가 본격화하면 은행 위기가 수면 위로 떠오를 가능성이 크다.

은행의 수지에도 적신호가 켜졌다. 연준의 금리 인상으로 시장의 단기금리가 급격히 오르며 은행 예금이 머니마켓펀드로 빠져나가고 있다. 예금을 잡으려면 금리를 올려야 하지만 그렇게 하면 이익 마진이 크게 준다. 안정성을 찾아 예금이 몰려드는 초대형은행은 괜찮겠지만 20위권 대형으로만 가도 문제가 심각해진다. 중소형 은행은 말할 것도 없다. 자산건전성 확보를 위해 대손충당금도 더 쌓아야 한다.

은행의 유동성도 날이 갈수록 악화하고 있다. 한때 2.6조 달러에 달했던 연준의 역레포 규모는 최근 1.7조 달러로 낮아졌다. 연준 역레포는 은행이 연준에 돈을 맡기고 국채를 받는 거래다. 규모가 줄었다는 것은 은행의 여유 유동성이 그만큼 감소했다는 방증이다. 연준이 3월 SVB 파산을 즈음해 마련한 긴급대출프로그램(TFP) 규모는 연일 급증해 1,000억 달러를 돌파했다. 이로 인해 은행이 부실화하고 기업 도산까지 겹치면 경기침체를 피할 수 없다. 경기침체가 현실화해 2차 주식시장 붕괴가 나타나면 금융위기가 다시 전 세계를 강타할 가능성이 크다.

문제는 여전히 인플레이션

도덕적 해이를 범한 부실 금융기관에 대한 바이든 행정부의 구제금융이 적절한 것이었는지에 대한 해답은 유보 상태다. 도덕적 비난이 가능하지만, 실질적 효과도 컸기 때문이다. 덕분에 블랙먼데이 공포를 두려워하던 금융시장은 안정을 찾았다. 2분기 경제성장률도 2%를 상회해 실적이 양호하다. 그러나 바이든 행정부의 조치에 대한 긍정적 대답이 유보적인 이유는 구제금융의 효과가 현재진행형이기 때문이다. 그 영향으로 2022년 연준의 양적 긴축 이후 줄어들던 통화량이 증가세로 반전됐다.

수정한 피셔 방정식 MV = PY + P′Y′에 의하면 통화량 M의 증가는 자산가격(P′)을 자극한다. 자산가격이 오르면 부의 효과에 의해 소득 Y가 증가하고 화폐의 유통 속도(V)가 빨라진다. 이로 인해 시차를 두고 물가(P)가 상승할 가능성이 커진다. 2022년 6월 정점을 보였던 미국 인플레이션 지표는 크게 개선되고 있다. 2023년 여름 소비자물가지수(CPI)는 전년 동기 대비 3%대 상승에 그쳤다. 변동성이 큰 식품과 에너지 가격을 제외하고 산출하는 근원소비자물가지수(Core CPI)의 전년 대비 상승률도 4%대 초반까지 낮아졌다. 이를 바탕으로 주식시장은 인상적인 상승 랠리를 보였다.

그렇다면 인플레이션 문제는 걱정하지 않아도 될까? 당연히 그렇지 않다. 최근 물가안정은 유가를 비롯한 에너지 가격의 하락이 주도했다. 에너지 가격 하락은 바이든 대통령의 인위적인 전략비축유(SPR, Strategy Petroleum Reserve) 방출에 힘입은 바 크다. 제로코로나(淸零) 정책의 그늘에서 벗어나지 못한 중국 경제의 저조한 성장도 영향을 끼쳤다. 전년 동기 최고치를 보인 인플레이션 수치의 기저효과도 작용했다. 이를 잘 보여주는 것이 보다 일관성이 강한 서비스 부문의 물가다.

서비스 부문의 물가는 주거, 교통, 의료 등 일상생활과 밀접하게 연관된 서비스를 사용하고 지불하는 대가의 가격이다. 2023년 여름 전체 소비자물가는 전년 대비 3%대 상승했지만 서비스 부문의 물가는 이보다 훨씬 높은 6%대 상승했다. 물가상승률 2%를 목표로 하는 연준이 금리정책을 결정할 때 보다 중요하게 생각하는 서비스물가와 근원물가는 여전히 높은 상태인 것이다. 설상가상으로 최근에는 원유 감산을 통해 유가 상승을 노리는 사우디아라비아의 노력이 일정 부분 효과를 거두면서 국제유가도 배럴당 90달러 위로 상승하고 있다. 미국의 주요 노동조합 가운데 하나인 전미자동차노조(UAW)도 향후 수년간 임금 40% 인상 등을 요구하면서 파업에 나섰다. 사측도 20% 안팎의 임금 인상은 받아들일 태세다. 이들의 임금이 크게 상승할 경우 미국 경제 전반에 미치는 영향은 지대할 것이다. 임금 인상이 다른 업종으로 파급되면서 임금이 물가를 끌어올리는 상승효과를 일으키게 된다. 인플레이션이 전혀 새로운 국면으로 전개될 가능성을 배제할 수 없다. 연준이 쉽사리 금리 인하 사이클로 피벗하지 못할 것이라고 전망하는 이유다. 최근과 같이 주식시장이 급등하고 주택 가격도 고공행진을 지속하면 가계로부터

'부의 효과'를 차단할 수 없다. 가계의 구매력이 강하게 유지되는 한 물가는 상승 압박을 받는다. 최근 가계의 구매력을 측정하는 실질 가처분소득은 다시 증가하고 있다. 그런데 바이든 행정부의 부실은 행 구제금융 투입은 자산가격의 빠른 상승을 유발했다. 인플레이션 이 다시 악화한다면 구제금융을 결정한 금융 당국과 백악관이 책임을 피해가기는 어렵다.

한편 최근의 끈적한 인플레이션과 연준의 고금리 정책 지속을 떠받치는 것은 미국의 강력한 고용시장이다. 연준이 그렇게 고강도로 금리를 인상했지만, 실업률은 완전고용 상태인 3%대에서 벗어날 줄 모른다. 매월 20만 개 이상의 신규 일자리가 창출되고 있다. 청장년층 경제활동참가율은 코로나 팬데믹 이전 수준을 회복했다. 채용 공고 숫자도 1,000만 개 안팎을 유지하고 있다. 임금 상승률도 4%가 넘는다. 그 여파로 가계의 저축률도 다시 고개를 쳐들고 있다. 이처럼 고용시장의 성과는 아주 견조하다.

또 하나 특기할 만한 사항은 채용공고 숫자가 고공행진하는 가운데 자의로 사직하는 직원 수도 400만 안팎의 높은 수준을 유지하고 있다는 사실이다. 이것은 고용시장의 일자리 인력 부족이 여전함을 역으로 시사한다. 쉽게 일자리를 얻을 수 있으니 쉽게 현재 직장을 그만둘 수 있다. 팬데믹 당시 건강과 육아 문제로 직장을 떠난 직원의 빈자리가 쉽게 채워지지 않고 있다. 이런 현상은 소매 판매, 호텔, 여행, 의료, 교육 등 대면 접촉이 필요한 업종에서 특히 심각하다.

고용시장이 이해하기 어려울 정도로 강한 모습을 보이는 이유는 2가지다. 먼저 코로나 팬데믹 초기 경제봉쇄(Lockdown)를 하자 직원을 대거 정리해고했던 기업들은 봉쇄가 해제되자 심각한 고용난에 부딪혔다. 임금을 올리고 재택근무도 허용했지만, 일자리로 돌아오는 속도는 늦었다. 남은 직원들도 번아웃에 시달렸다. 회사들은 코로나 팬데믹이 끝난 후에도 해고를 꺼리고 있다. 고용난의 기억이 여전히 강하게 남아서다.

코로나 팬데믹 후유증에서 회복하는 정도와 속도가 업종별로 상이하다. 이로 인해 연준의 금리 인상으로 침체에 들어가는 속도도 서로 다르다. 코로나 팬데믹 후유증이 없던 과거에는 연준이 금리를 인상하면 경제의 전 섹터에 걸쳐 경기가 빠르게 냉각되었다. 최근에는 코로나 팬데믹에서 빠르게 회복한 산업은 빠르게 냉각되고 있지만 그렇지 않은 산업은 여전히 왕성한 성장세를 보이고 있다. 이러한 현상은 돌아가면서 경기침체와 회복을 주고받는 롤링 리세션(Rolling recession, 순차 침체)으로 나타나고 있다. 즉, 어느 한 부분의 성과가 좋지 못해도 다른 부문이 받쳐주면서 경제 전 영역이 빠른 속도로 침체에 들어가지는 않고 있다. 코로나 팬데믹 기간 강한 성장세를 보였던 테크기업과 부동산개발업체들은 숨 고르기를 하고 있는 반면 대면 서비스 업종은 여전히 회복 중이다. 이 부문의 인력난이 해소되지 않아 고용시장도 견조한 상태를 보이고 있다.

고용시장의 강세는 그 자체로 나쁠 것이 없다. 임금이 올라 부의 격차가 해소되고 경제성장에도 도움을 준다. 문제는 이로 인해 연준이 쉽게 긴축정책을 포기할 수 없다는 사실이다. 우선 임금과 생산비용 상승을 핑계로 기업은 제품의 판매단가를 인상한다. 생산비용이 상승한 것보다 더 큰 폭으로 제품 가격을 인상해 이익 마진을 높이고 폭리를 취하려 한다. 기업은 갖은 수단을 동원해 합법적으로 이익을 조작한다. 주가를 부양하려는 목적이다.

예를 들어 대표적 빅테크기업인 구글은 자사가 보유한 컴퓨터 서버의 사용 연수를 2년 늘리는 방법으로 10억 달러의 비용을 절감했다. 사용 연수가 늘어나면 감가상각비를 줄일 수 있어 영업이익을 증가시킬 수 있다. 중고차 매매 플랫폼회사인 카바나(Carvana)는 자동차의 평균 판매수익 전망치를 조정해 대손상각비용을 줄였다. 이를 통해 예상보다 손실을 큰 폭으로 끌어내려 주가를 부양했다. 그 영향으로 2023년 2분기 미국 기업의 실적은 예상보다 큰 폭으로 개선됐다. 그러나 기업의 이익 내기는 탐욕인플레이션(Greedflation)으로 이어져 물가에 대한 부담을 가중시킨다.

고금리 상태의 초기에 가계와 기업은 과거에 벌어놓은 현금과 대출받은 자금으로 버틸 수 있다. 그래서 고금리에 진입한 초기에는 경제 성과가 대체로 양호하다. 시간이 갈수록 고금리의 스트레스가 가계와 기업을 잠식한다. 카드빚 금리가 오르고 자동차 리스비도 상승하면서 가계의 구매력이 감소한다. 자산시장의 성과도 좋지 않아 가계의 소비 여력이 줄어든다. 기업의 매출이 줄어들면서 재무 상태도 악화한다. 대출 만기가 돌아오면 기업의 채무 부담이 갑작스럽게 늘어난다. 은행의 여신심사 기준이 강화되면 기업은 부도 위기에 내

몰린다. 높은 금리로 인해 가계도 돈을 빌려 차를 사거나 집을 매입하기가 무서워진다.

어느 순간 기업의 도산이 급증하고 실업률이 상승한다. 경기 전망이 악화하면서 자산시장이 붕괴한다. 이로 인해 가계의 소득과 부는 더욱 감소하고 소비지출이 줄어든다. 여신 연체율이 급증해 은행의 파산도 늘어난다. 경기침체가 경제를 휩쓴다. 경기침체로 물가는 안정되겠지만 경기침체는 인플레이션보다 더 큰 후유증을 낳는다. 물가가 안정되면 연준도 여유가 생겨 정책 전환을 하면서 경기침체를 피해갈 수 있다. 관건은 물가다.

공포를 초래하는 거대한 빚의 함정

부채는 잘 사용하면 성장의 촉매제가 된다. 현금흐름을 창출할 충분한 기회가 있는데도 자금이 부족해 투자할 수 없다면 기업의 성장성은 한계에 이를 수밖에 없다. 기업이 성장하지 않으면 국가 경제의 성장도 기대하기 어렵다. 이런 이유로 경제가 오랫동안 큰 굴곡 없이 성장해온 선진국들은 금융시스템이 잘 구축되어 있다. 기업이 부채를 일으켜 자금을 융통하는 곳이 금융시장이기 때문이다.

그렇다고 금융시스템이 늘 경제성장에 기여하는 것은 아니다. 때로는 경제 전체를 구렁텅이로 몰고 가는 금융위기의 시발점이 되기도 한다. 과도한 빚을 일으키게 해서다. 경제의 자원 활용이 정점에 이르러 자금의 생산적 투자가 힘든 상황에서도 빚이 증가하면 자금은 비생산적이고 비효율적 분야로 흘러간다. 대표적인 부문이 자산시장이다. 대표적인 자산시장은 주택시장이다. 주택 가격에 거품이 생기면 실수요자가 제때 집을 매수하기 어렵다. 실수요자가 용케 주택을 매수했다 해도 바람직하지 않다. 자산 거품은 필연적으로 붕괴할 테니 말이다. 고가에 집을 구매해 거대한 빚을 떠안기 일쑤다.

금융시장에서 빚을 내 가격 거품이 강하게 일고 있는 부동산개발에 투자한 개발업자는 거품이 꺼지고 나면 부도 위기에 몰린다. 집이 팔려야 현금을 마련해 빚을 갚을 텐데 집이 팔리지 않기 때문이다. 과도하게 빚을 내 집을 구매한 가계도 부도 위기에 몰릴 수 있다. 가장이 실직하면 대출 원리금을 갚지 못해 집이 차압당하기 때문이다. 그렇게 되면 온 가족이 쫓겨나 거리를 전전해야 하는 비극적 상황에 직면한다.

빚을 내 주식이나 가상화폐에 투자한 개인이나 펀드도 갑작스럽게 가격이 하락하면 투자금액 전부를 날릴 수 있다. 과도한 레버리지를 쓰면 조그만 가격 하락에도 손실이 투자원금을 초과하기 때문이다. 국가도 마찬가지다. 경제개발이나 사회복지에 쓰기 위해 과도하게 국채를 발행하고 차관을 들여온다면 시간이 갈수록 원리금 부담이 늘어나 미래 예산에 사용할 자원이 줄어든다. 그 자원을 마련하려고 나랏빚을 늘리면 원리금 부담이 더 늘어나는 빚의 저주 함정에 빠지고 만다. 이렇게 되면 정부가 요긴하게, 시급하게 돈을 써야 할 일이 생길 때 쓰지 못하는 상황에 부딪힐 수 있다. 국가 경쟁력이 점점 소진되는 것이다.

채무가 급증하는 상황은 연준이 금리를 내려 시중 유동성이 풍부할 때 발생한다. 채권시장에는 신규 채권 발행이 봇물을 이루고 은행 예금도 빠르게 증가한다. 은행은 예금으로 받은 돈을 재빠르게 대출한다. 은행의 여신 펌프 가동은 자산시장의 가격 거품으로 이어진다. 달러 밀크셰이크 이론이 시사하듯 연준의 금리 인하는 유로달러 시장과 신흥국의 달러 유동성도 풍부하게 한다. 투자자금이 수익성 높은 이머징 마켓으로 유입되면서 이 시장에도 가격 버블이 형성되는 것이다.

그런데 자산시장의 가격 버블은 자산시장에서 화폐의 유통 속도(V)를 상승시키고 가계에 부의 효과를 일으켜 실물경제의 물가(P)를 자극한다. 물가가 불안해지면 연준은 정책을 긴축으로 전환하고 금리 인상을 단행한다. 연준의 금리 인상으로 시장 유동성이 악화해 자산시장에서 버블이 붕괴한다. 자산가격의 하락은 기업의 도산을 촉발하고 은행의 건전성을 위협한다. 은행도 자산 매도에 나서면서 자산시장의 붕괴가 더 가팔라진다. 이 상태에서 고금리 상태가 지속되면 금융위기로 전이된다. 이로 인해 금융의 중개 기능이 악화되고 경기가 침체에 빠진다. 금융위기가 다른 나라로 전파되면 글로벌 경기침체의 공포가 증가한다.

최근 국제통화기금(IMF)은 2020년 한 해에만 전 세계 빚이 30% 가까이 늘어났다고 했다. 규모는 무려 235조 달러에 이른다.

세계 최대의 경제 대국 미국의 1년 GDP 10배에 해당하는 빚이 있다는 뜻이다. 이것은 세계 전체 GDP의 2.5배에 해당한다. 세계가 2년 6개월 동안 생산한 재화와 용역을 판 돈을 모두 합쳐야 빚을 다 갚을 수 있는 수준이다. 한편 2020년과 2021년 두 해 동안 미국 이외 국가의 달러 빚이 13조 달러로 11% 증가했다. 2010년 이후 2배로 늘었고 2000년 이후 6배 증가했다.

신흥국가의 빚도 마찬가지다. 2020년에서 2021년까지 이머징 마켓 부채는 5조 달러로 13% 늘어났다. 2010년 이후 3배 증가했다. 2022년 6월 현재 미국 외 지역에서 외환 파생상품으로 조달한 달러 빚의 규모는 65조 달러다. 미국 GDP의 2배에 달하는 달러 빚이 부외 거래로 숨겨져 있는 것이다. 대차대조표에 기록된 것까지 포함하면 글로벌 달러 빚은 무려 100조 달러다. 외환 파생상품 거래의 80%가 1년 내 롤오버가 필요한 단기 계약이다.

미국도 예외일 수 없다. 미국 연방정부의 채무인 나랏빚은 최근 3년간 36% 증가해 31.5조 달러에 이르렀다. 한 해 GDP의 120%에 달하는 위험한 수준이다. 글로벌 달러 부채가 급증하고 외환 파생상품 거래가 폭발적으로 증가한 것은 수십 년간 이어진 초저금리 탓이다. 최근에는 금리가 급등해 달러 빚의 부도가 속출하고 롤오버 위험이 상승해 금융위기를 촉발할 가능성도 커지고 있다. 우리나라의 가계 빚도 2014년 GDP의 80%에서 최근 105%로 늘어났다. 매우 높은 수준이다. 부동산 프로젝트파이낸스 대출 규모도 132조 원에 달한다. 2년간 40조 원이 증가한 것이다. 엄청나게 커진 부채를 잘못 다루면 버블 붕괴와 함께 금융시장 혼란으로 이어진다.

그런 조짐은 이미 나타나고 있다. 수백억 달러의 외화 채무를 일으켜 부동산개발에 과잉투자를 일삼았던 중국의 헝다그룹(Evergrande Group)은 파산했다. 그 뒤를 이어 중국 경제성장을 주도하던 부동산 부문에서 개발업체의 부도가 줄을 이었다. 2008년 금융위기 때 멸종하다시피 한 미국의 투자은행처럼 중국의 대형 부동산개발업체가 하나둘 사라졌다. 최근에는 그나마 명맥을 유지하던 완다그룹(Wanda Group)까지 2억 달러의 빚을 갚지 못해 부도 위기에 몰렸다.

또한 중국 부동산개발업계 1위 회사인 비구이위안(Country Garden)도 원금 10억 달러의 달러표시 채권 이자 2,250만 달러를 이자 지급 기일을 넘긴 채 30일 유예기간 내에 겨우 갚아 시장에 큰 충격을 던졌다. 이 회사는 만기가 돌아오는 채권의 원리금 상환 기한을 연장해 연명하고 있지만 2023년 6월 말 현재 갚아야 하는 채권 규모가 150억 달러에 달해 부도 가능성이 매우 높은 상태다. 이를 반영해 비구이위안의 달러표시 채권 가격은 원금의 10%에 거래되고 있다.

헝다그룹이나 완다그룹은 소유주가 한때 중국 최고의 부자에 오를 정도로 높은 기업가치를 인정받고 있었고 중국 부동산산업은 GDP의 30%를 차지할 정도로 성장의 핵심 엔진 역할을 했다. 그러나 급성장은 빚에 의해 떠받쳐진 공중누각이었다. 국제 유동성이 경색되자 힘없이 무너져 내렸다. 중국 생산자물가지수(PPI)는 마이너스 증가를 보이며 디플레이션의 시름이 깊어졌다. 독일을 비롯한 유럽 국가들도 경기침체의 조짐이 강해졌다. 미국에서 버블 붕괴가 본격화하면 전 세계가 디플레이션에 빠지는 글로벌 리세션이 닥쳐올 가능성을 배제할 수 없다.

달러의 지위

연준의 통화정책이 전 세계 금융시장에 커다란 파문을 불러일으키는 이유는 미국 달러화가 세계 결제통화인 동시에 국제금융시장에서 압도적 지위를 차지해서다. 글로벌 1위 기축통화국 미국에는 엄청난 이점이 주어진다. 달러가 세계 결제통화의 자리를 굳히자 전 세계 중앙은행들이 외환보유고로 달러를 사들였다. 달러가 있어야 원유에서 스마트폰까지 경제의 일상에 필요한 물품을 수입할 수 있다.

미국은 달러를 찍어내기만 해도 자국이 필요한 물품을 외국에서 사들일 수 있다. 여기에는 한 가지 전제조건이 있다. 전 세계인들이 달러의 가치에 대한 신뢰를 굳건히 유지해야 한다. 이것은 연준의 또 다른 중요한 존재 이유가 됐다. 달러화의 지위가 무너지면 연준 통화정책의 효과가 제약되고 미국의 지정학적 영향력도 퇴보할 수밖에 없다.

달러화의 지위에 대한 의문이 제기되기 시작한 시기는 1971년부터였다. 이해는 닉슨 쇼크가 전 세계를 강타한 해로 기억한다. 리처드 닉슨(Richard Nixon) 대통령은 "더는 달러화를 금으로 바꿔주지 않겠다"라고 선언했다. 이 발표로 제2차 세계대전 이후 국제금융질서를 규정해온 브레턴우즈 체제가 해체되었다. 브레턴우즈 체제에서는 미국 달러화의 가치를 금에 고정했다. 금 1온스의 가격을 35달러로 못 박았다. 그 후에는 다른 통화의 가치를 적절한 환율에 따라 달러화에 고정했다. 달러화가 세계 기축통화임을 공식화한 것이다. 달러 보유자가 요구하면 미국 정부는 달러화를 금으로 교환해줘야 했다. 이를 금태환이라 했다. 금본위제라고 할 수 있는 브레턴우즈 체제가 와해하면서 화폐의 가치는 더는 금과 연동되지 않게 됐다.

브레턴우즈 체제의 와해는 피할 수 없는 대세이기도 했다. 미국의 경제학자 로버트 트리핀(Robert Triffin)은 태생적 한계로 브레턴우즈 체제가 필연적으로 무너질 수밖에 없다고 주장했다. 이를 '트리핀의 역설'이라고 한다. 그에 의하면 달러화가 기축통화로 기능하려면 전 세계에 달러화가 풀려서 세계 지불통화(Payment currency)가 되어야 한다. 이것은 미국이 막대한 국제수지 적자를 일으킬 때만 가능하다. 그래야 해외에서 미국으로 들어오는 달러보다 미국에서 해외로 나가는 달러가 더 많아지기 때문이다. 그런데 이렇게 미국이 국제수지 적자에 시달리면 달러에 대한 신인도가 무너질 수밖에 없다. 신뢰의 붕괴로 금태환 요구가 빗발치면 미국 정부는 견딜 수 없다. 금 보유량이 한정되어 있으니 말이다.

닉슨 쇼크 이후 각국의 환율은 외환시장에서의 수요와 공급에 따라 결정되었다. 시시각각 환율이 춤을 추는 변동환율제도로 이행하게 된 것이다. 달러화의 가치는 정부 보증에 의지할 뿐이었다. 달러는 명실상부한 법정화폐로 재탄생했다. 그러자 달러화의 장기적 지위에 의문을 제기하는 이가 늘어났다. 독일 마르크나 일본 엔화의 중요도가 커지고 있었다. 그러던 중 1973년 오일 쇼크가 미국을 포함한 전 세계 경제를 강타했다.

미국 국무장관 헨리 키신저(Henry Kissinger)가 비밀리에 사우디아라비아를 방문해 페트로달러(Petrodollar) 협약을 맺었다. 사우디아라비아가 원유를 수출할 때는 달러화만 받겠다는 약속이었다. 그에 대한 대가로 미국은 사우디아라비아의 안보를 보장했다. 미국으로서는 시급한 원유 수입선을 확보하는 동시에 달러의 위상을 지킬 수 있었다. 원유 거래에 달러를 독점적으로 사용하면서 국제 거래에서 달러는 독보적 지위를 지속적으로 유지했다. 경제의 생명선인 원유를 수입하려면 달러가 있어야 해서 외환보유고로 달러를 확보하려고 혈안이 됐다.

미국에서 달러가 흘러나가면서 거대한 유로달러 시장이 형성됐다. 유로달러는 국제금융시장을 거쳐 미국 국채와 증시에 재투자되었다. 이로써 무역적자로 흘러나간 달러화가 자본시장 거래를 통해 미국으로 회귀하는 메커니즘이 형성됐다. 비록 달러화의 가치가 더는 금과 연동하지 않지만, 달러화의 위상은 당분간 굳건했다. 투자자들은 미국 정부와 연준이 달러의 위상을 지키는 데 관심이 컸다는 사실을 명심해야 한다. 유로달러 메커니즘이 붕괴되면 미국의 헤게모니는 엄청난 상처를 입고 경제적 손실은 헤아릴 수 없을 정도로 커지기 때문이다.

　미국 정부는 달러의 기축통화 지위에 대한 도전을 용서하지 않았고 철저히 응징했다. 첫 대상이 소련이었고 그다음이 일본이었다. 현재는 중국 위안화가 달러의 위상에 도전장을 내밀었다. 이에 미국 정부는 강력한 대중 봉쇄정책을 발동했다. 연준은 수시로 고강도 금리 인상과 고금리 유지를 통해 달러화 강세를 유도한다. 가끔 슈퍼 달러의 위력을 과시해 미국의 헤게모니를 인식시킨다. 달러화가 초강세를 보였다가 조정을 받는다고 해서 달러화 약세를 섣불리 단정해서는 곤란한 이유다.

4장

연준은 인플레이션과의 싸움에서 이길 수 있을까?

오늘의 요행이 반복되는 행운은 없다.

2022년 3월부터 연준은 본격적인 긴축에 나섰지만
늦어도 너무 늦은 정책 전환이었다.
인플레이션이 일시적일 것이라는 미몽에서 깨어나지 못해
금리 인상의 타이밍을 놓쳤다.
40년간 잠자던 인플레이션이 복귀했다.
연준 역사상 가장 큰 실수 가운데 하나였다.
그 실수를 만회하듯 연준의 금리 인상은 전광석화로 진행됐다.
초고속, 고강도 인상이 거듭됐다.
그러나 연준이 인플레이션에 대해 승리를 거두었는지는 아직도 미지수다.
경기침체가 와야 물가가 잡힐 것이고 그때는 물가가 문제가 아닐 것이다.

경기부양과 40년 만의 대인플레이션 복귀

1장에서 3장까지 우리는 경제를 분석하는 기본적인 도구와 경제정책 수단을 공부했다. 정책의 효과도 논의했다. 4장부터는 과거의 역사적 경험을 통해 분석 모델을 다양하게 적용해보고 경제정책의 효과를 진단한다. 읽다 보면 흥미로운 사실을 접하게 될 것이다.

인플레이션의 정의와 영향부터 시작하자. 인플레이션은 전반적으로 물가가 상승하는 현상이다. 인플레이션 경제에서는 생필품 같은 재화뿐 아니라 미용실에서의 머리 손질 같은 서비스 가격이 상승하고 임금도 오른다. 완만하게 진행되는 인플레이션은 나쁠 것이 없다. 영화 티켓 가격이 조금 오르고 택시비가 약간 올랐다 해도 임금이 그만큼 오르면 내 구매력에는 큰 변화가 없기 때문이다.

상품 가격이 약간씩 오르면 기업의 매출도 늘어나고 이익도 증가해 경제성장에 도움이 된다. 그러나 인플레이션이 감당하기 어려울 정도로 빠른 속도로 진행되면 문제가 된다. 내 월급은 아직 오르지도 않았는데 물가가 빠르게 올랐다면 그만큼 내 저축은 줄어든다.

예를 들어보자. 이웃집 영철의 한 달 급여가 350만 원이다. 이 월급으로 세금과 국민연금, 각종 보험료를 내고 생활비에 충당하고 나면 100만 원이 남는다고 하자. 영철은 이 돈을 꼬박꼬박 저축한다. 그런데 인플레이션으로 물가가 올라 생활비가 20만 원 더 들었다고 하자. 영철의 저축은 80만 원으로 줄어들 수밖에 없다. 다행히 회사가 물가 상승을 반영해 영철의 월급을 충분히 올려주면 문제가 없다. 그러나 어떤 회사도 물가 상승분만큼 신속하게, 충분히 임금을 올려주지는 않는다. 그래도 착한 회사가 있어 임금을 충분히 올려주었다면 그 회사는 대개 자신이 판매하는 상품의 가격도 그만큼 인상한다. 그래야 이익이 줄어들지 않을 것이다. 자본주의 기업의 첫 목표는 주주가치 극대화이고 이를 위해서는 수익성을 확보해야 한다는 점을 고려하면 당연한 귀결이다.

그래서 어떤 이유로 인플레이션이 발생하면 가계의 구매력이 줄어든다. 또한 임금이 상승하고 기업은 임금 상승분을 제품 가격에 전가한다. 그렇게 '인플레이션의 해로운 사이클'이 완성된다. 기업의 제품 가격 상승은 또 인플레이션을 악화시킨다. 이 사이클이 통제가 불가능할 정도의 빠른 속도로 진행되면 상상할 수도 없는 하이퍼인플레이션이 발생한다.

제1차 세계대전 이후 독일 물가가 3~4일에 2배씩 올랐다.

1923년 독일의 인플레이션율은 대략 3만 %에 달했다. 이런 상황에서 돈은 가치가 없다. 2008년 아프리카 짐바브웨에서는 하룻밤 사이에 빵 한 덩어리의 가격이 200만 짐바브웨 달러에서 3,500만 짐바브웨 달러로 올랐다. 돈을 벌어봐야 소용이 없는 상황이 된 것이다. 돈의 가치가 빠르게 사라진다.

따라서 높은 인플레이션은 매우 해롭다. 가계의 구매력이 줄어들고 기업의 매출도 감소한다. 정부의 조세수입도 감소하고 경제성장이 타격을 받게 된다. 인플레이션은 가계에는 구매력을 훔쳐가는 세금과 같고 기업에는 매출을 갉아먹는 경쟁업체와 같고 정부에는 세수를 줄이는 불황과 같다. 높은 인플레이션은 좋지 않은 기억과 함께한다.

그렇다면 어느 정도의 인플레이션이 적당할까? 경제학자들은 연간 2% 안팎의 인플레이션이 적당한 수준이라고 생각한다. 연준을 비롯한 많은 중앙은행도 인플레이션 목표치를 2%로 잡고 있다. 이를 벗어나 물가가 상승하면 긴축정책을 사용해 물가를 안정시키려 노력한다.

물가가 너무 오르지 않거나 하락해도 문제가 된다. 일본은 1997년 이후 2021년까지 물가가 거의 오르지 않았다. 2013년 이전에는 오히려 물가가 하락했다. 물가가 전반적으로 하락하는 현상을 '디플레이션'이라고 한다. 디플레이션이 오면 현금을 가진 가계의 구매력은 증가한다. 물가가 하락하니 같은 돈으로 살 수 있는 물건의 양이 커진다. 예를 들어 2만 원이 있다고 하자. 이 돈으로 1만 원짜리 점심 한 끼를 먹고 1만 원으로 사우나를 즐길 수 있다. 그런데 목욕탕이 사우나 가격을 8,000원으로 내렸다고 하자. 그러면 남는 2,000원으로 빵을 하나 더 사서 먹을 수 있다.

그렇다면 왜 디플레이션이 나쁘다고 할까? 디플레이션은 경제 성장을 가로막는다. 디플레이션 경제에서는 물가뿐 아니라 임금도 상승하지 않는다. 수십 년간 월급이 제자리에 맴돈다. 가계의 살림이 팍팍해질 수밖에 없다. 소비자는 쉽게 지갑을 열지 않는다. 기다리면 물가가 내릴 텐데 성급하게 물건을 구매할 필요가 없다. 마트에 가서도 가격이 내리기만 기다린다. 서로 눈치를 보다 세일하면 그때야 물건을 산다. 기업은 매출이 감소할 수밖에 없다. 정부의 세수도 덩달아 줄어든다. 결국 경제는 성장하지 않고 '잃어버린 수십 년'을 맞게 된다.

1장에서 총수요·총공급 분석을 통해 보았듯이 정부와 중앙은행은 경기침체를 극복하려고 확장적 재정정책과 통화정책을 동원한다. 이를 통해 총수요곡선을 우측으로 이동시켜 GDP 성장을 유도하려 한다. 그러나 총수요 진작정책은 물가 상승을 자극하기도 한다.

트럼프 행정부는 2017년 감세법안(Tax Cut and Jobs Act)을 통과시켰다. 그래서 기업 이익에 대해 부과하는 법인세율이 크게 낮아졌다. 기존에는 이익 구간별로 다른 세율을 적용했고 최고세율은 36%에 이르렀다. 트럼프는 이를 21% 단일세율로 낮췄다. 개인소득세율도 3% 정도 인하했다. 이로 인해 총수요곡선이 우측으로 이동했다. 경제성장률이 3%대로 높아지고 실업률은 4% 아래로 낮아져 완전고용 상태에 진입했다. 인플레이션은 여전히 낮아 이상적인 골디락스 경제에 가까운 모습을 보였다. 고용시장 상태가 매우 좋아 학생들도 여러 직장을 놓고 선택해야 하는 행복한 고민에 빠졌다.

2020년 초 갑자기 코로나19가 확산했다. 코로나 팬데믹이 세계 경제를 강타한 것이다. 실업률이 15%에 육박하고 경제성장률은 -30%에 달했다. 물가는 제자리걸음을 했다. 이러다가 대공황 때의 장기불황과 디플레이션에 빠질 것이라는 공포가 음습했다.

트럼프 행정부와 뒤를 이은 바이든 행정부는 총수요 진작정책의 카드를 빼 들었다. 천문학적 규모의 재정지출 패키지를 통해 경기부양에 나섰다. 코로나 팬데믹 직후 1년간 두 정부는 5차례의 경기부양책을 통해 5.6조 달러의 재정을 쏟아부었다. 개인의 지갑에 현금으로 꽂아준 돈만 1인당 3,200달러였다. 덕분에 2021년 초 실업률은 6%로 내려왔고 경제는 눈에 띄는 회복세를 보였다. 이에 고무된 바이든은 내친김에 인프라스트럭처 법안과 기후변화 대응 및 복지 증진 프로그램을 추진했다. 정부의 예산지출 증가로 2021년 미국 재정적자는 GDP의 17%를 기록했다. 나랏빚의 규모가 GDP의 129%로 늘어났다. 총수요곡선은 더 오른쪽으로 이동하고 말았다.

여기에 연준의 금리 인하와 양적 완화가 가세했다. 시장 유동성이 폭발적으로 늘어났다. 수정한 피셔 방정식 $MV = PY + P'Y'$에서 M이 커졌다. 자산시장에서는 연일 자산가격(P')이 상승했다. 가격 거품이 커질 대로 커진 것이다. 주식과 가상화폐 투자가 붐을 이루었다. 가계의 소득과 부는 증가 일로를 달렸다. 자산시장에서 부의 효과가 가시화하면서 가계의 소비지출이 늘어났다. 기업도 주가가 급등하자 채권을 발행하고 유상증자와 기업공개(IPO)를 통해 자금을 마련했다. 이 돈을 이용해 공격적 설비투자에 나섰다. 소비, 투자, 정부지출이 모두 단기간에 급증했다. 총수요곡선이 매우 빠른 속도로 오른쪽으로 이동했다.

총수요 진작을 넘어 총수요 과열이 발생했다. 2021년 3월 소매판매가 급증했다. 쇼핑몰 매출이 전월보다 10% 증가했다. 이때부터 물가 불안은 현실이 되었다. 그해 4월 미국 소비자물가지수(CPI)는 전년 대비 4% 넘게 올랐다. 다음 달에는 5%를 돌파했다. 마의 구간인 5%를 돌파하면서 인플레이션이 현안으로 떠올랐다.

그러나 당시 경제학자와 전문가들은 인플레이션의 심각성을 무시했다. 물가 상승의 주된 원인이 총수요 증가에 있다기보다는 코로나 팬데믹으로 인한 글로벌 공급망 붕괴에 있다고 생각했다. 공급망이 제대로 가동되지 않아 총공급곡선이 좌측으로 점프했고 이로 인해 물가가 상승했다는 주장이었다. 코로나19가 잦아들어 공급망이 회복되면 물가는 다시 안정될 것이라 예상했다. 이들의 견해를 뒷받침하듯 2021년 여름 물가 오름세는 5.3% 안팎에서 안정되었다.

인플레이션이 일시적이라는 주장의 핵심에는 제롬 파월 연준 의장이 있었다. 그는 2021년 봄부터 물가 불안에 대한 질문을 받을 때마다 인플레이션도 일시적(Transitory)일 것이니 걱정할 필요가 없다고 발언했다. 물가 불안을 우려하는 이들은 그를 제롬 '트랜지토리' 파월이라 비꼬았다. 물가가 5% 이상 오르자 파월 의장도 새로운 설명을 할 필요가 생겼다. 물가가 연준이 통화정책 수립의 바로미터로 확립해왔던 인플레이션 목표치 2%와 비교해 아주 높았기 때문이다.

파월 의장은 2021년 8월 미국 와이오밍주의 휴양지 잭슨홀에서 열린 경제 심포지엄에서 '평균' 인플레이션 목표치(Average target) 개념을 제시했다. 현실의 곤혹스러움을 외면하고자 하는 꼼수였다. 그때그때의 인플레이션 수치보다 일정 기간 평균을 내 그 수치를 정책의 준거로 삼자는 제안이었다. 얼마 전까지 인플레이션이 1%였다면 향후 3% 정도의 인플레이션은 용인할 수 있다는 아이디어였다. 그해 2월까지만 해도 인플레이션율은 1%대였다. 이 같은 아이디어에 사로잡히면서 파월과 연준은 물가를 잡기 위한 긴축정책에 대해 전혀 고려하지 않았다. 오로지 래리 서머스(Larry Summers)를 비롯한 몇몇 경제학자만이 연준의 무사안일을 질타했다.

그러나 파월 의장의 '트랜지토리' 수사는 오래갈 수 없었다. 연준이 매월 1,200억 달러의 채권을 사들이며 양적 완화를 지속하는 가운데 시간이 갈수록 자산시장의 거품은 커졌다. 자산가격이 오를수록 자산시장에서 통화의 유통 속도(V)도 빨라져 물가 불안 심리를 자극했다. 결국 2021년 10월 소비자물가는 전년 대비 6% 넘게 올랐다. 11월에는 인플레이션이 6.8%로 점프했다. 1982년 이래 가장 높은 수준의 물가 앙등이었다.

1980년대 초 기준금리를 21%로 올리면서 어렵게 잡았던 대(大)인플레이션이 40년 만에 미국 경제에 복귀하는 순간이었다. 이 순간은 또 미국 경제가 전혀 다른 시대에 접어들었음을 의미하기도 했다. 그간 정책 당국자의 뇌리에서 잊힌 단어였던 인플레이션이 전면에 등장하는 순간이기도 했다. 수십 년 만에 인플레이션이 거대한 모습으로 다가오면서 정치권에는 긴장감이 감돌았다. 인플레이션의 부활은 연준과 파월 의장의 실수이기도 했지만, 경기부양과 인프라스트럭처 건설에 목숨을 걸었던 바이든 행정부의 책임이기도 했기 때문이다.

인플레이션과의 전쟁 개시와 양적 완화 종료

2012년 버락 오바마 대통령이 연준 이사로 제롬 파월을 임명했다. 그 후 2018년 트럼프 대통령이 그를 연준 의장으로 지명하자 그 자리에 적합한 인물인지 여부를 놓고 논란이 벌어졌다. 그때까지 연준 의장은 경제학박사를 마치고 학계와 연준, 관계를 두루 섭렵한 인사들 가운데 선임됐다. 파월은 연준에 합류하기 전 학계 전력이 거의 전무했고 정책을 다뤄본 경험도 많지 않았다. 대학에서 경제학 학위를 받은 적도 없었다. 조지타운대학 로스쿨을 마치고 월가의 투자은행에서 일했을 뿐이다. 거기다 그는 공화당 지지자였다.

오바마는 제롬 파월을 연준 이사로 임명해 연준 내 진보와 보수의 균형을 중시한다는 인상을 주려 했다. 그런데 힐러리 클린턴(Hillary Clinton)을 꺾고 대통령에 당선된 트럼프는 진보적 색채가 강한 연준을 싫어했다. 임기를 시작한 지 4년밖에 되지 않은 재닛 옐런 의장을 경질했다. 연준 의장이 연임하지 못한 것은 전례가 없는 일이었다. 트럼프는 공화당 출신의 파월을 후임에 임명했다. 그런데 트럼프가 재선에 실패하고 민주당의 바이든이 대통령이 되었다. 파월의 정치적 입지가 약화할 수밖에 없었다. 거기다 2022년 2월은 파월의 임기가 끝나는 달이었다. 2021년 하반기에 바이든은 어떻게든 후임자를 임명해야 했다. 그런데 바이든은 임명을 질질 끌며 파월의 속을 태웠다.

이런 상황에서 파월은 백악관의 눈 밖에 나지 않기 위해 타협할 필요가 있었다. 인프라스트럭처 플랜과 경기부양, 저소득층 지원에 열심인 바이든과 보조를 맞추려면 확장적 통화정책을 지속해야 했다. 그래서 그는 "인플레이션은 일시적이니 염려할 필요가 없다. 오히려 소외계층의 실업 문제가 해결될 때까지 경기부양을 지속해야 한다"는 입장을 견지했다. 과거 연준 의장들이 인플레이션의 조짐이 보일 때마다 선제적으로 금리를 올려 물가 불안을 잠재웠던 것에 비하면 매우 이례적이고 정치적인 행보였다.

불행히도 시간이 갈수록 인플레이션은 악화되었다. 2021년 12월 물가 오름세는 7%를 넘어섰다. 물가 상승이 피부로 느껴지자 유권자들이 불만을 터뜨리기 시작했다. 일부는 "이 모든 것이 바이든 탓"이라며 비난을 가했다. 발등에 불이 떨어진 백악관은 물가와의 전쟁을 선포했다. 인플레이션 해결이 국정의 최우선 과제로 등장하는 순간이었다.

한편 2021년 하반기 민주당 내에서는 파월 의장의 연임에 반대하는 진보 진영의 목소리가 높아졌다. 기후변화 등 진보적 어젠다에 대한 파월의 지원이 미진하다는 이유였다. 엘리자베스 워런(Elizabeth Warren) 상원의원은 파월 의장의 면전에 대놓고 상원 연임 인준투표에서 반대표를 던지겠다고 했다. 파월 의장으로서는 억울한 일이었지만 진보파의 지지에 의지하는 바이든 대통령은 고민에 빠졌다.

바이든 대통령은 11월 민주당의 열렬한 지지자로서 진보적 경제학자인 레이얼 브레이너드 연준 부의장을 백악관으로 불러 인터뷰했다. 파월 의장과도 면담을 진행했다. 둘을 놓고 저울질하겠다는 심사였다. 브레이너드 부의장은 독일에서 태어나 유년 시절을 보낸 뒤 미국으로 돌아와 하버드대학에서 경제학박사 학위를 취득했다. 매사추세츠공과대학(MIT)에서 조교수로 연구와 강의를 하고 중도진보 싱크탱크인 브루킹스연구소에서 연구원으로 활동했다. 미국 재무부와 백악관에서 관료 생활도 했다. 2014년 버락 오바마 대통령이 연준 이사로 선임했다.

레이얼 브레이너드의 경력을 고려했을 때 그가 파월보다 바이든의 신임을 더 얻고 있었던 것은 분명했다. 하지만 바이든은 파월을 재임명하기로 했다. 2022년 중간선거를 앞두고 연준 의장을 교체한 뒤 물가가 잡히지 않으면 자신의 책임이 커질 것을 염려했다.

브레이너드를 백악관 경제보좌관으로 삼아 경제정책을 총괄하게 할 복안도 있었다.

이런 분위기 속에 연임이 거의 확정되자 파월 의장은 충격적인 변신을 보여주었다. 의회 청문회에서 그간 연준의 판단이 틀렸음을 인정했다. "인플레이션이 심각한 상태이고 쉽게 해결되기도 어려워 보인다"고 시인했다. 그러면서 '트랜지토리'라는 단어를 놓아줄 때가 되었다고 했다. 극적인 정책 스탠스의 변화였다.

연준은 2021년 11월 FOMC 회의에서 양적 완화의 채권 매입 규모를 축소하는 테이퍼링에 착수할 것을 결정했다. 그간 월 1,200억 달러의 국채와 주택저당증권(MBS, Mortgage Backed Securities)을 매입하던 것을 1,050억 달러로 줄이겠다고 발표했다. 12월에는 규모를 900억 달러로 축소하겠다고도 선언했다. 12월 FOMC에서는 이듬해 1월부터 채권 매입 규모가 600억 달러로 줄어든다고 발표했다.

2022년 1월, FOMC에서 2월부터 자산 매입 규모를 300억 달러로 축소한다고 결정했다. 3월 FOMC에서 연준은 자산 매입을 중지하고 오히려 조만간 자산 보유 규모를 줄이는 양적 긴축에 나선다고 시사했다. 연준은 2020년 3월 이후 0.25% 이하로 유지해오던 기준금리를 25bp 인상했다. 이렇게 연준은 완전히 긴축 모드로 전환했다.

우크라이나전쟁 발발과 연준의 초고강도 긴축

2022년 2월에 접어들자 유럽 대륙에는 전운이 감돌았다. 러시아가 우크라이나 국경에 병력 수십만을 집결하기 시작했다. 1989년 동부유럽에서 공산권이 해체되고 독일이 통일되자 미하일 고르바초프(Mikhail Gorbachev) 소련 서기장은 미국과 서방 진영의 군사동맹인 북대서양조약기구(NATO)가 너무 확장하는 것은 아닌지 우려했다. 사방이 넓게 뚫린 수도 모스크바를 효과적으로 방어하려면 러시아와 독일 중간에 완충지대를 두는 것이 필요했다. 그래서 러시아는 당시 조지 H. 부시(George H. W. Bush) 미국 대통령이 NATO가 독일을 넘어 동쪽으로 확장하는 일은 없을 것이라고 구두로 약속했다고 주장한다.

그런데 NATO는 이후에도 동진을 지속하면서 폴란드, 체코, 헝가리, 루마니아, 불가리아 등 과거 공산권 국가들을 신규 멤버로 받아들였다. 그런 상태에서 미국과 서방에 대한 러시아 대통령 블라디미르 푸틴(Vladimir Putin)의 불만은 커져갔다. 2013년 EU 가입을 주장하면서 우크라이나 전역에서 '유로마이단(Euromaidan)' 시위가 벌어지고 친러시아 대통령인 빅토르 야누코비치(Viktor Yanukovych)가 축출되자 푸틴의 반발은 더욱 커졌다. 그 와중에 2019년 대통령에 당선된 볼로디미르 젤렌스키(Volodymyr Zelensky)가 우크라이나의 NATO 가입을 강력하게 추진하자 푸틴의 불안감은 극에 달했다.

우크라이나 접경에 주둔한 병력의 규모가 점점 늘어나자 미국 바이든 대통령과 토니 블링컨(Tony Blinken) 국무장관은 러시아의 의중을 확인하려고 신경을 곤두세웠다. 장시간의 대화에도 불구하고 바이든과 푸틴의 의견 차이는 끝내 좁혀지지 않았다. 푸틴은 우크라이나가 NATO에 가입하지 않을 것을 확약하라고 미국을 다그쳤다. 바이든은 그의 손을 들어주지 않았다. 결국 설마 전쟁이야 일어나겠느냐는 예상을 깨고 2월 24일 러시아군이 전격적으로 우크라이나 수도 키이우를 향해 진격했다.

전 세계가 경악했다. 대부분 전문가는 압도적인 군사력을 바탕으로 단 수 주일이면 러시아군이 키이우와 우크라이나 전 영역을 장악해 전쟁이 끝나리라 예상했다. 그러나 민족적 분노와 결사 항전의 의지로 단결한 우크라이나의 저항은 의외로 강했다. 젤렌스키 대통령은 자신은 망명하지 않을 것이고 우크라이나인과 함께 끝까지 싸우겠다며 항전을 독려하는 방송을 전 세계에 인터넷으로 전송했다. 그의 목숨을 건 영웅적 모습은 많은 이의 가슴을 뭉클하게 했다.

미국과 서방 진영은 우크라이나에 대한 지원 의사를 명확히 하고 러시아에 대한 경제제재에 착수했다. 미국과 서방 선진국 정부는 러시아 중앙은행의 해외 보유 자산을 동결하고 러시아 주요 은행들을 스위프트 시스템에서 퇴출하기로 했다. 스위프트(SWIFT, Society for Worldwide Interbank Financial Telecommunication) 시스템은 전 세계 200여 개국의 1만 개가 넘는 은행이 가입한 국제은행 간 결제

통신망이다. 하루에 100억 건에 달하는 자금 결제를 처리한다.

우크라이나 침공 이전 세계 1위의 원유와 천연가스 수출국이었던 러시아는 290개가 넘는 스위프트 가맹 은행을 통해 연간 8,000억 달러의 외환을 결제했다. 러시아 GDP의 거의 절반에 해당하는 규모다. 러시아 주요 은행이 스위프트 결제망에서 퇴출되면서 원유와 천연가스 수출에 막대한 장애가 발생하게 됐다. 미국과 서방이 러시아에 금융 핵폭탄을 투하한 것과 마찬가지였다.

이 같은 서방 진영의 움직임에 충격을 받은 것은 러시아만이 아니었다. 미국과 대립하는 중국을 비롯해 브릭스(BRICs) 국가의 일원인 브라질과 인도도 마찬가지였다. 이들은 결국 서방 위주의 스위프트가 아닌 대체 결제 시스템을 고려하기 시작했다. 국제결제에서 달러를 배제하고 자국 통화와 중국 위안화 등을 사용하는 방안도 추진했다. 러시아의 우크라이나 침공으로 지정학적 위기가 고조되고 서방 민주 진영과 권위주의적 독재 진영 간 대립이 격화하면서 신냉전의 기운이 퍼져나갔다.

전쟁이 터지자 원유, 원자재, 곡물 등 국제상품시장이 가장 큰 충격을 받았다. 코로나 팬데믹 초기 배럴당 20달러 안팎에 머물던 국제유가는 개전 직후 폭등해 배럴당 130달러를 넘어섰다. 산업생산에 필수적인 구리 가격은 톤당 5,000달러에서 1만 달러로 2배가 뛰었다. 주요 곡물인 밀값도 톤당 170달러에서 440달러로 2.5배 급등했다. 이로 인해 인플레이션이 악화할 대로 악화했다.

2022년 6월, 미국 소비자물가상승률은 9.1%를 기록했다. 7월에서 9월까지는 8%대를 보였고 12월에도 6.5%의 높은 물가 상승률을 지속했다. 이에 연준은 그해 5월 FOMC 회의에서 금리를 50bp 빅스텝으로 인상했다. 기준금리 상단이 1%로 상승했다. 6월부터는 양적 긴축을 통해 보유 자산 규모를 줄이기 시작했다. 매월 국채 300억 달러와 MBS 175억 달러를 한도로 만기가 돌아오는 채권은 상환받고 재투자하지 않는 방법으로 시중 유동성을 흡수하겠다고 발표했다. 양적 긴축 한도는 9월부터 950억 달러로 늘리기로 했다.

2022년 6월, FOMC 회의에서는 보다 충격적인 금리 인상을 단행했다. 기준금리를 75bp 자이언트스텝으로 인상했다. 기준금리가 코로나 팬데믹 이전 수준을 순식간에 뛰어넘어 1.75%로 상승했다. 7월 FOMC에서도 자이언트스텝 금리 인상은 지속됐다. 기준금리는 코로나 팬데믹 이전 고점인 2.5%까지 뛰었다. 9월과 11월에도 자이언트스텝이 반복됐다. 기준금리가 어느덧 4%에 달했다. 그해 12월 인플레이션이 6%대로 낮아지자 연준은 빅스텝으로 금리 인상 페이스를 조절했다. 그로 인해 기준금리가 4.5%에 이르렀다.

2023년 새해 들어 인플레이션율은 빠른 속도로 둔화되었다. 2월까지 CPI 상승률은 6%로 낮아졌다. 3월에는 5%, 5월에는 4%까지 둔화했다. 그러자 연준도 금리 인상 속도를 조절했다. 2월, 3월, 5월, 7월 FOMC에서 각각 25bp 베이비스텝으로 금리를 올렸다. 기준금리 상단이 5.50%가 되었다. 2008년 금융위기 이전 고점인 2006년 6월 수준으로 금리가 올랐다. 약 1년 만에 금리를 5% 이상 올린 것도 1980년 이후에 처음 있는 일이었다.

양적 긴축으로 인해 연준의 자산 규모도 빠르게 축소됐다. 2022년 6월 초 4조 8,200억 달러였던 연준 자산 규모는 2023년 5월 말 4조 1,300억 달러로 줄어들었다. 양적 긴축으로 1년간 6,900억 달러의 자산이 줄어들었다. 그만큼 시중 유동성을 흡수했다. 연준의 긴축정책은 근래에 보기 힘든 초고속, 고강도로 진행되었다. 이에 영향받아 통화량인 M2도 눈에 띄게 감소했다. 2022년 4월 22조 500억 달러였던 통화량은 2023년 5월 20조 6,300억 달러로 줄어들었다. 1년 만에 통화량이 1조 4,200억 달러나 감소하는 매우 이례적인 현상이 벌어졌다.

자본시장의 붕괴와 경기침체의 조짐

금리가 상승하면 온갖 불편한 일들이 연이어 일어난다. 중앙은행의 금리 인상은 비만으로 건강에 적신호가 켜진 상태에서 비장한 심정으로 단행하는 다이어트와 같다. 식사량을 줄이고 다이어트를 하면 머리가 어지럽고 힘이 빠진다. 걷기도 힘들어 비틀거리기도 한다. 정신은 혼미해지고 집중하기 어려워진다. 마찬가지로 금리를 인상하면 경제의 혈관에 해당하는 금융시장은 혼란에 빠지고 성장이 둔화하면서 경제가 휘청거리게 된다.

채권시장이 금리 인상의 직격탄을 가장 먼저 맞는다. 채권 가격은 채권으로부터 발생하는 현금흐름의 현재가치인데 통상적으로 채권은 고정금리 이표채(Fixed income)로 발행한다. 채권 보유자가 미래에 받을 이자와 원금의 액수는 정해져 있다. 채권을 만기까지 보유하면 수취할 미래 현금흐름은 변동하지 않는다. 결국 채권 가격은 이 현금흐름을 할인할 채권수익률 또는 금리에 의해 결정된다. 따라서 금리가 상승하면 현금흐름의 할인폭이 커져 채권 가격이 하락한다.

2020년 8월 0.6%까지 하락했던 10년 만기 미국 국채수익률은 2022년 10월 4.25%까지 상승했다. 2020년 8월 국채를 표면금리 0.6%로 발행했다면 당시 가격은 액면가의 100%가 된다. 액면가가 100이었다면 채권 가격도 100이 된다. 표면금리와 할인율이 일치하기 때문이다. 그런데 같은 표면금리의 채권을 2022년 10월에 발행했다면 채권 가격은 70%로 하락한다. 채권 가격이 30% 하락하는 일은 이례적이다. 이렇게 채권 가격이 폭락한 것은 1994년 연준의 급격한 금리 인상이 초래한 '채권 대학살(Great Bond Massacre)' 이후 처음 있는 일이었다.

한편 금리 인상은 주식시장에도 악재로 작용한다. 적정 주가는 주식 보유자가 배당금 등으로 수령할 미래 현금흐름의 현재가치다. 기업이 미래에 창출할 현금흐름의 현재가치인 기업가치가 주가의 원천이 된다. 금리가 상승하면 현금흐름의 할인폭이 깊어져 주가는 하락한다. 수익성보다 미래 성장성에 의존하는 기술주의 주가 하락폭은 더 커진다. 금리 인상으로 경기가 악화되어 기업의 수익성이 나빠지면 미래 현금흐름도 감소할 수밖에 없기 때문이다.

2022년 연준의 금리 인상도 주식시장에 깊은 상처를 남겼다. 성장주가 많은 나스닥지수는 2021년 1만 6,200포인트의 고점에서 2022년 1만 100포인트까지 하락했다. S&P500지수도 2022년 초 4,800포인트 고점에서 그해 10월 3,500포인트까지 내렸다. 나스닥지수는 38%, S&P500지수는 28% 하락했다. 개별 주식의 낙폭은 더 컸다.

2021년 주가 상승기의 대장주인 테슬라(Tesla)는 액면분할 후 가격 기준으로 2021년 410달러 고점에서 2023년 초 102달러까지 급락했다. 밈(MEME) 주식 가운데 하나였던 온라인 중고차 매매업체 카바나는 2021년 380달러에서 2022년 말 4달러까지 주가가 급락했다. 테슬라의 낙폭은 75%, 카바나의 주가는 99% 하락했다. 2021년 말 52조 2,600억 달러로 늘어났던 미국 주식시장의 시가총액은 2022년 말에는 40조 5,100억 달러로 줄어들었다. 한때 시가총액이 1조 달러를 넘었던 아마존(Amazon)과 테슬라의 시가총액은 각각 8,700억 달러와 3,600억 달러로 감소했다.

이 시기 미국 자본시장에서 특기할 만한 일이 일어났다. 주식시장과 채권시장이 모두 30% 안팎의 큰 폭으로 하락했다. 전례 없는 일이었다. 주식시장이 좋으면 채권시장이 나쁘고, 채권시장이 좋으면 주식시장이 나쁜 것이 일반적이다. 경기 전망이 좋으면 기업의 수익성이 개선돼 주식시장은 오르지만, 금리 인상도 예상돼 채권시장은 하락한다. 반면 경기침체의 조짐이 보이면 주식시장은 된서리를 맞지만, 금리 하락을 예상한 채권시장은 상승 랠리를 펼친다. 이런 연유로 대부분의 펀드매니저는 주식과 채권을 모두 포트폴리오에 넣고 경기 전망에 따라 그 비중을 조절한다. 장기적으로 주식 수익률이 채권보다 높으므로 주식 60%, 채권 40%의 투자전략을 권하기도 한다. 그러나 2022년 이 같은 포트폴리오 전략은 먹혀들지 않았다. 연준의 빠르고 강한 금리 인상으로 시장 유동성이 고갈되며 채권시장과 주식시장 모두 폭락세를 면치 못했다.

가상화폐 시장도 연준의 긴축정책에 큰 영향을 받으며 주식시장과 연동한다. 2021년 11월, 비트코인 가격은 사상 최고치인 6만 7,800달러를 기록했다. 그러나 연준의 긴축을 견디지 못하고 2022년 1만 5,600달러까지 급락했다. 이더리움(Ethereum)도 마찬가지다. 같은 기간 4,900달러 고점에서 1,100달러로 하락했다. 1년간 비트코인과 이더리움 가격은 77% 하락했다. 일론 머스크(Elon Musk)가 좋아했던 도지코인(Dogecoin)의 추락은 더욱 극적이었다. 2021년 5월 0.74달러 고점에서 이듬해 12월 0.06까지 가격이 밀렸다. 낙폭이 92%에 달했다. 코인시장이 무너지면서 비트코인의 시가총액도 크게 감소했다. 비트코인 시가총액은 2021년 11월 1조 2,300억 달러에서 2022년 말 3,200억 달러로 쪼그라들었다.

2022년 한 해 동안 주식, 채권, 가상화폐 시장은 모두 추풍낙엽처럼 하락했다. 투자자는 모두 엄청난 손실을 입었고 가계의 부도 크게 줄었다. 그 영향으로 마이너스 부의 효과가 가시화했다. 가계의 소비도 둔화했다. 매출이 줄자 기업의 설비투자도 눈에 띄게 줄었다. 1분기와 2분기 연속으로 미국 경제는 마이너스 성장했다. 미국 GDP 성장률은 연율로 각각 -1.6%, -0.6%에 지나지 않았다.

통상 2분기 연속으로 경제가 마이너스 성장률을 보이면 경기 침체에 빠졌다고 진단한다. 경기침체 여부를 공식적으로 결정하는 기구는 전미경제연구소(NBER)다. 그런데 NBER은 아직 2022년 상반기를 경기침체로 결정하지 않았다. 고용시장이 여전히 강력했기 때문이다. 이 시기 실업률은 지속적으로 하락해 완전고용 상태인 3.6%를 시현했다. 매월 평균적으로 45만 개의 일자리가 새로 생겼다. 경기침체라면 있을 수 없는 일이었다. 채용공고 숫자도 여전히 1,100만 개 안팎을 유지했다. 부동산업체와 테크기업을 중심으로 해고가 진행되었지만, 경기가 침체에 빠졌다고 보기에는 경제 실적이 견조했다.

이 시기에는 바이든 행정부의 인플레이션 대책이 효과를 발휘했다. 우크라이나전쟁 이후 국제유가가 급등하자 자동차용 휘발윳값도 덩달아 올랐다. 미국 가계는 휘발윳값 동향에 민감하다. 대중교통이 잘 갖춰지지 않아 성인 1인당 1대의 자동차 보유가 일반적이다. 한 가정에 4대 이상의 자동차를 주차한 모습을 보는 것도 어렵지 않다. 짧은 거리를 이동해도 자동차가 필수다. 이런 환경에서 도로변에 높이 솟은 주유소 휘발윳값 게시판의 숫자는 인플레이션 기대심리에 큰 영향을 미친다. 이를 간파한 바이든 대통령은 전략비축유(SPR) 방출을 지시했다.

미국 남부 끝 멕시코만 인근에는 세계 최대의 비축유 저장고가 있다. 오일 쇼크 이후 미국 정부는 비상시 원활한 원유 수급을 확보하려고 지하 동굴 4곳에 원유를 저장했다. 비축유 저장고는 2009년 말 7억 3,000만 배럴까지 상승했다. 유가가 상승하면 비축유를 방출하고 유가가 하락하면 다시 채워 넣었다. 바이든 취임 직전인 2021년 1월 저장고는 6억 4,000만 배럴이었다.

한편 국제유가가 2021년 11월 배럴당 85달러까지 오르자 바이든은 비축유를 본격적으로 방출하도록 지시했다. 그에 영향받아 국제유가는 한때 배럴당 65달러까지 하락했다. 우크라이나전쟁 이후 국제유가가 배럴당 120달러를 넘어서자 바이든은 하루 100만 배럴의 비축유를 방출하도록 추가 지시했다. 휘발윳값이 오를수록 비축유 방출 속도를 높였다. 이 같은 공격적 방출로 비축유 저장고는 2023년 7월 3억 5,000만 배럴로 감소했다. 바이든이 취임한 후 비축유 잔고가 40% 줄었다.

전략비축유가 시장에 쏟아져 들어오자 국제유가는 하락세를 지속했다. 최근에는 배럴당 70달러 선까지 내렸다. 거침없이 오르던 휘발윳값도 연일 내림세로 돌아섰다. 한때 갤런당 5달러를 넘었던

이 시기 자산시장의 붕괴 과정은 수정한 피셔 방정식으로 어렵지 않게 설명할 수 있다. MV = PY + P′Y′에서 연준의 강력한 긴축으로 통화량 M이 급감했다. 시장 유동성이 줄어들면서 자산가격 P′가 급락했다. 자산가치(P′Y′)가 하락하자 마이너스 부의 효과가 가계에 타격을 주었다. 경제성장 Y가 정체되고 이에 영향받아 자산가격 P′가 또 하락했다. 그러나 바이든 정부는 확장적 재정정책을 지속하고 연준의 양적 긴축도 충분하지 않아 시중 유동성은 여전히 풍부한 상태였다. 그 결과로 경기는 견조하고 자산가격 P′는 반등을 모색했다.

미국 평균 휘발윳값은 한때 3.3달러까지 밀렸다. 천재지변이나 전시(戰時) 등에 대비해 확충해야 할 비축유를 지속적으로 방출하자 야당인 공화당은 비난의 목소리를 높였다.

달러화의 초강세와 고통받는 세계

외국 통화가 거래되는 외환시장은 지상 최대의 금융시장이다. 하루 거래량이 6조 달러를 상회한다. 외환시장은 환율을 결정하는 시장이기도 하다. 환율은 외환시장에서 두 나라 통화의 상대적 가치로 결정된다. 원·달러 환율이 1,300원이란 의미는 외환시장에서 1달러가 1,300원과 같은 가치가 있는 것으로 평가한다는 의미다. 환율은 두 나라 화폐의 구매력 차이를 반영한다. 화폐의 가치는 구매력에 달렸기 때문이다.

현재 원·달러 환율이 1,300원이라 하자. 미국이 국제시장에서 원유 1배럴을 100달러에 살 수 있다고 가정하자. 그러면 우리나라도 같은 시장에서 13만 원을 달러로 바꿔 원유 1배럴을 살 수 있다. 원·달러 환율이 1,500원으로 올랐다고 하자. 국제유가가 그대로라면 미국은 여전히 100달러로 원유 1배럴을 살 수 있지만, 우리나라는 15만 원이 있어야 원유 1배럴을 살 수 있다. 원화의 구매력이 그만큼 떨어졌기 때문이다.

한편 인플레이션은 그 나라 통화의 가치를 잠식한다. 물가가 오르면 같은 돈으로 살 수 있는 재화와 용역의 양이 줄어들기 때문이다. 그런데 인플레이션이 높다고 해서 무조건 그 나라 통화가 약세를 보이는 것은 아니다. 인플레이션 이외에 통화가치에 영향을 주는 다른 요인이 있다. 그 요인 가운데 하나가 경제성장이다.

경제성장으로 소득이 늘어나면 외국 제품에 대한 수요가 증가한다. 덩달아 외국 통화에 대한 수요도 늘어난다. 따라서 성장률이 높으면 외국 통화가치가 올라가고 그 나라 통화가치는 상대적으로 하락할 개연성이 크다. 하지만 경제성장률이 높다고 해서 그 나라 통화가치가 무조건 하락하는 것은 아니다. 오히려 경제성장률이 높으면 경제 펀더멘털이 견조하다고 인식된다. 그로 인해 국제자본이 그 나라로 유입된다. 국제자본의 동향을 좌우하는 중요한 요소는 금리다. 다른 조건이 동일하다면 높은 수익률을 보장하는 나라의 채권시장으로 국제자본이 몰려든다. 중앙은행이 다른 나라보다 더 센 강도로 금리를 인상하면 수익률 차이가 커져서 그 나라 채권시장은 더 매력적으로 다가온다. 그래서 그 나라의 통화가치는 더 상승한다.

이런 이유로 한 나라 중앙은행이 선제적으로 금리를 인상하면 그 나라 통화가 강세를 보인다. 세계의 중앙은행인 연준이 금리를 인상하면 달러의 가치도 매우 강해진다. 연준이 금리를 강하게 인상하면 달러화 표시 채권의 수익률이 오른다. 동시에 채권 가격은 하락하고 채권시장은 붕괴될 위기에 처한다. 채권시장 붕괴는 약한 고리인 이머징 마켓이나 하이일드 정크본드 마켓에서 더욱 심각하게 진행된다. 이 시장의 부도 위험이 크기 때문이다. 그러면 부도 위험은 낮으면서도 금리가 높아져 매력도가 커진 미국 국채시장으로 국제자금이 유입된다. 미국 국채는 대표적 안전자산이기 때문이다.

신흥국으로부터 자본 이탈이 가속화하고 달러화가 강세를 보인다. 달러화 강세로 달러 빚을 낸 국가의 채무 부담이 커진다. 환율이 1,000원이던 시절 1억 달러의 채무는 1,000억 원이지만 환율이 1,300원이 되면 채무액이 1,300억 원으로 부푼다. 달러 빚을 낸 기업이나 은행의 채무 부담이 늘어나는 것이다. 반면 자산의 가치는 그대로다. 그래서 자산에서 부채를 뺀 순자산의 가치가 감소한다. 이를 부채 오버행(Overhang) 현상이라고 한다.

달러 유동성이 고갈되고 달러 빚의 오버행 현상이 나타나면 외환시장에서 달러를 사 빚을 갚아야 하는 지경에 몰리기도 한다. 그 나라 통화가치가 더 떨어지면서 외환위기가 발생하기도 한다. 환율이 급등하면 국외에서 수입해야 하는 원유 등 각종 수입품의 가격이 급등한다. 수입 물가가 올라 신흥국의 국내 물가가 급등하는 것이다. 금리 인상을 초래한 한 나라의 인플레이션이 해외로 전이된다.

세계 주요국 통화 대비 달러화의 가치를 측정하는 달러지수(Dollar index)는 2021년 89포인트에서 이듬해 115포인트까지 수직 상승했다. 달러화 가치가 1년 6개월 만에 30% 가까이 상승했다. 강달러의 위용으로 전 세계가 얼어붙었다. 같은 기간 유로화 가치는 1.24달러에서 0.96달러로 추락했다. 유로화가 출범한 이후 그 가치가 달러화를 밑돈 적은 거의 없었다. 그만큼 충격이 컸다.

비슷한 시기에 영국 파운드화도 대혼란을 겪었다. 파운드화 가치는 1.42달러에서 1.04달러로 급락했다. 파운드당 거의 1달러 선이 뚫릴 뻔했다. 일본 엔화의 가치 하락은 더욱 드라마틱했다. 2021년 초부터 2022년까지 엔화 환율은 달러당 103엔에서 152엔으로 급등했다. 엔화 가치가 달러 대비 50% 가까이 약세를 보였다. 오랜 기간 양적 완화 정책을 고수하던 일본은행(BOJ)이 세계적 인플레이션에도 불구하고 저금리 기조를 포기하지 않아서다. 원화도 예외일 수 없었다. 원·달러 환율도 달러당 1,080원에서 1,450원까지 거침없이 올랐다. 2008년 금융위기 이후 처음 보는 달러화의 대약진이었다. 이로 인해 휘발윳값을 비롯한 국내 물가도 급등했다.

코로나 팬데믹으로 타격을 받는 가운데 우크라이나전쟁의 불똥이 튄 신흥국가들이 겪은 고통은 매우 컸다. 이들은 급속하게 외환위기로 빠져들었다. 이집트 파운드 환율은 2022년 달러당 16파운드에서 1년 후 31파운드로 거의 2배가 뛰었다. 이집트의 외환보유고도 급속하게 고갈되었다.

튀르키예는 인플레이션이 확산되는 가운데 아예 금리를 내렸다. 대통령인 레젭 에르도안(Recep Tayyip Erdogan)의 경제철학에서 비롯된 결정이었다. 그는 물가를 잡으려고 금리를 인상해야 한다는 중앙은행 총재를 경질했다. 그러고는 측근을 그 자리에 임명해 금리 인하를 감행했다. 이로 인해 튀르키예의 통화가치는 급락했다. 2020년 초 달러당 6리라에 머물던 환율은 강세를 지속했다. 최근에는 달러당 27리라까지 급등했다. 무려 4배가 넘게 통화가치가 하락했다. 통화가치가 하락하자 인플레이션은 더욱 기승을 부렸다. 물가상승률이 80%에 달했다. 그런데도 에르도안은 연임에 성공했다.

가나, 짐바브웨, 쿠바 등도 통화가치가 심하게는 70% 넘게 하락했다. 아르헨티나, 레바논 등은 국채가 부도날 정도로 상황이 악화됐다. 러시아로부터 천연가스를 수입하던 유럽 국가들의 물가도 급등했다. 2022년 10월 독일 인플레이션은 8.8%까지 악화했고 이듬해 2월까지 8.7%의 물가 오름세가 지속했다. 유로존 인플레이션은 2022년 10월 10.6%에 달했다. 그러자 유럽중앙은행(ECB)이 금리를 강력하게 올리면서 달러화는 약세로 반전됐다. 2023년 2월 달러지수는 101포인트까지 하락했다.

충격적인 뱅크런의 재점화와 정부의 도덕적 해이

2022년 노벨 경제학상 수상자인 더글러스 다이아몬드(Douglas Diamond)와 필립 딥비그(Phillip Dybvig)는 은행의 역할을 연구하면서 뱅크런이 발생하는 구조를 설명했다. 그런데 이들이 노벨상을 받은 이듬해인 2023년 3월 미국에서 거짓말같이 뱅크런이 터졌다. 자산 규모 16위의 SVB가 예금인출을 견디지 못하고 영업정지에 처해졌다.

SVB는 가장 안전하다는 미국 국채에 투자했다가 큰 손실을 봤다. 연준의 금리 인상으로 채권 가격이 폭락해서다. 신용평가기관 무디스(Moody's)가 채권 손실을 감안해 신용등급을 내리자 불안감을 느낀 실리콘밸리 기업들의 예금인출 러시가 일어났다. 인터넷 뱅킹으로 큰돈을 쉽게 이체하는 현실에서 뱅크런의 효과는 치명적이었다. 결국 이 은행은 예금인출 요구에 대응하지 못했다. 그 주말 30위권의 대형은행인 시그니처은행도 영업정지를 당했다. 월요일 금융 붕괴가 일어날 것이라는 블랙먼데이 공포가 월가에 가득 찼다. 그러자 미국 금융 당국이 신속하게 움직였다. 재무부, 연준과 연방예금보험공사(FDIC)가 백악관과 협의해 금융 안정화 대책을 마련했다. 그 후 주가지수 선물은 큰 폭으로 상승했다. 이런 회복세를 견인한 것은 "예금을 모두 보장하겠다"라는 재무부, 연준, FDIC의 공동성명과 백악관의 확인이었다.

이 신속한 대책을 주도한 사람은 백악관 경제 실세로 전 연준 부의장이었던 브레이너드 전미경제위원회(NEC) 위원장이다. 연준에서 비둘기파를 대표하던 그가 바이든의 힘을 바탕으로 금융정책 향방을 단번에 바꿔버렸다. 미국 정부의 공동성명에는 자금 경색을 해결할 강력한 대책이 있었다. 파산한 SVB와 시그니처은행의 예금에 대해 전액 지급을 보장했다.

그런데 법상 FDIC가 지급할 수 있는 예금 한도는 25만 달러에 불과하다. 예금자와 은행의 도덕적 해이와 FDIC의 손실을 최소화하려고 지급 한도를 설정한다. 예외가 있다. 시스템적 위기 시 예외(SRE, Systemic Risk Exception) 조항이다. 연준, FDIC, 재무부가 은행 파산이 금융시스템 전반의 안정성을 위협한다고 동의할 때다. 이 경우 FDIC는 SRE를 적용해 25만 달러가 넘는 예금도 예외적으로 지급할 수 있다. 대통령도 찬성해야 한다. 일요일 단 하루에 권력기관 4개가 동시에 신속히 SRE 발동을 진행했다는 사실은 놀라운 일이다. 브레이너드의 능력이 빛나는 순간이었다.

한편 SVB의 붕괴 과정은 글로벌 금융시장 여건이 매우 취약함을 보여줬다. 이 은행은 2019 회계연도 이후 적자를 본 적이 없었다. 은행주 애널리스트들의 전망도 호의적이었다. 이 은행을 커버한 애널리스트 19명 가운데 매도 의견을 낸 분석가는 없었다. 6명은 강력 매수, 9명은 매수를 추천했다.

한편 애널리스트들은 SVB의 금년 주당순이익이 비교적 견조한 주당 17달러에 이를 것이라 전망했다. 애널리스트들의 의견은 모두 틀렸다. 이 은행은 파산해 주가가 제로가 되었다. 이 은행을 위기에 빠뜨린 것은 채권투자였다. 2022년 말 이 은행은 총자산의 57%를 채권으로 보유하고 있었다. 전체 채권의 76%는 만기보유증권(HTM, Held-to-maturity)으로 분류하고 있었다. 만기보유로 분류된 채권은 평가손실이 손익으로 인식되지 않게 된다.

SVB는 전체 채권의 22%인 261억 달러의 매도가능증권(AFS)을 보유하고 있었다. 이 채권도 매도하기 전에는 손익에 직접 영향을 끼치지 않는다. 다만 미실현손익이 자기자본에 영향을 끼친다. AFS의 62%는 국채(Treasury)였다. 연준의 금리 인상으로 국채 가격이 하락하자 SVB는 자본 적정성에 문제가 생길 것을 우려하기 시작했다. 은행 경영진은 유상증자를 통해 자본 확충에 나서는 한편 AFS를 팔아 유동성 확충에 나서기로 했다. 240억 달러에 달하는 채권을 팔아 215억 달러를 마련했다.

그런데 SVB는 채권 매도로 세후 18억 달러의 손실을 실현하게 됐다. 손실 규모가 자기자본의 10%를 넘는 수준이었다. 이 손실 발표로 무디스가 SVB의 신용등급을 강등시켰다. 그러자 주가가 60% 폭락했다. 은행이 위험하다는 소문이 돌면서 스타트업들이 앞다퉈 자금을 인출해 뱅크런이 발생했다. 유상증자도 실패했다. 유상증자를 위해 골드만삭스(Goldman Sachs)를 고용했으나 여의치 않았다. 결국 FDIC가 개입해 영업이 정지됐다.

한편 3월 15일 세계 9대 투자은행인 크레디트스위스도 부도 위험에 직면했다. 최대 주주인 사우디국립은행이 생존에 절대적으로 필요한 자본 투입을 거부했기 때문이다. 스위스의 양대 금융기관으로 156년 역사를 자랑하는 크레디트스위스의 유동성 위기는 금융시장에 큰 충격을 가했다. 이 은행은 반복된 리스크 관리 실패와 경영 스캔들로 투자자의 신뢰를 잃고 있었다.

2022년 3월, 크레디트스위스의 자금줄 역할을 하던 서플라이체인 금융업체 그린실캐피털(Greensill Capital)이 파산했고 크레디트스위스를 믿고 돈을 맡겼던 투자자들이 거액의 손실에 직면했다. 그 직후 터진 아케고스캐피털(Achegos Capital) 부도 사태는 크레디트스위스에 회복하기 힘든 타격을 안겼다. 과도한 레버리지 투자를 주로 하던 한국계 헤지펀드 매니저 빌 황(Bill Hwang)의 아케고스캐피털이 보유 주식의 주가 하락으로 인해 발생한 마진콜(Margin call)에 대응하지 못하면서 돈을 빌려주었던 크레디트스위스는 최소 47억 달러의 손실을 입었다. 이 사건으로 크레디트스위스는 1988년 투자은행업계 수위를 다투던 퍼스트보스턴(First Boston)을 인수한 이래 글로벌 초대형 투자은행의 상징인 9개 벌지브래킷(Bulgebracket)의 일원으로서 쌓아온 명성이 땅에 떨어졌다. 그 여파로 실력 있는 직원들은 은행을 떠났고 금융그룹 회장도 사임하기에 이르렀다.

3월 19일, 자금 유치에 실패한 크레디트스위스는 경쟁사인 UBS에 전격 인수되었다. 매각대금은 32억 달러였다. UBS의 갑작스러운 인수 배후에는 스위스 정부가 있었다. UBS가 좀 후하게 산다는 말이 돌았지만 결국 크레디트스위스가 발행한 170억 달러 상당의 코코본드(Contingent Convertible Bond, 신종자본증권)를 전부 소각하고 인수키로 했다는 사실이 밝혀졌다. 기존 주주를 구하려고 채권투자자가 희생되는 어이없는 상황이 벌어졌다. 주주가 기업 부도의 최종책임을 진다는 상식에 반하는 일이 일어난 것이다.

영국에서는 2022년 10년 만기 국채수익률이 4.6%까지 급등해 일주일 만에 국채 가격이 10% 넘게 폭락하는 채권시장 패닉이 발생했다. 파운드화도 충격을 받아 환율이 1.05달러까지 급락해 1달러 선을 위협했다. 국채시장이 붕괴에 가까운 충격을 받자 대표적인 장기투자자인 연기금이 위기에 봉착하는 이례적인 일이 벌어졌다. 영국의 핵심 산업인 금융시장이 멜트다운 위기에 내몰리자 중앙은행인 잉글랜드은행(Bank of England)은 장기채권 매입을 시작했다. 충격적 결단이었다. 인플레이션에 선제적으로 대처하기 위해 잉글랜드은행은 미국 연준보다 먼저 금리를 인상했고 양적 긴축에 들어가 있었기 때문이다. 역설적이게도 대혼란을 초래한 원인은 막 신임 총리에 취임한 엘리자베스 트러스(Elizabeth Truss)의 확장적 재정정책이었다. 트러스 총리는 롤모델로 1980년대 철의 여인 마거릿 대처(Margaret Thatcher) 전 총리를 꼽았다. 그를 모방해 신자유주의적 감세와 규제 완화를 추진했다. 거대기업에 대한 법인세율 인상 계획을 백지화하고 15만 파운드 이상의 부자 소득에 부과하는 45% 세금도 철폐한다고 발표했다. 고소득 직군인 은행가의 보너스가 기본급의 2배를 넘지 못하도록 한도를 설정했던 보너스 캡(Bonus cap) 폐지도 추진했다. 한술 더 떠 최근 급등하는 전기세로 고통받는 가계와 기업을 보조하는 데 1,500억 파운드 상당의 에너지 지원책도 추가했다. 당시 영국은 인플레이션을 잡으려고 온 나라가 허리띠를 졸라매고 있었다. 이런 상황에 정부가 확장적 재정정책을 쓰면 타오르는 불에 기름을 붓는 격이 된다. 확장정책의 수혜가 부자에게 집중되는 것도 문제였다. 저소득층은 전기세 보조는 고사하고 금리 급등으로 집에서 쫓겨날 판이라고 아우성쳤다. 영국의 국가 신용도에 불안을 느낀 신용평가기관이 영국 국채에 대한 신용등급 강등을 고려하고 국제자본이 국채시장에서 이탈하기에 이르렀다. 트러스는 수상직에서 사임해야 했고 제2의 철의 여인이 아니라 붕괴의 여인(Melting lady)이라는 조롱을 듣게 됐다.

5장

슈퍼 버블,
아무도 가본 적 없는 길

표면장력이 줄어들면 거품이 커진다.

2021년 물가가 오르기 시작하고 주식시장, 주택시장, 코인시장은
상승 랠리를 펼치며 쉼 없이 전고점을 경신했다.
물가 불안에 대한 우려를 제기하면
공급 측 요인이니 문제될 것이 없다며 주가가 올랐고,
연준이 금리 인상을 고려하자
과거 금리가 올라도 주가는 대체로 올랐다며 상승을 멈추지 않았다.
주가가 상승하는 와중에 빅테크를 비롯한 부자들은
주식을 대거 내다 팔았다.
버블은 부자에게 부를 더 늘릴 기회를 주었지만,
개인투자자는 팔 기회를 찾지 못했다.

위기 탈출의 몸무림과 오바마케어 절반의 성공

5장에서는 최근 겪고 있는 40년 만의 대인플레이션을 초래한 제반 요인을 검토한다. 2021년부터 시작된 인플레이션의 씨앗은 2008년 금융위기를 극복하는 과정에서 뿌려졌고 2020년 코로나 팬데믹이 초래한 경기침체 위기를 극복하는 과정에서 인플레이션이 만개했다. 5장의 이야기는 2008년 위기 이후의 경기부양책, 연준의 양적 완화와 양적 긴축, 코로나 팬데믹 이전 트럼프 행정부의 감세정책, 2020년 코로나 팬데믹 당시 경기부양, 연준의 양적 완화 재가동과 자산시장의 슈퍼 버블로 이어진다.

늦은 나이에 유학한 내가 박사과정 1년 차 공부에 집중하던 2008년 미국 사회는 대통령 선거의 열기가 한창이었다. 집권당인 공화당 후보로는 존 매케인(John McCain)이 나섰다. 베트남전쟁 영웅으로 탁월한 정치 감각을 과시하며 보수의 참 아이콘으로 떠오른

거물 정객이었다. 그에 맞서 민주당에서는 젊고 참신한 유색인종 벼락 오바마를 내세웠다. 중앙 정치무대 경력이라고는 연방상원의원 한 번이 고작이었지만, 하버드대학 로스쿨 출신의 지성미와 품격을 갖춘 흑인 후보였다. 굵은 음성에서 솟아 나오는 그의 연설은 타의 추종을 불허했다. 이 같은 매력으로 오바마는 당내 경선에서 최초의 여성 대통령을 노리던 힐러리 클린턴을 간발의 차이로 꺾을 수 있었다.

때로는 시대도 운을 경험한다. 2008년은 리더십과 합리성이 넘치는 훌륭한 정치 지도자들이 경합한 유쾌한 대선이었다. 금융위기 속에 경기침체가 깊어지면서 여당 후보 매케인에게는 점점 불리한 상황이 전개되었다. 반면 오바마는 특유의 활달한 기세로 흑인 유권자를 선거판으로 끌어들이면서 유리한 형국을 만들어갔다. 결국에는 오바마가 매케인 후보를 꺾고 승리했다. 전체 유권자의 53%가 넘는 득표율로 538개 선거구 가운데 3분의 2가 넘는 365개 선거구에서 승리했다. 예상을 뛰어넘는 대승이었다. 동시에 치러진 연방상원과 하원 선거에서도 민주당이 공화당을 압도했다. 여당인 민주당이 상하 양원에서 다수당이 됐다.

빌 클린턴(Bill Clinton)이 퇴임한 후 8년 만에 백악관을 탈환해 미국 최초의 흑인 대통령이 되었지만, 오바마 앞에는 무거운 과제가 산적해 있었다. 금융위기 이후 장기침체에 빠진 미국 경제는 심각했다. 2008년 2분기 15.8조 달러였던 실질 GDP는 이듬해 2분기에 15.2조 달러로 쪼그라들었다. 경제가 성장하기는 고사하고 1년간

3.8% 역성장했다. 실업률도 상승 일로를 걸으면서 두 자릿수를 위협했다.

오바마 대통령은 2009년 2월 '미국 재건과 재투자법(ARRA)'에 서명해 7,870억 달러의 예산을 경기부양에 투입하기로 했다. 저소득층과 실직자 지원, 인프라스트럭처 투자, 교육, 의료 지원 등을 망라한 재정 투입 프로그램이었다. 그는 역대 정부가 실패한 전 국민 의료보험제도 도입을 강력히 추진했다. 2010년 미국의 비고령층 의료보험 미가입자는 전체의 18%인 4,800만 명에 달했다. 공적 건강보험이 부재한 상태에서 민영 의료보험의 비용이 매우 높아서다. 직장이 있으면 그나마 보험료의 절반을 보조받을 수 있지만, 직장이 없다면 의료보험료가 감당하기 어려운 수준이었다. 그는 이 같은 상황에서 전 국민에게 의료보험을 확대해 의료비를 줄이고 헬스케어 서비스의 질을 높이고자 했다.

그는 2010년 3월, 오바마케어(Obamacare)라고 불린 '환자 보호와 의료비용 절감법(ACA)'에 서명했다. 이 법은 1965년 메디케이드와 메디케어를 도입한 이후 가장 중요한 의료개혁법이 되었다. 이 법의 시행으로 의료보험 무가입자 수는 거의 절반으로 줄었고 보험료와 약값 등 의료비 절감도 기대할 수 있게 되었다. 2010년에는 '도드-프랭크 금융개혁법'에 서명해 금융기관의 도덕적 해이 방지와 위험관리의 강화를 감시하도록 했다. 2013년에는 경기회복을 돕기 위해 감세법안을 통과시키기도 했다.

미국 경제의 부활을 도운 오바마의 신의 한 수는 셰일가스

(Shale gas) 개발이었다. 2001년 중국이 WTO에 가입하고 경제가 급성장하자 에너지에 대한 신규 수요가 늘어났다. 그 영향으로 2001년 배럴당 20달러였던 국제유가가 2008년 배럴당 138달러를 넘어섰다. 자동차용 가솔린값도 갤런당 4달러를 돌파했다. 오바마는 중동 지역에 의존하던 석유 수급을 안정시키려면 미국 내 석유와 천연가스 생산량을 늘려야 한다고 생각했다. 그는 석유를 함유한 땅속 퇴적암에 액체를 주입해 분쇄한 뒤 원유와 천연가스를 추출하는 프래킹(Fracking)이라 불리는 수압파쇄공법 개발에 대한 지원을 확대했다. 이 기술을 통해 깊은 지하에 있던 대규모 에너지원을 끌어올리는 데 성공했다. 이 셰일가스 혁명을 통해 미국은 비로소 에너지 자급에 성공할 수 있었다. 미국이 원유 생산을 늘리면서 2014년 이후 국제유가는 드라마틱하게 안정되었다.

연준 양적 완화의 시동과 현대통화이론

연준은 물가안정을 지상목표로 삼고 있는 다른 나라 중앙은행과 달리 완전고용을 통한 경제성장과 물가안정을 동시에 추구한다. 부수적 과제로 금융시스템 안정을 위해 노력한다. 금융위기에 맞서 오바마 행정부가 재정정책을 동원해 경기부양에 나섰다면, 연준은 통화정책을 통해 측면에서 이를 지원했다. 통화정책의 기본 수단은 기준금리 조정이다.

2007년 가을, 실업률이 4.5%를 넘어서고 모기지 연체율이 급등하자 연준은 기준금리를 단계적으로 낮추기 시작했다. 2007년 9월 전까지 5.25%였던 금리를 2008년 12월 0~0.25%로 인하했다. 우선 연준은 2006년 6월 이래 5.25%를 유지하던 기준금리를 2007년 9월 50bp 인하했다. 그 후 2차례 25bp씩 금리를 인하한 연준은 2008년 1월 경기침체가 심각해지자 FOMC 특별회의를 열어 75bp 자이언트스텝 금리 인하를 발표했다. 연준은 1월 정례 FOMC 회의에서 금융시장 불안정과 금융경색에 대처하려고 추가로 50bp 금리 인하를 결정했다. 그해 3월 회의에서도 75bp 인하를 재차 단행했다.

베어스턴스(Bear Stearns) 사태 직후인 4월 회의에서는 25bp 인하에 그쳤다. 9월 리먼 브라더스 파산 후 금융 불안이 가속화하자 10월 초 또 한 번의 FOMC 특별회의를 열어 50bp 금리 인하를 발표했다. 10월 정례회의에서도 50bp 금리 인하를 결정한 뒤 12월 11일에는 울트라 빅스텝을 밟아 금리를 100bp 인하했다. 그 뒤 기준금리를 0~0.25% 내에서 유지하기로 발표했다.

연준은 또 비전통적 유동성 주입 수단인 양적 완화를 가동하기 시작했다. 양적 완화를 통해 시장에서 국채와 MBS 채권을 사들이는 방법으로 통화량을 증가시켰다. 연준은 프라이머리 딜러(Primary dealer)라 불리는 글로벌 증권·투자은행 20여 개와 채권을 직접 거래했다. 프라이머리 딜러는 채권을 연준에게 팔고 현금을 받아 은행에 예치했다. 은행이 이 예금을 대출하거나 투자하면 침체에 빠진 경제에 활력소가 될 수 있을 터였다.

연준은 2008년 말에서 2014년 10월까지 3차례 양적 완화를 통해 3.7조 달러에 달하는 대규모 채권 매입을 시행했다. 이 채권 매입으로 인해 연준의 총자산 규모는 2007년 12월의 8,800억 달러에서 2014년 10월 4조 5,000억 달러까지 무려 5배 증가했다.

연준이 자산을 매입해 은행의 예금이 증가하면 대출 증가가 따르는 것이 일반적이다. 대출을 해야 높은 금리를 수취해 이익을 남길 수 있기 때문이다. 은행은 갑작스러운 인출에 대비해 남겨둬야 하는 필요 지준금을 제외한 나머지를 전부 대출할 수 있다. 통상 은행은 예금의 10% 정도를 남긴다. 모든 은행이 예금의 10%만 남기고 나머지 90%를 대출하면 100원의 최초 예금은 승수효과를 통해 1,000원으로 증가한다.

승수효과의 과정은 다음과 같다. 모든 은행이 신규 예금의 10%를 남기고 90%를 대출한다고 가정하자. 연준의 채권 매입으로 인해 은행이 100원의 신규 예금을 받으면 90원을 대출할 수 있다. 이 90원의 대출은 또 다른 은행의 예금으로 들어간다. 그 은행은 그 예금의 90%인 81원을 대출할 수 있다. 이 대출은 예금이 되었다가 다시 72원의 대출이 될 수 있다. 이 과정을 반복하면 경제 내 화폐 증가 규모는 100 + 90 + 81 + 72 + …가 된다. 이를 수식으로 하면 M/r이 된다. 여기서 M은 최초 통화량 증가액인 100원이고 r은 은행이 예금으로부터 대출하지 않고 남긴 10%다. 따라서 M의 1/10% = 10배만큼 통화량이 팽창한다.

이 논리대로 경제가 작동했다면 2008년 이후 2014년 10월까지 연준의 자산 매입으로 경제 내 통화량은 36조 달러가 증가했어야 한다. 이 기간에 연준이 3.6조 달러 상당의 자산을 매입했기 때문이다. 실제 미국의 M2 통화량은 7조 5,000억 달러에서 11조 5,000억 달러로 4조 달러가 증가하는 데 그쳤다. 승수효과가 거의 나타나지 않았다. 왜 이런 미스터리가 발생했을까? 당시 은행의 입장에 서보면 그 까닭을 어렵지 않게 유추할 수 있다.

은행은 예금을 수취하고 채권을 팔아 현금을 늘렸지만, 이를 가계나 기업에 대출하기를 꺼렸다. 모기지론 연체율은 10%를 넘었고 그 밖의 여신도 연체율이 높았다. 은행들은 위험한 대출에 나서기보다 예금을 그냥 현금으로 두거나 보다 안전한 미국 국채에 투자했다. 이로 인해 10년 만기 미국 국채수익률은 2007년 5%에서 2012년 1.5%로 하락했다. 국채금리가 하락하면 국채 가격은 상승한다. 국채 가격이 상승하자 전 세계 투자자들이 미국 채권시장으로 몰려왔다.

또 하나의 미스터리는 정부의 재정 투입과 연준의 양적 완화로 통화량이 늘어났는데도 불구하고 물가가 안정적이었다는 사실이다. 피셔의 교환방정식이나 프리드먼의 통화이론에 의하면 통화량 증가는 필연적으로 물가 상승을 수반해야 한다. 그러나 국제유가가 급등하면서 2008년 7월 전년 대비 5.5% 상승했던 미국 CPI는 2011년을 제외하고는 2020년까지 3% 위로 오르지 않았다. 2009년에는 오히려 물가가 하락하는 디플레이션을 보였다. 대부분 기간에

1%대의 낮은 물가 상승을 보였다.

2008년 12월 이후 2020년 말까지 평균 인플레이션율은 1.54%에 머물렀다. 그 이전 시기를 봐도 마찬가지였다. 1차 걸프전이 끝난 1991년 이후 2020년까지 물가가 전년 대비 5% 위로 올라간 시기는 2008년이 유일했다. 이란-이라크 전쟁이 본격화한 1981년 이후 인플레이션이 두 자릿수를 보인 경우는 없었다. 통화량 증가에도 불구하고 물가가 안정세를 보이자 인플레이션에 대한 우려는 잊었고 물가 상승은 기우가 되어갔다.

이런 저물가 환경에서 사회문제를 해결하려고 나랏빚을 공격적으로 내어 써도 문제될 것이 없다는 경제학파가 나타났다. 현대통화이론(Modern Monetary Theory)이라 불리는 MMT 학파다. 이들은 통화론자의 물가 중시 정책에 반대한다. 나아가 예산의 균형을 중시하는 재정정책도 반대한다.

MMT 학파를 이끄는 스테파니 켈튼(Stephanie Kelton)은 "정부가 부도나는 일은 없으니 재정적자에 대한 걱정은 접고 마음껏 빚을 내어 원하는 곳에 써라"라고 주장한다. 국고에 돈이 없으면 또 채권을 발행해서 나라가 빚을 내면 되고 그렇게 해도 인플레이션이 오지 않으니 괜찮지 않으냐는 논리다. 정부가 국채를 발행해 재원을 조달한 뒤 사회복지와 인프라 구축에 사용하고 연준이 돈을 찍어 국채를 사들이면 되는데 무슨 걱정이냐고 한다. 정부 부문의 적자는 다른 시각에서는 민간 부문의 흑자가 되므로 경제 전체적으로 볼 때 손해 볼 일이 아니란 주장이다. 오히려 더 적극적으로 화폐를 발행해 원하는 곳에 활발히 재정지출을 하고 사회경제적 문제를 해결해야 한다는 것이다. 재정 팽창을 옹호하는 케인스주의(Keynesian)가 더 강경해진 결과였다.

이 논리에는 함정이 있다. 국채 발행이 증가하면 금리가 상승한다. 이로 인해 이자를 내기 위해 또 국채 발행을 늘려야 한다. 화폐량은 점점 늘어나고 미래세대의 부담도 커진다. 실물경제의 규모가 정해져 있는 상태에서 통화량이 급증하면 당분간은 괜찮겠지만 물가가 오를 수밖에 없다. 무분별한 통화 발행은 화폐에 대한 신뢰를 붕괴시켜 하이퍼인플레이션의 실마리가 될 수도 있다. 2021년부터 물가가 크게 오르면서 MMT의 주장도 한풀 꺾인 모양새가 됐다. 그러나 나랏빚을 통해 문제를 해결한다는 유혹은 진보 정치인에게는 늘 달콤한 유혹이다.

양적 긴축, 트럼프의 등장과 주가의 질주

2014년 2월, 8년간 글로벌 금융위기와의 싸움을 진두지휘하면서 양적 완화를 시행했던 벤 버냉키(Ben Bernanke) 연준 의장이 퇴임했다. 그 후임에는 저명한 경제학자인 재닛 옐런이 임명됐다. 그녀는 버클리대학 교수를 역임했고 2001년 노벨 경제학상을 수상한 동료 교수 조지 애컬로프(George Akerlof)의 부인이기도 했다. 백악관 경제자문위원장, 샌프란시스코 연방준비은행 총재, 연준 이사, 연준

부총재를 두루 역임한 베테랑이었다.

재닛 옐런이 연준 의장으로 지명되자 통화정책에 변화가 생길 가능성이 커졌다. 2013년 12월, 연준은 마침내 그간 유지하던 양적완화의 속도를 줄이겠다고 발표했다. 연준의 자산 매입 규모를 월 850억 달러에서 750억 달러로 축소하기로 했다. 연준의 이러한 테이퍼링으로 채권시장에는 일대 혼란(Tantrum)이 발생했다. 국채금리가 전년 말 1.7%에서 2.9%로 급등했다. 한편 연준이 채권 매입을 지속하는 가운데 미국 경제가 금융위기에서 벗어나고 GDP 성장률도 정상 궤도에 오르면서 주가는 급등했다. 2015년 나스닥지수는 5,230포인트까지 상승했다. 2009년 저점에서부터 주가가 4배 올랐다.

그런데 2015년 주가 급등으로 인한 부의 효과로 물가 불안이 우려되고 실업률이 오랜만에 5% 초반까지 하락했다. 그 영향으로 그해 12월 연준은 기준금리를 25bp 인상했다. 7년 만의 금리 인상 여파는 컸다. 승승장구하던 주가는 오랜만에 제대로 된 조정을 받았다. 나스닥지수는 2016년 4,210포인트까지 밀렸다. 고점 대비 20% 하락했다. 이후에도 연준은 금리 인상을 지속했다. 2016년 12월 한 번 더 금리를 인상해 기준금리가 0.75%로 상승했다. 인플레이션은 2% 안팎이었고 실업률은 5% 아래로 내려왔다. GDP 성장률도 2%대를 유지했다. 나스닥지수는 다시 5,000포인트를 회복하고 상승 질주를 계속했다.

2016년 11월 대통령 선거에서는 어느 모로 보나 여당 후보인 힐러리 클린턴의 우세가 점쳐졌다. 독특한 개성의 독설가인 아웃사이더 스타일의 도널드 트럼프가 당선되리라 예상한 전문가는 많지 않았다. 이변이 일어났다. 트럼프 자신도 당선을 예상하지 못하는 가운데 트럼프가 승리했다. 득표수에서는 클린턴이 앞섰지만, 펜실베이니아, 위스콘신, 미시간 등 북부 러스트 벨트 지역에서 패배하며 간발의 차이로 분루를 삼켜야 했다. 힐러리 후보의 남편인 빌 클린턴이 추진한 북미자유무역협정(NAFTA) 체결로 인해 해외로 공장이 이전되면서 낙후된 농촌 지역 백인 소외계층이 대거 트럼프 지지로 돌아섰다. 반면 클린턴은 핵심 지지층인 흑인 유권자를 선거판으로 끌어들이는 데 성공하지 못했다. 기존 정치인들과는 다른 문법을 사용하는 트럼프 대통령의 등장에 세계는 긴장감을 감추지 못했다.

이런 가운데 연준은 2017년 들어 금리를 25bp씩 2차례 더 인상했다. 그해 6월 말 기준금리는 1.25%에 이르렀다. 6월 FOMC에서 연준은 보다 충격적인 결정을 발표했다. 향후 만기가 되는 국채에 재투자하지 않는 방식으로 점진적으로 채권 보유를 줄여가겠다고 했다. 양적 긴축이 처음 모습을 드러내는 순간이었다. 9월 FOMC에서 연준은 양적 긴축의 시행을 공식 선언했다. 이로 인해 2017년 10월에서 2019년 7월까지 연준의 자산 규모는 4.6조 달러에서 3.8조 달러로 감소했다. 단기간에 전체 자산 규모의 16%에 해당하는 6,400억 달러의 채권을 매도해 통화량을 흡수했다.

연준의 양적 긴축으로 유동성이 축소되자 금융시장은 큰 충격을 받았다. 특히 2018년 하반기 금융시장이 크게 출렁거렸다. 2018년 9월 10년 만기 국채금리는 다시 3%로 올라섰다. 8월까지 8,100포인트까지 상승 랠리를 펼쳤던 나스닥지수는 12월에 6,300포인트까지 하락했다. 단기간에 22%가 떨어졌다.

2018년 2월, 제롬 파월이 트럼프 대통령의 지명을 받아 연준 의장에 취임했다. 민주당 성향이 강한 재닛 옐런을 트럼프가 재인준하지 않아서다. 파월도 긴축정책을 지속했다. 연준은 2018년 12월까지 기준금리를 2.5%까지 올렸다. 그러나 2019년에 들어서자 연준은 서서히 통화정책의 스탠스를 바꿨다. 그 전해 트럼프 대통령은 무역 보복의 일환으로 중국 상품에 대해 대규모 관세를 부과했다. 미·중 무역 갈등이 첨예화하면서 글로벌 경기 전망이 악화되었다. 국내 경기 부진에 대한 우려도 커졌다. 트럼프 대통령은 연준이 계속 금리를 올리면 파월 의장을 해임하겠다고 위협했다. 연준은 양적 긴축을 중지하고 2019년 7월 FOMC 회의에서 금리를 25bp 인하했다. 이후 금리를 단계적으로 내려 10월 기준금리는 1.75%로 내려왔다.

2020년 2월까지 미국 경제는 견조한 모습을 보였다. 인플레이션율은 2.4%에 그쳤고 실업률은 3.5%로 완전고용 상태를 실현하고 있었다. 오히려 경기 과열을 우려해야 할 지경이었다. 이에 고무된 주식시장은 사상 최고치를 경신했다. 나스닥지수는 9,830포인트를 넘었다. 2018년 저점 대비 50% 넘게 상승했다. 우리나라 경제도 견조한 상태를 보이고 있었다. 2020년 2월 소비자물가는 전년 대비 0.9% 상승할 뿐이었고 실업률은 4.1%로 양호했다. 원·달러 환율도 1,200원 선에서 안정되고 있었고 코스피지수(한국종합주가지수)도 2019년 1,910포인트에서 2,250포인트까지 상승했다. 바닥에서 18% 회복했다. 그해 GDP 성장률도 2.2%로 준수했다.

코로나19의 습격과 바이든의 절치부심

2020년 2월, 필자는 미국 플로리다주 마이애미를 떠나 바하마로 여행하는 크루즈를 타고 있었다. 결혼 25주년 기념 여행을 하기 위해서였다. 대형 크루즈의 북적거리는 인파 속에서 공연을 보고 쇼핑을 즐겼다. 미국 최남단 키웨스트에 내려 단정하게 정돈된 종려나무 마을을 걷고 바하마의 수도 나소(Nassau)의 뒷거리를 산책했다. 2월 하순 마이애미 항구에 내려 12시간 차를 운전해 노스캐롤라이나 집으로 돌아오기까지 별다른 이상을 찾아보기 어려웠다. 그러나 그것이 당분간 찾아오지 않을 평온한 일상의 종점이었음을 깨닫는 데는 그리 오랜 시간이 걸리지 않았다. 2020년 연초를 전후해 미국에 상륙한 코로나19가 3월이 되자 급속하게 퍼지고 있었다.

미국 내에서 2월 중순까지 한 자릿수에 불과하던 일일 확진자 수는 3월 중순이 되자 1,000명을 넘어섰고 4월 초순에는 3만 5,000명에 이르렀다. 정점에 이른 2022년 1월의 일일 확진자 수는 80만 명을 돌파했다. 코로나19는 미국 사회에 엄청난 피해를 입혔다. 집계에 잡힌 확진자 수만 1억 명이 넘었고 총 사망자 수는 110만 명을 초과했다. 이 수치는 미군이 가장 많이 전사한 남북전쟁과 제2차 세계대전의 사망자 수를 합친 것에 맞먹었다.

미국 경제도 큰 충격을 받았다. 코로나19가 본격적인 확산을 시작한 2020년 1분기 실질 GDP는 5% 역성장했다. 경기침체가 가속화한 2분기에는 −31% 성장을 기록했다. 경제 규모가 1930년대 대공황 이후 가장 큰 규모로 축소됐다. 그해 2분기 소비지출은 −33%, 민간투자는 −47%, 수출은 −64%, 수입은 −54%를 각각 기록했다. 노동시장이 입은 피해도 엄청났다. 비농업 부문 고용자 수는 경제봉쇄로 그해 2월에서 4월까지 2,240만 명이 감소했다. 실업률도 급등했다. 그해 1월 3.5%로 완전고용 상태를 보였던 실업률은 두 달 후인 4월 15%로 상승했다. 대공황 이후 가장 높은 수준의 실업률이었다. 기업 실적도 급감했다. 그해 4월 기업 이익은 전년 대비 20% 넘게 줄어들었다.

주식시장도 단기간에 붕괴했다. 나스닥지수는 2020년 3월 6,630포인트까지 하락했다. 한 달간 고점 대비 33% 하락했다. S&P500도 2,190포인트까지 밀리며 33% 떨어졌다. 코스피지수도 비슷한 수준의 낙폭을 보였다. 하지만 달러화는 초강세를 기록했다. 달러지수는 102.3포인트까지 상승하며 2018년 2월 저점 대비 14% 급등했다. 원·달러 환율도 2020년 1월 1,150원에서 1,260원으로 상승했다. 한 달간 100원 이상 환율이 올랐다.

모두가 공포와 경악에 빠져들었다. 경제는 봉쇄됐고 직장은 문을 닫았다. 식당, 극장, 도서관 등 모든 공공시설이 운영을 중지했다. 학교는 캠퍼스를 폐쇄하고 온라인 수업으로 전환했다. 학생들은 기숙사에서 쫓겨나야 했다. 유학생은 짐을 싸서 귀국했다. 의사, 간호사, 경찰 등 필수 인력을 제외한 모든 시민의 외출이 금지됐다. 거리는 텅텅 비었고 정적만 감돌 뿐이었다. 외출할 때도, 아픈 몸을 이끈 환자들도 반드시 마스크를 써야 했다. 불편함이 일상이 되었다.

미국 경제와 사회가 급속하게 침체의 나락으로 빠져들자 트럼프 행정부와 미국 의회도 신속하게 움직였다. 2020년 3월과 4월 두 달에 걸쳐 4개의 경기부양과 코로나19 긴급구제 방안을 담은 법안을 마련해 통과시켰다. 이를 통해 2.8조 달러의 긴급재정을 투입했다. 제3차 경기부양법은 단일 법안으로 역사상 가장 큰 지출 규모였다. 총 2.2조 달러의 재정을 투입해 부부합산 연소득이 15만 달러 이하인 가계에 1인당 1,200달러의 현금을 지급했다. 4인 가족이면 4,800달러를 보조받았다. 각 주정부에서 지급하는 실직급여에 더해 연방정부에서 주당 300달러를 더 보조하기로 했다.

필자가 거주하는 노스캐롤라이나는 주정부가 주당 350달러를 실직자에게 지급했다. 이를 연방정부 보조금에 더하면 실직자는 매주 650달러, 4주에 2,600달러의 현금을 받을 수 있었다. 주당 40시간 일하는 것으로 가정하면 시급이 16.50달러에 달하는 셈이었다. 실업은 폭증했지만, 미국 저소득층은 오히려 소득이 늘어나는 현상이 발생했다. 더불어 종업원의 고용을 유지하는 소상공인에게 급여보호프로그램(PPP, Paycheck Protection Program)을 제공했다. 이를 통해 자영업자들은 긴급한 운영자금을 금융기관에서 빌릴 수 있었다.

2020년 5월 들어 코로나19 확산세가 진정되자 트럼프 행정부와 각 주정부는 경제봉쇄를 해제했다. 3월에서 4월까지 2,200만 개나 감소했던 비농업 부문 고용자 수(NFP, Non-farm Payrolls)가 급등세로 돌아섰다. NFP는 5월에 260만 개, 6월에 460만 개 증가했다. 5월에서 11월까지 미국 NFP 일자리 숫자는 1,230만 개를 회복했다. 그러나 4분기 들어 다시 코로나19 확산세가 최악의 상태로 치달았다. 12월 말 일일 확진자 수와 사망자 수는 각각 27만 명, 4,000명에 달했다. 12월에는 마침내 일자리 수가 전월 대비 27만 개가 줄어들었다. 이에 재선 선거를 앞둔 트럼프 행정부는 9,000억 달러 규모의 제4차 코로나 구제법안을 추진했다. 1인당 600달러의 가계지원금 지급을 포함하고 있었다. 4인 가족이면 가계당 2,400달러의 현금이 추가로 생기는 것이다. 이 경기부양안은 트럼프의 재선에 유리한 형국을 조성하기 위한 것이기도 했다.

2020년 코로나19가 전국을 강타한 가운데 치열한 대선 경쟁이 시작되었다. 야당인 민주당에서는 전 부통령 조 바이든이 선두주자로 나섰다. 중도적 성향으로 당내 진보 세력과 중도보수 세력을 아우를 수 있는 유연성이 장점이었다. 경선 과정에서 돌발변수가 생겼다. 당시 경선 후보였던 카멀라 해리스(Kamala Harris) 현 부통령이 바이든이 과거 인종차별과 관련된 통학정책을 지지한 전력이 있다며 공격했다. 바이든의 지지율은 크게 흔들렸다. 첫 경선지 아이오

와에서 4위로 뒤처졌다. 경선 포기를 고려해야 할 만큼 저조한 성적이었다. 바이든이 휘청대자 돈의 힘을 앞세운 억만장자 마이클 블룸버그(Michael Bloomberg)까지 경선판에 가세했다.

바이든으로서는 모험을 걸어야 했다. 두 번째 경선지로 대선판의 중요한 바로미터 중 하나인 뉴햄프셔 유세를 건너뛰었다. 곧장세 번째 경선지인 사우스캐롤라이나로 직행했다. 과거 아이오와나 뉴햄프셔에서 이기지 않고 대통령이 된 경우는 찾아보기 어려웠다. 바이든은 과감하게 승부수를 던졌다.

사우스캐롤라이나는 중소형 규모의 주이지만 민주당에 매우 중요한 주였다. 흑인 유권자들이 많았다. 이들의 적극적 지지를 얻어야 본선에서 승리할 수 있는 곳이었다. 바이든은 노회한 정치 활동을 통해 이 주의 흑인 지도자들이 자신을 지지하게 했다. 이를 통해 선거판을 뒤집고 당내 경선에서 승리했다. 그의 상대는 막강한 풀뿌리 보수의 지지를 등에 업은 현직 대통령 트럼프였다.

바이든은 여론조사에서 트럼프를 앞서고 있었다. 민주당 승리 공식인 흑인 유권자를 선거판으로 불러들이기 위해 흑인 여성인 카멜라 해리스를 러닝메이트로 정했다. 21세기판 흑인민권운동인 BLM(Black Lives Matter) 무브먼트를 지지했다. 이런 전략이 젊은 층과 진보층의 지지율을 높이는 효과를 발휘했다. 그러나 BLM 시위가 약탈과 방화로 물들면서 역풍이 불었다.

상대 후보 트럼프는 '법과 질서(Law and Order)' 회복을 호소하면서 바이든을 코너로 몰았다. 중산층의 바이든 지지세가 꺾이는 결과를 가져왔다. 그러자 바이든은 기존 입장을 바꿔 시위 중 폭력 사용을 강력하게 비난했다. 유연함을 발휘해 중도층의 표심을 회복한 것이다. 반면 트럼프는 위기 시 대통령이 가져야 할 리더십을 제대로 보여주지 못했다. 열성적 보수지지 세력에게만 인상적인 모습을 심어주려 애썼다. 여러 행사에 고의적으로 마스크를 착용하지 않은 채 참석했고 결국 본인이 코로나19에 감염되고 말았다. 입원 중에도 병원을 나가 대중 앞에서 마스크를 벗는 만용을 부렸다. 국가 지도자로서의 신뢰를 잃을 행위였다.

선거 결과 중도층의 표심을 잡는 데 성공한 바이든이 간발의 차로 트럼프를 이겼다. 일부 주에서 우편투표의 집계가 지연되면서 선거 결과를 확정하는 것이 늦어지기도 했다. 2021년 1월 6일에는 우편투표가 조작되었다면서 트럼프의 극렬 지지자들이 미국 의회를 습격하는 최악의 사태가 벌어지기도 했다.

2021년 1월, 바이든이 대통령에 취임했다. 코로나19 백신 접종도 본격적으로 시작했다. 나도 3월 5일 인근 대학 라운지에서 모더나 백신을 맞았다. 간호대학 학생들이 나와서 접종 업무를 도왔다. 백신을 맞고 들뜬 마음에 사진을 찍었던 기억이 생생하다. 그로부터 코로나19 일일 확진자 수가 급감했다. 그러나 당분간 노동시장의 괄목할 만한 개선은 없었다. 그해 1분기 고용 증가는 185만 개에 그쳤다. 코로나 팬데믹 이전과 비교해 일자리 800만 개가 여전히 부족했다.

경기부양을 위해 바이든 행정부는 1.9조 달러의 재정을 집행하는 제5차 코로나 구제법안을 추진했다. 이 구제법안에는 1인당 1,400달러의 긴급가계지원금 지급도 들어 있었다. 4인 가구에는 5,600달러를 지급했다. 이로써 팬데믹 이래 지급된 긴급가계지원금은 1인당 총 3,200달러에 달한다. 4인 가구 기준으로 1만 2,800달러를 집행한 것이다. 그간 돈 가뭄에 시달리던 미국 가계에는 돈 풍년이 들었다. 이로써 코로나19 초기 1년간 5차에 걸쳐 총 5.6조 달러에 달하는 긴급재정이 투입됐다. 미국 1년 GDP의 25%에 해당하는 규모다.

바이든은 여기서 그치지 않았다. 4월 28일 국정연설에서 보다 의욕적인 국가개혁 비전을 발표했다. 고용부흥계획(American Jobs Plan)이라 이름 붙인 인프라스트럭처 플랜을 통해 사회간접자본 (SOC)을 비롯한 미국 산업의 근간을 바꾸고자 했다. 2조 달러의 재정을 투입해 고용의 질과 양을 개선하고 경제 헤게모니를 유지하겠다는 플랜이었다.

이 돈을 써서 R&D 비용을 전방위적으로 늘려 반도체, 전기차, 배터리, 바이오 등 첨단 분야의 경쟁력을 회복하고 산업 인프라 투자를 통해 제조업을 부활시키려 했다. 노조 활동 지원과 최저임금 인상을 통한 중산층 부흥도 목표로 했다. 바이든은 전기차와 배터리에 과감한 R&D 투자를 통해 헤게모니를 탈환하고 중국을 고립시키겠다는 전략을 세웠다. GDP의 1%에 불과한 R&D투자를 중국 수준으로 끌어올려야 한다고 강조했다. 이 연설에서 바이든은 중국에 대한 견제 의도를 숨기지 않았다.

가족부양계획(American Families Plan)도 발표했다. 1.8조 달러를 들여 K-12(유치원에서 고교까지) 무상교육을 어린이집인 Pre-K 교육까지 확대해 워킹맘의 육아비용을 줄이고 교육 경쟁력을 제고할 것을 시사했다. 유아 보육에 대한 지원도 대폭 확대해 양육비 때문에 고통받지 않도록 하겠다고도 약속했다. 세액공제를 확대해 아이 1명당 지원하는 보조금을 몇 배로 늘리겠다는 복안이었다. 전문대학에 해당하는 2년제 커뮤니티 칼리지 학비도 무료로 하자고 추진했다. 바이든은 코로나 팬데믹을 위기이자 기회로 정의했다.

그러나 공화당이 상원 의석의 절반인 50석을 차지하는 상황에서 바이든의 플랜이 수정 없이 통과하기는 어려웠다. 고용부흥계획은 '인프라스트럭처 투자법'으로 축소되어 그해 11월에야 의회를 통과했다. 규모도 원래 계획의 절반인 1조 달러로 줄어들었다. 도로, 교량, 교통망, 광역 인터넷망 등 순수 인프라스트럭처에 집중하도록 했다.

바이든은 수정안을 내며 어떻게든 원래 계획을 살려보려 했다. 3조 5,000억 달러의 재정 집행이 필요한 '사회재건법안(BBB)'을 마련했다. 이 법안의 규모도 하원에서 진보적 조항을 수정하면서 2조 2,000억 달러로 줄었다. 민주당 내 중도보수 세력인 조 맨친(Joe Manchin) 의원 등이 반대하면서 상원 통과가 무산되었다. 지리한 협상 끝에 2022년 7월이 되어서야 '인플레이션감축법(IRA)'이란 이름으로 모습을 드러냈다. 정책 목표의 초점도 전기차 보조금 지급 등 에너지 생산 효율화, 기후변화 대응, 의료비 절감 지원 등으로 축소됐다. 전체 투자 규모는 4,370억 달러에 불과했다. 바이든 정부는 7,370억 달러를 증세로 충당해 재정적자를 축소하고 물가안정에 도움이 될 것이라 강조했다.

이렇게 바이든의 당초 복안만큼 재정 투입은 이뤄지지 않았지만, 그는 각종 행정명령을 동원해 최대한 예산을 증액했다. 학자금 대출 탕감도 밀어붙였다. 그 결과 재정적자가 이어졌다. 2020~2022 회계연도 기간 재정적자는 총 7조 2,900억 달러에 달했다. 그만큼 많은 돈이 민간경제에 풀렸다.

연준의 경기부양과 양적 완화의 부활

팬데믹(Pandemic)은 전 세계적 대유행을 뜻한다. 21세기에는 러시아가 우크라이나를 침공했지만 14세기에는 몽골이 크림반도에서 전쟁을 벌이고 있었다. 몽골군은 흑해 연안 카파에서 공성전을 벌이다가 페스트균을 보유한 병사의 시신을 투석기로 날려 보냈다. 성안에 떨어진 그 시신에서 흑사병이 시작되었다. 병균은 배에 실려 바다 건너 베네치아에 상륙했다. 이윽고 유럽 전체에 병균이 퍼졌다. 흑사병으로 유럽 인구의 3분의 1이 사망했다. 당시 유럽 인구 7,000만 명 가운데 2,500만 명이 병마에 스러졌다.

700년 전의 흑사병 팬데믹은 중세 유럽의 경제사회 구조를 와해시켰다. 인구가 급감해 값싼 노동력에 의지하던 장원경제가 설 자리를 잃었다. 도시가 성장하고 임금이 올랐다. 교회에 대한 신뢰가 저하되면서 인문주의에 기반한 르네상스 바람이 불었다.

1918년에는 독감 바이러스가 전 세계로 퍼졌다. 스페인 독감이라 불린 이 바이러스는 후에 인플루엔자로 밝혀졌다. 세계 인구의 3분의 1이 감염되었고 최소 2,000만 명에서 최대 1억 명이 사망했다. 미국에서만 67만 명 이상의 인명 손실이 발생했다. 인플루엔자 사망자는 제1차 세계대전 미군 전사자의 3배가 넘었다. 인플루엔자 팬데믹으로 제1차 세계대전은 막을 내릴 수밖에 없었다. 인플루엔자 팬데믹을 극복하는 과정에서 인류의 문명은 한 단계 진보했다. 자동차, 항공기, 엘리베이터, 냉장고, 세탁기, 청소기 등이 일상생활로 들어왔다.

2020년 1월 30일, 코로나19가 또 다른 팬데믹으로 다가왔다. 그날 세계보건기구(WHO)는 공공보건 비상사태를 선포했다. 그러나 이 새로운 팬데믹이 또 다른 시대의 단초를 열 것이라 생각한 사람은 당시에는 많지 않았다. 그 새 시대의 입구를 열어젖힌 것은 연준이었다.

2020년 3월 3일 연준은 모처럼 FOMC 특별회의를 열었다. 코로나19 확산에 대한 대응책을 논의하기 위해서였다. 50bp 금리 인하를 결정하기도 했다. 일요일인 3월 15일에도 특별회의를 소집했다. 이번에는 금리를 100bp 인하하기로 했다. 기준금리가 0~0.25%로 낮아졌다. 금리를 더는 내릴 수 없는 수준까지 내린 것이다. 미국 역사상 이렇게 금리가 낮았던 적은 2008년 금융위기 외에는 없었다.

연준은 팬데믹 상황이 리먼 브라더스가 파산할 당시에 비견될 정도로 급박하다고 인식했다. 동시에 연준은 2008년 금융위기 당시 사용했던 양적 완화 카드를 다시 꺼내 들었다.

3월 15일 FOMC 회의에서 국채 5,000억 달러와 MBS 2,000억 달러의 매입을 결정했다. 금리를 0.25% 아래로 내리면서 7,000억 달러의 유동성을 투입하기로 했다. 연준이 뭔가를 긴급하게 결정했다는 것은 금융시장에 엄청나게 큰 지각변동이 생기고 있다는 것을 뜻한다. 이 당시가 그랬다.

2월 19일 이후 주가는 떨어지는 칼날처럼 급락했다. 나스닥지수는 9,840포인트 고점에서 3월 13일 7,220포인트까지 밀리고 있었다. 한 달도 되지 않아 27%가 폭락했다. 3월 23일 정례 FOMC에서 연준은 필요하다면 무제한으로 채권을 매수하도록 결정했다. 연준의 결연한 의지는 FOMC 성명서 첫 줄의 "모든 수단을 동원해(Full range of tools)"라는 문구에 집약됐다. 국채 매입, MBS 매입, 레포 거래 등 유동성 공급을 위한 강력한 수단을 모두 망라했다. 이날의 연준 결정은 세계 금융시장을 구출했다. 나스닥지수는 6,630포인트에서 바닥을 확인했다. 이날 종가는 6,980포인트였다.

이날을 저점으로 나스닥은 9월 초 1만 2,000포인트까지 거침없이 내달렸다. S&P500지수도 이날 2,190포인트를 저점으로 9월 초 3,580포인트에 이르는 6개월간의 63% 상승 랠리를 시작했다. 달러 강세도 한풀 꺾였다. 이날 103포인트에서 고점을 본 달러지수는 9월 92포인트까지 하락했다. 3월 18일 1.3%까지 상승했던 국채수익률도 4월 0.6%까지 내렸다. 채권시장의 유동성도 급격히 개선됐다. 비트코인 가격도 3월 12일 저점인 4,110달러에서 반등하기 시작해 이듬해 1월 4만 2,000달러까지 10배가 넘게 상승했다.

자신감을 얻은 연준은 6월 10일 FOMC 회의에서 양적 완화를 상설 도구화했다. 기한을 정하지 않은 채 매월 국채 800억 달러와 MBS 400억 달러, 총 1,200억 달러의 채권을 지속적으로 매입하기로 했다. 1년이면 1조 4,400억 달러의 유동성이 시중에 풀리게 되는 것이었다. 이것은 S&P500 기업 시가총액인 25조 달러의 6%에 달하는 엄청난 규모였다. 이러한 연준의 채권 매입은 2022년 3월까지 꾸준히 이어졌다. 이 시기 연준은 채권 매입에만 의존한 것이 아니었다. 상상할 수 있는 거의 모든 수단을 동원해 유동성을 공급하고 금융시장의 자금 경색을 완화하려고 노력했다.

2008년 금융위기 당시 사용했던 녹슨 무기가 전면에 다시 등장했다. 평소 연준의 유동성 지원은 은행에 국한하지만 이를 증권사로 확대했다. 통상 은행에 대한 대출은 국채를 담보로 하지만 담보 범위를 다른 단기채권으로 넓혔다. 연준은 기업에도 직접 자금을 공급하고 회사채와 기업어음도 매입 대상에 포함하기로 했다. 중소기업과 비영리기관에 대한 대출도 시행하기로 했다.

연준은 국제금융시장에서의 유동성 경색을 완화하고자 외국 중앙은행에 대한 달러자금 제공에 나섰다. 연준과 영구적 통화스왑 라인이 있는 캐나다, 영국, 일본, 유로존, 스위스는 스왑 만기를 연장하고 이자율을 내렸다. 한국, 오스트레일리아, 브라질, 덴마크, 멕

시코, 뉴질랜드, 노르웨이, 싱가포르, 스웨덴은 스왑 만기를 2021년 9월 말까지 연장하기로 했다. 이와 더불어 연준은 은행의 자기자본비율 규제도 완화했다. 자기자본비율의 일종인 보완적 레버리지비율(SLR) 산정 시 국채 보유액을 차감하도록 했다.

한편 연준이 채권 매입 등을 통해 유동성 공급을 늘리면 늘릴수록 연준의 자산 규모는 증가한다. 시장에서 매입한 채권이 고스란히 연준이 보유한 자산이 되기 때문이다. 따라서 연준의 자산이 증가한 규모를 보면 얼마나 많은 유동성이 민간경제로 흘러들어 갔는지 유추할 수 있다. 2020년 2월 말 4조 2,600억 달러였던 연준 자산 규모는 양적 완화가 끝나는 2022년 3월 중순 8조 9,500억 달러로 증가했다. 2년간 자산 규모가 4조 8,400억 달러 증가한 것이다. 이것은 유례없이 빠른 속도의 자산 증가라고 할 수 있다. 금융위기 당시인 2008년부터 2014년까지 7년간 연준 자산 규모는 3조 6,000억 달러 증가했으나 코로나 팬데믹 당시에는 2년간 그보다 1조 2,000억 달러나 더 증가했다.

백신 개발, 경기회복과 고용시장의 불안

팬데믹 같은 비극적 시련이 닥치면 절박하게 영웅을 갈망하던 사람들도 팬데믹이 끝나고 나면 언제 그랬냐는 듯 일상으로 회귀한다. 코로나 팬데믹 초기 사람들의 존경을 받던 미국 국립알레르기·

전염병연구소(NIAID) 앤서니 파우치(Anthony Fauci) 박사도 그중 한 명이다. 정치적 이해관계를 떠나 코로나19 위험성을 제대로 알렸던 그의 영웅적 자취도 희미해졌다. 불가능하리라던 예상을 깨고 조기에 백신을 개발한 화이자와 모더나 연구진도 코로나19 정복을 도운 영웅들이었다.

영웅적인 행적에도 불구하고 정치적 이해관계로 인해 잊힌 이들도 있다. 도널드 트럼프 전 대통령이 대표적이다. 그는 조기에 백신을 개발하도록 가능한 모든 행정력을 동원했다. 그는 빛의 속도를 뛰어넘어 은하 사이를 여행하는 워프 항법 속도에 비견될 정도로 빠르게 백신을 개발하겠다는 의지를 담아 OWS(Operation Warp Speed)를 전개했다. 2021년 1월까지 3억 도스의 안전하고 효과적인 백신을 개발하는 것이 목표였다. 그러나 이 목표를 달성하려면 평소 의약계에서 백신을 개발하는 속도보다 5배 빨리 코로나19 백신을 완성해야 했다. 거의 불가능에 가까운 목표였다.

처음에는 트럼프 특유의 허풍을 아는지라 사람들은 큰 기대를 걸지 않았다. 예상을 깨고 모더나와 화이자가 mRNA에 기반한 백신을 개발하면서 목표를 달성하는 데 성공했다. 트럼프의 미친 듯한 추진력이 없었다면 불가능에 그쳤을지도 모를 일이었다. 반면 중국 시진핑 정권은 미국에 견줄 만한 효과적인 백신을 개발하는 데 성공하지 못했다. 이로 인해 2023년 초까지 봉쇄로 일관하는 제로코로나 정책을 고수했다. 중국 경제는 치명타를 입고 불황의 늪에 빠져들었다.

2021년 들어 화이자와 모더나 백신을 2회에 나눠 한 달 간격으로 접종하자 코로나19의 기세가 눈에 띄게 꺾이기 시작했다. 2020년 5월 봉쇄를 풀고 경제를 재개하면서 회복되기 시작한 경기의 상승세가 급물살을 탔다. 백신 접종을 활성화한 2021년 1분기 미국 GDP는 6.3% 성장했다. 그해 내내 경기 상승세가 이어지며 4분기 성장률은 7%에 달했다. 2021년 전체로 볼 때도 GDP는 5.7% 성장했다. 경제가 전년도 -3.4% 성장에서 완전히 회복하고 있었다.

고용시장도 탄력을 받았다. 코로나19가 확산하면서 줄어들었던 일자리는 2021년 새해 들어 다시 상승세로 돌아섰다. 그해 비농업 부문 고용은 월평균 61만 개 증가했다. 1년간 늘어난 일자리가 730만 개에 달했다. 그해 11월 실업률은 완전고용 상태를 의미하는 4.2%로 낮아졌고 12월에는 3.9%로 하락했다.

보다 놀라운 것은 신규 채용의 급증이었다. 2020년 12월 690만 개에 불과했던 채용 공고가 2021년 6월 1,000만 개를 넘어섰다. 그해 12월에는 1,200만 개에 육박했다. 의아한 사실은 이 시기에 자발적인 퇴사자 수도 늘었다는 것이다. 코로나 팬데믹 이전 미국 사직자 수는 월 350만 안팎이었다. 이 숫자는 코로나19가 확산하면서 크게 감소했다. 경제봉쇄 등으로 비자발적 실업 자체가 폭증했기 때문이다.

그러나 백신 접종이 늘면서 2021년 3월 사직자 수는 코로나 팬데믹 이전 수준을 회복했다. 그 후 이 숫자는 빠른 속도로 증가해 그해 11월에는 450만 개에 달했다. 매월 자발적으로 직장을 그만두는 사람의 숫자가 코로나 팬데믹 이전보다 100만이나 증가했다. 이렇게 빈자리가 제대로 채워지지 않자 채용 공고 숫자도 줄어들지 않았다.

이로 인해 미국 고용시장은 심각한 구인난에 봉착했다. 경제봉쇄로 문을 닫았던 식당은 종업원을 구하지 못해 영업을 재개하는 데 애를 먹었다. 교사에서 간호사까지 일손 부족이 미국 경제 전반에 만연했다. 길거리 구석구석에 구인 광고가 가득했지만, 손을 들고 일하겠다는 사람은 많지 않았다. 구인난은 리테일 업종같이 대면 접촉을 해야 하는 업종에서 특히 심각했다.

코로나 팬데믹 기간에 건강 문제로 직장 복귀를 미루거나 포기한 직원 수가 크게 늘었다. 학교가 문을 닫고 온라인 수업을 진행하면서 어린이들이 정상 등교를 하지 않아 육아비용이 크게 높아졌다. 2021년 미국의 연평균 육아비용은 1만 달러에 달했다. 월 880달러가 넘는 액수였다. 이로 인해 직장에 나가는 것보다 차라리 집에서 아이를 보는 것이 여러모로 유리하다는 생각이 퍼졌다. 특히 미국 정부가 1인당 3,200달러의 긴급지원금에 더해 실직수당이 일주일 평균 620달러에 달하면서 직장 복귀 의욕이 크게 감퇴했다.

코로나 팬데믹 기간에 재택근무도 크게 늘었다. 온라인 회의는 학교의 전유물이 아니었다. 미국인들은 집에서 근무하며 그간 잊고 지냈던 생활의 여유와 삶의 질에 대해 눈뜨기 시작했다. 이런 추세가 현장근무를 필요로 하는 업종의 구인난을 더욱 부채질했다.

포모의 재발과 사상 유례없는 슈퍼 버블

역사는 똑같은 사건을 그대로 재현하지는 않는다. 그러나 주어진 사회경제적 조건이 과거와 유사할 때 역사는 종종 과거와 유사한 결과를 낳는다. 과거 연준이 금리를 내리고 양적 완화를 할 때마다 자산가격은 급등했다. 자산시장이 과열 상태에 접어들어도 투자자들은 온갖 구실을 갖다 붙여 가격 상승을 합리화했다. 성장성이란 꼬리표는 주가의 과열을 정당화하기에 가장 적합한 용어였다. 거기에다 정부의 각종 산업지원정책이 주가 상승에 기름을 부었다. 주가 급등의 시발점은 늘 그렇듯 연준의 유동성 주입이었다.

연준이 코로나19 발발 후부터 2022년 1분기까지 자산 규모를 5조 달러 가까이 늘리면서 통화량도 증가했다. 같은 기간 M2 통화량은 전년 동기 대비 18% 증가했다. 1960년 이래 M2가 이렇게 급증한 적은 없었다. 거기에다 행정부도 거들었다. 경기부양에만 5조 6,000억 달러의 재정을 투입했고 가계에는 1인당 3,200달러의 현금을 직접 꽂아주었다. 연준의 채권 매입은 기관투자자의 유동성만 증가시키지만, 정부의 재정정책은 가계와 기업의 주머니를 곧바로 채워주었다. 과거와는 비교할 수 없을 만큼 강하고 빠른 속도로 시장 유동성이 늘어났다.

이렇게 유동성이 급증하면서 자산가격은 상승할 수밖에 없었다. 유동성이 전례를 찾아보기 힘들 정도의 빠른 속도로 증가했으므로 자산가격의 상승 속도도 유례없이 빨라야 했고 그 폭도 넓어야 했다. 그 결과 2021년 거의 전 자산에 걸쳐 어마어마한 규모의 가격 버블이 형성됐다. 우선 주식시장이 폭발적으로 상승했다. 2020년 3월 23일 6,630포인트에서 저점을 확인한 나스닥지수는 2021년 11월 1만 6,200포인트까지 올랐다. 주가지수가 1년 8개월 만에 2.4배 상승했다. S&P500지수는 2022년 1월 4,820포인트까지 2.2배 상승했다. 다우존스산업평균지수(다우존스지수)는 비슷한 기간에 3만 6,950포인트까지 2배 올랐다.

2000년 초 닷컴 버블의 정점에서 나스닥지수는 5,130포인트, S&P지수는 1,550포인트, 다우존스지수는 1만 1,750포인트였다. 2007년 10월 주택 버블의 꼭대기에서 나스닥지수는 2,860포인트, S&P500지수는 1,570포인트, 다우존스지수는 1만 4,200포인트였다. 2007년에도 버블 형성으로 주가가 급등했지만 2000년의 고점 수준을 겨우 회복한 정도였다. 그러나 2021년의 주가 급등은 당시와 비교조차 할 수 없이 강력했다. 이 두 버블의 전고점에서 3배가량 주가가 더 올랐다.

개별 종목의 주가 상승은 더 현란했다. 2021년 11월 세계 최대 전기자동차 생산회사인 테슬라(TSLA) 주가는 2019년 저점 대비 34배 상승했다. 한때 테슬라의 주가수익비율(PER)은 1,120배에 달하기도 했다. S&P500 기업의 평균 PER이 30배 내외인 것을 감안하면 평균보다 37배 주가가 더 고평가되었다. 수소에너지 관련 기업인 플러그파워(PLUG)의 주가는 로켓처럼 솟아올랐다. 2019년 초 저점에서 2021년 1월 고점까지 75배 넘게 상승했다. 이 회사의 주가 상승은 바이든 행정부의 친환경에너지 정책 덕을 봤다. 투자자들은 미래 성장성에 눈이 멀어 불나방처럼 뛰어들었다.

젊은 세대가 인터넷에서 단체로 움직이며 유행을 주도하는 밈 주식이 유행하기도 했다. 밈 주식의 대표 주자는 게임스탑(GME)이었다. 젊은 행동주의 투자자들의 보금자리는 로빈후드(Robinhood) 증권거래 앱과 세계 최대 웹 커뮤니티인 레딧(Reddit)이었다. 증권사 로빈후드는 주식·옵션·가상화폐를 신속하게 거래할 수 있도록 편리하게 개발한 모바일 앱을 제공했다. 거래 수수료가 무료라 젊은 개미투자자 사이에서 선풍적 인기를 끌었다.

그런데 2021년 초 레딧의 몇몇 개인투자자 사이에서 탐욕에 찌들어 개미를 죽이는 악덕 헤지펀드를 혼내주자는 운동이 전개되었다. 개인투자자 비중이 높은 주식을 공매도해 이익을 챙기려는 헤지펀드가 타깃이었다. 공매도(Short sale)란 증권사에서 어떤 주식을 빌려 시장에 매도하고 추후에 주식을 되사서 갚는 거래다. 공매도는 주가가 하락하면 하락할수록 더 큰 이익을 남긴다. 몇몇 공매도 전문 헤지펀드는 개미투자자의 유입으로 펀더멘털보다 고평가된 주식을 집중적으로 공매도했다. 개미투자자들은 이들이 주가 하락을 주도한다고 불만을 터뜨렸다.

수백만 개미투자자가 레딧의 월스트리트베츠(WallStreetBets)라는 커뮤니티에 집결했다. 이들은 의병운동을 하듯 게임스탑 주식을 사들였다. 당시 게임스탑에는 주식 유통 물량의 140%가 넘는 공매도 잔량이 있었다. 가랑비에 옷 젖듯 개미 매수로 매도 물량이 슬금

슬금 줄더니 주가가 폭등하기 시작했다. 그해 연초 주당 17달러에 거래되던 게임스탑 주가는 1월 22일 하루에만 51% 급등했다. 26일과 27일에는 각각 90%, 100% 이상 상승했다. 28일에도 주가는 급등을 이어가며 500달러에 육박했다. 주가가 연초 대비 30배 폭등했다.

1월 28일, 로빈후드가 주식 거래를 갑자기 제한했다. 게임스탑 주식을 매도할 수는 있지만, 매수할 수는 없다는 조치를 발표했다. 다른 온라인 증권사도 거래에 일부 제한을 가했다. 그 여파로 주가가 급락했다. 당일 종가는 전일 대비 44% 내렸고 2월 중순 주가는 40달러 선으로 밀렸다. 불과 3주 동안 주가가 고점 대비 10분의 1 토막이 났다.

3월이 되자 주가는 다시 불사조처럼 살아났다. 저점 대비 8배 넘게 올랐다. 이후에도 게임스탑 주가는 천당과 지옥을 오가며 급등락을 거듭했다. 게임스탑 외에도 몇몇 주식이 밈을 타고 급등세를 연출했다. 그 끝은 대부분 좋지 않았다. 밈 주식은 시장에 버블이 있을 때 펀더멘털을 따지지 않고 분위기에 끌려 매수에 동참하는 군중심리의 표본을 보여주었다.

연준이 양적 완화를 지속하고 기준금리를 0.25% 아래에서 유지하자 채권시장도 활황을 보였다. 2020년 8월 0.6%까지 하락했던 10년 만기 국채수익률은 그해 연말까지 1% 아래에서 움직였다. 채권수익률이 3월 그해 내내 1.2%와 1.7% 범위에서 움직이는 저금리가 이어졌다. 이런 저금리 환경은 1970년대 이후 처음 겪는 것이었다. 투자등급 가운데 가장 낮은 단계인 BBB 회사채의 평균 수익률도 2~2.5% 범위에서 형성됐다. 2020년 1년 내내 채권수익률은 급격하게 하락했다. BBB 등급 회사채와 국채수익률 간 스프레드도 2020년 4.3%에서 2021년 말 1.8%로 급격하게 좁혀졌다. 그만큼 회사채시장의 유동성은 개선되고 위험도는 낮아졌다.

위험도가 높은 하이일드 정크본드 채권수익률도 급락했다. 미국 국내 하이일드 수익률은 2020년 11%에서 2021년 말 4.3%로 낮아졌다. 미국 하이일드 수익률과 국채 간 스프레드도 2020년 10%에서 2021년 말 3.1%로 축소됐다. 이머징 마켓 채권시장도 강력한 활황세를 보였다. 이머징 마켓 하이일드 채권수익률은 2020년 13%에서 2021년 초 5.5%까지 낮아졌다. 국채수익률과의 스프레드도 마찬가지였다. 2020년 수익률 스프레드는 13%였으나 그해 연말 5.3%로 낮아졌다. 이 같은 채권수익률의 동향은 채권시장의 상승 랠리를 보여준다.

코로나19 충격이 가장 컸던 2020년 3월 채권시장은 붕괴 직전의 위기에 직면했다. 그러나 채권 가격은 연준의 무제한 양적 완화 선언과 더불어 극적 회복을 보인 뒤 2021년 상반기까지 줄곧 상승했다. 이로 인해 채권 발행도 크게 늘어났다. 2020년 미국 국채 발행은 33% 증가했고 MBS와 회사채 발행도 각각 90%, 60% 늘어났다. 전체 채권 발행은 전년 대비 48% 증가했다. 이 흐름은 2021년 상반기에도 이어졌다. 이 기간 국채 발행은 전년 대비 68% 증가했다. MBS 발행도 71% 늘어났다. 회사채 발행은 14% 줄었으나 전체 채권 발행은 30% 늘어났다.

연준의 양적 완화는 하이일드 투기등급 채권의 발행을 특히 부추겼다. 2020년 투기등급 채권 발행은 52% 증가한 4,200억 달러에 이르렀다. 추세는 2021년에도 이어져 상반기 투기등급 채권의 발행액은 3,000억 달러로 나타났다. 2020년 4분기 이후 전체 회사채 발행에서 투기등급이 차지하는 비중은 25%를 상회했다. 새로 발행하는 회사채 넷 중 하나가 정크본드였다. 보수적인 채권시장에서도 리스크에 대한 인식이 낮아졌다. 공격적인 투자행태가 채권시장도 휩쓸었다.

연준의 유동성 주입은 헝다그룹 같은 중국 부동산개발업체가 발행한 투기등급 채권에 대한 투자도 부추겼다. 이 회사는 해외 채권시장에서 달러 채권을 발행해 190억 달러를 조달했다. 중국 부동산개발업체들은 앞다퉈 아시아 하이일드 시장에서 달러 채권을 발행하면서 덩치를 키웠다.

가상화폐 시장에서도 뒤처지면 가격 상승 대열에서 소외될지 모른다는 포모(FOMO, Fear Of Missing Out) 바람이 불었다. 2017년 3월 1,000달러에 이르던 비트코인 가격은 12월 2만 100달러에 이르는 시세의 대폭발을 경험했다. 이때 코인시장이 자산 클래스의 한 형태로 자리 잡았다. 그 후 자산으로서의 펀더멘털적 가치에 대한 비관론이 일면서 비트코인 가격은 2018년 말 3,200달러로 급락했다. 2019년 6월에는 다시 1만 3,800달러로 급등했다가 코로나19가 급속히 확산하던 2020년 3월 4,100달러로 다시 추락했다. 그 후 연준의 양적 완화로 2021년 비트코인 가격은 6만 4,800달러로 치솟았다. 7월에는 2만 9,400달러까지 밀리는 조정을 보이다가 11월 6만 7,800달러에서 역사적 고점을 달성했다. 당시 비트코인 가격은 불과 4년 전에 비해 66배 상승했고 팬데믹 이전 저점으로부터 20배 상승했다.

다른 코인도 엄청난 상승세를 보여주었다. 비트코인과 함께 가상화폐 시장에서 쌍벽을 이루는 이더리움 가격도 팬데믹 이전 저점인 2018년 12월 84달러부터 역사적 고점인 2021년 11월 4,300달러까지 50배 상승했다. 도지코인이 당시 가상화폐 시장의 버블 정도를 잘 보여준다. 세계 최고 부자인 테슬라 CEO 일론 머스크가 도지코인 사진을 트위터에 올리고 몇 차례 언급하자 가격이 천정부지로 올랐다. 2021년 1월 0.008달러에 거래되던 도지코인 가격은 불과 4개월 후에 0.74까지 치솟았다. 가격이 90배 넘게 상승한 것이다.

우리나라에서도 코인 열풍이 거리를 휩쓸었다. 여기저기서 코인으로 경제적 자유를 달성했다는 뉴스가 들렸다. 젊은이들 사이에서 포모가 대세가 되었다. 주식·채권·코인 시장에는 과거에는 볼 수 없었던 역사상 최대의 슈퍼 버블이 형성되었다.

더욱 커진 부동산 버블의 내습

2007년 미국은 조지 W. 부시(George Walker Bush) 행정부의 부

동산 경기부양과 연준의 금리 인하로 당시까지 사상 최고의 부동산 버블을 경험했다. 이 버블이 서브프라임 모기지 부실과 연계되면서 금융시스템이 붕괴될 위기에 처했었다. 2020년 또다시 행정부의 경기부양과 연준의 무제한 양적 완화로 시중 유동성이 빠르게 증가했다. 주식시장과 가상화폐 시장에서도 큰돈을 번 가계가 속출했다. 그 결과 통화량 M과 화폐의 유통 속도 V가 증가하면서 많은 돈이 부동산시장으로 흘러들어 왔다.

2008년 금융위기 이후 미국의 주택 가격 중간값은 2007년 5월 이전 고점인 26만 3,000달러를 2013년 2월에 이르러서야 넘어섰다. 그 후 점진적인 상승세를 지속해 코로나19 직전인 2020년 2월 33만 2,000달러에 이르렀다. 주택 가격은 코로나19 확산의 충격으로 그해 4월 31만 달러로 밀렸으나 연준의 무제한 양적 완화 선언으로 6월 코로나 팬데믹 이전 수준을 회복했다.

그 후 집값은 무서운 상승 행진을 이어갔다. 2021년 12월에는 41만 달러, 2022년 10월에는 49만 7,000달러까지 거침없이 내달렸다. 코로나 팬데믹 저점으로부터 2년 6개월간 집값은 평균적으로 60% 상승했다. 2011년 12월 이후로 보면 10년간 집값이 127% 상승한 것이다. 같은 기간 평균 임금은 36% 안팎 오르는 데 그쳤는데 말이다.

주택가격지수를 봐도 마찬가지다. 미국에서 주택 가격 중간값과 더불어 선호되는 주택가격지수가 S&P 코어로직 케이스-실러지수(Case-Shiller Index)다. 전국 단위, 10대 도시, 20대 도시, 개별 대

도시의 단독주택 가격을 각각 지수화한다. 이 가운데 20대 도시 주택가격지수에 초점을 맞췄다. 언급이 없으면 20개 대도시권을 대상으로 한 케이스-실러지수를 적용한 것이라고 보면 된다.

케이스-실러지수는 2006년 5월 금융위기 이전 고점인 207포인트를 기록했다. 주택가격지수는 2012년 5월 금융위기 이후 저점인 137포인트까지 하락했다. 지수가 금융위기 이전 고점을 넘어선 시기는 2018년 1월이 지나서였다. 그리고 꾸준히 상승한 케이스-실러지수는 코로나 팬데믹 이전인 2020년 2월 222포인트를 기록했다. 그 후 지수는 연준의 양적 완화가 시작되자 상승 속도를 높여 2021년 말에 288포인트를 뚫었고 2022년 6월에 역사적 최고점인 315포인트에 도달했다. 금융위기 이전보다 42% 상승한 것이다. 지수의 상승 속도도 훨씬 가팔라졌다. 2007년을 뛰어넘는 더 큰 거대 버블이 주택시장에 또 한 번 형성된 것이다.

이 기간에 집값이 크게 상승한 이유는 코로나 팬데믹이 끼친 사회적 변화의 영향이 컸다. 코로나19가 급속히 확산하면서 보다 안전하고 한적한 장소를 찾아 도심에서 교외로 이주하려는 수요가 크게 증가했다. 재택근무가 늘면서 넓은 집으로 이사하려는 욕구도 커졌다. 이런 흐름 속에서 단독주택 수요가 급증했다. 주택 수요는 폭발적으로 늘었지만, 공급은 감소했다. 코로나19가 확산되자 글로벌 공급망이 붕괴된 탓이다. 이로 인해 주택 건설용 목재를 비롯한 원자재의 수급에 문제가 발생했다. 건설 인력의 이탈로 일손 부족도 심각해졌다.

수요가 급증한 반면 공급이 줄어들자 주택시장의 불균형이 심화했다. 그 결과 주택시장은 빠른 속도로 매도자 우위 시장이 되었다. 과거에는 시장에 신규 주택 매물이 나오면 매매 종료까지 보통 석 달이 걸렸다. 코로나 팬데믹 기간에는 매물을 소화하는 데 한 달도 걸리지 않았다. 심지어 한두 주 만에 매물을 채가는 일도 비일비재했다.

재택근무나 교육 문제로 집을 구매해야 했지만 집을 사지 못한 매수자들은 안달이 났다. 매수자들 사이에 가격 경쟁이 벌어질 수밖에 없었다. 매물이 나오면 서로 눈치를 보면서 가격을 올려서 불렀다. 느긋해진 집주인들도 매매계약을 하지 않고 한 푼이라도 더 올려 받으려고 시일을 끌었다. 그러니 집값은 더 상승했다. 특히 갓 결혼한 젊은 세대 사이에는 이러다가 집을 살 수 없을지 모른다는 포모 공포가 퍼졌다.

집값은 크게 상승했지만, 집주인들은 매매를 꺼렸다. 코로나 19가 창궐하는데 이사하는 위험을 무릅쓰고 싶지 않았기 때문이다. 가격이 올랐지만, 매물이 따라가지 못하는 상황이 벌어진 것이다. 이 기간에 미국 주택시장에서는 가격이 오르면 수요가 감소하는 '수요의 법칙'이 성립하지도 않았고, 가격이 오르면 공급이 증가하는 '공급의 법칙'도 제대로 작용하지 않았다. 심리적 요인에 의해 가격이 오르자 수요는 더 증가했고 공급은 오히려 감소했다.

한편 미국 주택시장의 수요와 공급 불균형 현상은 코로나 팬데믹 이전부터 심화하고 있었다. 고질적인 주택 부족 문제 탓이다. 조지 W. 부시 정부가 의욕적으로 주택 부족 문제를 해결하는 데 나섰다가 금융위기가 닥쳤고 그로 인해 주택 공급은 또다시 벽에 부딪혔다. 이것은 신규 주택 착공과 가구 증가를 비교해보면 알 수 있다.

미국은 빌 클린턴 정부 이래 이민이 활성화했다. 그 영향으로 1990년대 이후 2001년까지 미국 인구는 매년 1% 이상 증가했다. 당시 태어난 MZ세대는 금융위기에서 막 벗어나던 2012년 이후 본격적으로 사회에 진출하기 시작했다. 이들이 결혼 등을 통해 새로 가계를 형성하고 주택 매수 대열에 합류했다. 그 영향으로 주택 공급 부족이 심각해졌다. 주택시장 전문가들은 2012년 이후 누적된 주택 부족이 650만 채에 달할 것으로 예측했다.

집값 상승으로 고통받는 것은 주택 매수자만이 아니었다. 집값이 가파르게 오르자 임차주택 월세도 덩달아 상승했다. 매물이 부족한 데다 집값 급등이 겹치면서 집 사기를 포기한 젊은 세대가 아파트 임차로 몰려들었다. 코로나 팬데믹 기간에 규제로 월세를 올리지 못했던 아파트들도 주택 가격이 상승했다는 이유로 거침없이 월세를 올렸다. 코로나 팬데믹 이전인 2020년 2월 1,600달러였던 미국 평균 월세는 2022년 8월 2,000달러까지 올랐다. 2년 6개월간 29% 상승한 것이다. 과거 월세는 연평균 3% 안팎의 상승세를 유지했으나 코로나 팬데믹 기간 1년에 10%가 넘게 오르면서 임차인의 부담이 매우 커졌다. 미국은 주택보급률이 낮아 전체 가구의 40%가 집을 임차하고 있다. 이들은 가계 소득의 35%를 월세 지불에 써왔다. 가계의 고통이 배가될 수밖에 없었다.

코로나 팬데믹 기간에 주택 가격 거품이 형성하는 데는 과거에는 보기 어려웠던 기관투자자의 개입이 있었다. 그중 하나가 인스턴트 매수자인 아이바이어(iBuyer)다. 이들은 홈페이지를 통해 주택 매도 신청을 받았다. 아이바이어는 빅데이터와 인공지능 프로그램을 통해 매물의 시장성을 파악했다. 휴대폰 카메라를 통해 집을 둘러보고 24시간 내에 집값을 현금으로 제시했다. 매도자는 신속하게 현금으로 집을 팔 수 있어 편리했다. 아이바이어는 이렇게 산 집을 수리해서 되팔거나 월세로 내놓았다.

그런데 이들과 같은 기관투자자가 집을 산 뒤 높은 가격에 세를 놓으면서 주택시장의 공급 부족은 더 심각해지고 월세는 치솟았다. 월가의 거대 자본까지 주택시장에 발을 들여놓은 것이다. 세계 최대 사모펀드(PE) 회사인 블랙스톤(Blackstone)이 투자한 인비테이션 홈즈(Invitation Homes)는 주택 8만 채를 보유해 월세를 주었다. 월가를 대표하는 JP모건과 골드만삭스도 이 시장에 투자했다. 월세를 증권화한 저당채권을 발행하거나 직접 투자를 유치해 주택을 매입했다. 일부 대도시에서는 주택 단지 전체의 매물을 싹쓸이해 월세 단지로 전환하기도 했다. 2021년까지 이런 종류의 저당채권 발행 규모는 무려 430억 달러에 달했다. 수급 불균형에 기관투자자까지 가세하면서 주택시장 버블의 규모는 더 커졌다.

자본시장과 가상화폐, 부동산시장에 걸쳐 형성된 버블은 사상 초유의 규모를 자랑했다. 미국 주식시장의 시가총액은 2019년 말 34조 달러에서 2021년 말 52조 달러로 커졌다. 주식시장의 가치가 2년간 54% 증가한 것이다. 이것은 2014년 말 시가총액의 2배에 해당하는 수치다. 시가총액이 1조 달러를 넘어서는 개별 주식도 속출했다. 아마존의 시가총액은 2020년 2월 9,400억 달러였으나 2021년 11월 1조 8,600억 달러로 늘어났다. 비슷한 시기 애플의 시가총액은 2조 9,400억 달러, 마이크로소프트는 2조 5,800억 달러, 구글은 1조 9,800억 달러, 테슬라는 1조 2,300억 달러에 달했다. 주식을 보유한 대주주도 소액주주도 큰돈을 벌었다.

미국 국채시장의 시가총액도 급증했다. 2019년 말 17조 3,000억 달러에서 2022년 2월 23조 6,000억 달러로 증가했다. 비트코인 시가총액은 2020년 3월 1,060억 달러에서 2021년 1조 1,400억 달러로 늘어났다. 미국 주택 총가치는 2019년 말 37조 5,000억 달러에서 2021년 말 43조 4,000억 달러로 증가했다. 단기간에 이렇게 많은 부가 자산시장에서 창출된 적은 없었다. 그 짧은 기간에 미국 경제의 펀더멘털이 부응할 정도로 호전되지는 않았다. 역대급 슈퍼 버블이 주식, 채권, 가상화폐, 부동산시장에서 쑥쑥 자라고 있을 뿐이었다.

이 시기 자산시장의 슈퍼 버블 형성은 수정한 피셔 방정식으로 쉽게 설명할 수 있다. $MV = PY + P'Y'$에서 미국 행정부의 확장적 재정정책과 연준의 양적 완화로 통화량 M이 급증했다. 이로 인해 자산가격 P'가 급등했다. 유례없는 가격 거품이 자산시장에 형성된 것이다. 단기간에 자산가치($P'Y'$)가 크게 늘자 화폐의 유통 속도 V가 뛰었다. 부의 효과로 Y가 늘어났고 동시에 P도 올랐다. 경기가 호조를 보였지만 물가 불안이 엄습하고 있었다.

2부

연준,
그 분투의 역사

6장

빅토리아 시대
미국의 실패

미네르바의 부엉이는 황혼이 저물어야 그 날개를 편다.

은행 위기는 끊임없이 주기적으로 반복된다.

처음 생길 때부터 은행은 뱅크런의 위험에 노출됐다.

뱅크런은 자산시장의 버블 붕괴와 함께했다.

뱅크런을 막기 위해 연준이 생겼지만,

연준이 가격 버블을 막지 못하는 한

뱅크런은 늘 발생했다. 뱅크런은 파괴적이다.

신용이 붕괴하면 경기가 깊은 침체에 빠지기 때문이다.

뱅크런과 경기침체를 겪으면서 미국 은행 숫자는 크게 줄었다.

누가 중앙은행을 죽였는가?

내가 사회생활을 시작할 때 상경계열 전공 학생들에게 인기 있는 직장 중 하나가 한국은행이었다. 경제부처 사무관이 권력을 지향하는 활동적인 학생들이 선망했던 자리였다면, 한국은행 조사관은 비교적 조용하게 공부하는 학구적 스타일의 학생들이 선호했다. 한국은행에는 지원하지 않았다. 남대문에 자리 잡은 고풍스러운 석조 건물에는 무언지 모를 답답한 이미지가 묻어 있었다. 하지만 종합금융회사에 취직한 후 눈 오는 어느 날 저녁 놀러 갔던 경제학과 선배의 후암동 한국은행 숙소는 운치가 있었다. 그렇게 한국은행이라는 이름에는 늘 중후함과 보수성이 느껴졌다.

평소 잘 인식하지 못하지만, 중앙은행의 권한은 막강하다. 독점적으로 돈을 찍어내고 거둬들인다. 피셔 교환방정식의 M을 관리하는 주체가 중앙은행이다. 이를 위해 독점적으로 화폐를 발행하고 통화량을 조절한다. 일상생활에 큰 영향을 끼치는 금리를 결정하는 곳도 중앙은행이다. 은행을 중심으로 한 금융산업을 감독하기도 한다. 그래서 미국 중앙은행의 대표인 연준 의장을 세계 경제 대통령이라 부르기도 한다. 그의 말 한마디에 주가와 환율, 채권 가격이 춤을 춘다.

이렇게 막강한 중앙은행의 역사는 깊다. 최초의 중앙은행은 1668년 스웨덴에서 설립되었다. 조선은 장희빈의 남편 숙종의 아버지인 현종이 재위하고 있었고 중국은 청나라 4대 황제 강희제가 통치하고 있었다. 숙종이 장희빈을 중전에서 쫓아낸 1694년에는 영국에서 중앙은행인 잉글랜드은행이 문을 열었다. 이런 중세시대에 중앙은행이 대체 왜 필요했을까? 해답은 간단하다. 당시 유럽에서는 전쟁이 잦았다. 전비를 충당하느라 재정이 고갈되기 일쑤였다. 이때 중앙은행을 세워 돈을 찍을 수 있는 발권력(發券力)을 부여하면 나라가 빚을 내기가 훨씬 수월했다.

국가는 채권의 일종인 국채(國債)를 발행해 투자자로부터 돈을 빌렸다. 중앙은행은 국채 발행과 정부 재정관리를 도왔다. 초기에는 중앙은행이 민간은행의 형태를 지녔다. 근대로 오면서 점차 특별법에 의한 국가기관으로 변모했다. 한국은행의 전신인 조선은행은 1911년에 설립됐고 일본 중앙은행인 일본은행(Bank of Japan)은 1882년에 세워졌다. 프랑스 중앙은행인 프랑스은행(Bank of France)은 나폴레옹이 1800년에 문을 열었다.

정부의 국고 은행으로 설립됐으므로 중앙은행은 명칭에 나라 이름을 붙였다. 한국은행, 잉글랜드은행, 프랑스은행, 에스파냐은행, 이탈리아은행, 일본은행 등. 미국의 중앙은행은 낯선 이름을 가지고 있다. 은행의 정식 명칭이 연방준비제도(Federal Reserve System)다. 은행이 아니라 제도라고 이름 붙였다. 왜 연준은 은행이라 하지 않고 제도라고 했을까? 여기에는 정쟁(政爭)과 금융위기의 산물이라는 긴 역사적 배경이 있다. 2부에서 그 역사의 길을 훑어보자. 그 과정에서 수정한 피셔 방정식의 통찰력을 어떻게 적용할 수 있는지 생각해보자.

미국에도 미국은행이라는 이름의 중앙은행이 있었다. 프랑스보다 이른 시기에 미합중국은행(Bank of the United States)을 중앙은행으로 설립했었다. 건국의 아버지이자 브로드웨이 유명 뮤지컬 〈해밀턴〉의 실제 인물인 알렉산더 해밀턴(Alexander Hamilton) 초대 재무장관이 만들었다.

미국은 연방제 국가로 출발했다. 중국과 같이 중원을 차지한 강력한 황제가 각지에 지방관을 파견해 다스리는 나라가 아니었다. 우리나라 광역시도에 해당하는 주(州)마다 헌법과 법령이 따로 있었다. 주정부와 의회가 세금을 걷고 정책을 수립했다. 독자적으로 치안을 유지하고 공공 서비스를 제공했다. 주정부가 웬만한 나라 중앙정부의 역할을 거의 다 했다. 이런 주들이 모여 초강대국 영국과 싸워 독립을 쟁취하고 새롭게 연방을 구성한 나라가 미국이었다.

당시 미국의 엘리트들은 신생 연방국가 미국을 통합되고 강력한 나라로 발전시키려고 했다. 유럽의 강대국들과 견주어 꿀리지 않는 당당한 국가를 만들고자 한 것이다. 뉴욕과 필라델피아를 중심으로 한 북부 산업지대 출신의 엘리트들이 특히 연방국가의 통합과 발전에 관심이 많았다. 이들은 연방정부의 권한을 강화하고 화폐 권력을 중앙집중화하려고 했다. 은행 시스템을 연방정부의 통제하에 두고 국채를 발행해 재정비용을 충당하고자 했다. 이 엘리트 그룹을 연방주의자(Federalists)라 부른다.

해밀턴은 연방주의자를 대표했다. 그는 조지 워싱턴(George Washington) 대통령을 설득해 중앙은행을 설립하고 연방정부의 금융 지배를 강화하려고 했다. 해밀턴은 계획의 일환으로 1791년 잉글랜드은행을 본떠 미합중국은행 창설을 추진했다. 미국 의회도 동의했다. 20년 후에 재인가를 받는다는 조건으로 설립을 허가한 것이다. 미합중국은행은 화폐를 발행하고 연방정부의 재정을 예치했다.

한편 남부의 부유한 농장지대에 뿌리를 둔 정치인들은 해밀턴의 계획에 반대했다. 화폐 권력이 중앙집중화되어 연방정부의 권한이 비대해지는 것을 경계했다. 북부 산업지대의 은행가들이 영국 금융자본과 결탁해 연방정부를 손아귀에 넣고 국부를 갈취할 가능성도 배제할 수 없었다. 이들의 꼭두각시가 된 연방정부가 각 주를 탄압하면서 지방의 이익은 도외시할 수도 있었다. 그래서 이들은 가급적 연방정부를 견제하고 주정부의 권한을 확보하려 했다. 수도도 남부 버지니아에 인접한 워싱턴DC로 옮기려 했다. 이들을 반연방주의자(Anti-Federalists) 또는 농경주의자(Agrarian)라 부른다.

제3대 대통령 토머스 제퍼슨(Thomas Jefferson)이 이들을 이끌었다. 남부 버지니아의 농장주 출신이었던 제퍼슨은 중앙은행의 설립을 반대했다. 은행 시스템도 연방정부가 아니라 주정부의 통제하에 둬야 한다고 주장했다. 연방주의자와 반연방주의자는 왕조시대에 왕권 강화를 주장하는 임금들과 왕권을 견제하려는 사대부 신하들과 같이 사사건건 부딪치며 대립각을 세웠다. 이 두 정치세력은 이후 미국 역사에서 이름을 바꿔가며 면면히 흐름을 이어오고 있다. 오늘날 연방정부와 주정부가 모두 나름의 권한을 가지는 미국의 연방제도는 이 대립을 조화하려는 시도의 산물이다.

한편 연방주의자의 총수인 해밀턴이 정적과의 결투 과정에서 사망하고 몇 년 지나지 않아 1811년이 되었다. 의회가 미합중국은행의 설립 연한으로 설정한 20년이 되는 해였다. 제임스 매디슨(James Madison) 대통령은 중앙은행의 재인가를 추진했다. 그런데 재인가안에 관한 의회 상원 표결 과정에서 찬성과 반대가 동수로 나왔다. 가부 동수 결정권을 쥔 부통령 조지 클린턴(George Clinton)이 반대표를 던졌다. 그렇게 미합중국은행은 인가 연장에 실패하고 어이없게 문을 닫아야 했다. 중앙은행의 발권력도 사라졌다.

그러자 각 주정부의 인가를 받은 은행을 설립하는 것이 붐을 이뤘다. 짧은 기간에 은행 수가 3배로 늘어났다. 이 은행들은 자산의 3~5배까지 지폐를 발행할 수 있었다. 뱅크노트(Banknote)라고 불린 은행권이었다. 이 은행권을 화폐로 통용했다. 일부 은행은 은행권을 남발했다. 이것은 통화량의 급증으로 이어졌고, 인플레이션이 발생해 민심이 흉흉해졌다. 은행권으로 사기를 치거나 파산하는 은행도 속출했다.

> 수정한 피셔 방정식(MV = PY + P'Y')으로 보면 은행권 남발은 통화량 M이 급등하는 효과를 낳는다. 그 결과 물가 P가 급등하고 인플레이션이 발생한다.

은행을 혐오한 전쟁 영웅

1812년에 큰 전쟁이 터졌다. 승승장구하던 나폴레옹의 프랑스군에 맞서 영국은 대륙봉쇄령을 발동했다. 영국 해군은 프랑스와 교역하는 모든 선박을 검열했다. 미국 상선이 검열의 집중 타깃이 되었다. 검열하는 과정에서 미국 선원이 영국 해군에 강제로 징집당하는 일조차 발생했다. 그러던 중 현재의 캐나다에 해당하는 영국령 북미 식민지가 미국에 맞선 아메리카 원주민에게 무기를 공급하는 일이 적발됐다. 미국은 격분했다. 분노한 매디슨 대통령은 영국에 선전포고했다. 내친김에 캐나다까지 영토를 확장할 계획이었다.

개전 초 미국 육군은 토론토 등 주요 도시를 점령하는 성과를 올렸다. 그러나 캐나다 중심 도시인 몬트리올을 점령하는 데는 실패했다. 반면 러시아를 침공했던 나폴레옹 군대가 추위를 만나 전멸에 가까운 피해를 입었다. 그와 맞서던 영국군은 병력 운영에 큰 여유가 생겼다. 영국 육군이 미군을 급습해 격파하고 수도 워싱턴을 불태워버렸다. 백악관과 국회의사당이 잿더미가 됐다. 그렇다고 영국군이 미국을 다시 점령할 수도 없었다. 각 주의 권한이 강한 연방제 국가 미국에서 수도 함락의 의미는 치명적인 것은 아니었다. 전쟁에 지친 미국과 영국은 1814년 평화조약(겐트조약) 체결에 합의했다.

전쟁을 치르면서 미국 정치권은 중앙은행의 필요성을 재차 절감했다. 국고를 관리할 중앙은행이 없어 전비 마련과 효율적인 재정을 집행하는 데 어려움을 겪었다. 매디슨 대통령은 미합중국은행의 복원을 요청했다. 미국 의회는 이 요청을 받아들였다. 20년을 연한으로 중앙은행 재설립을 승인했다. 이렇게 해서 1816년 제2차 미합중국은행 설립이 인가됐다. 이번에도 필라델피아에 본점을 두었다.

시간이 지나면서 중앙은행의 역할은 공고해졌다. 1823년에 총재로 취임한 니콜라스 비들(Nicholas Biddle)의 리더십이 빛을 발했다. 미합중국은행은 화폐 발행을 재개했다. 통화 공급을 조절하고 이자율과 환율도 규제했다. 각 주정부의 설립 인가를 받은 일반은행의 화폐 발행을 지도했다. 안정적인 신용과 화폐 시스템을 유지하는 데 기여했다. 거의 현대화된 중앙은행에 가까운 역할을 하고 있었다. 한편 제2차 미합중국은행의 인가 시한인 1836년도 점점 다가오고 있었다. 시한을 4년 앞둔 1832년 비들 총재는 중앙은행의 인가를 연장하는 법안을 마련해 의회에 제출했다. 중앙은행 존재에 공감하는 분위기가 대세가 되면서 의회는 연장안을 승인했다.

문제가 터졌다. 1812년 미영전쟁의 영웅인 앤드류 잭슨(Andrew Jackson) 대통령이 거부권을 행사했다. 중앙은행의 인가 연장은 잭슨이 재선을 노리던 대통령 선거의 최대 이슈였다. 은행전쟁(Bank war)이라 부를 정도로 이 이슈는 논란의 중심에 있었다. 앤드류 잭슨은 이상하리만치 은행에 적대적이었다. 사업을 하다 파산하면서 겪은 개인 경험이 은행가와 은행에 대한 혐오감으로 발전했다고 한다. 그는 금은 같은 정화(Specie, 正貨)만 신뢰했다. 정화는 표면에 표시된 명목가치와 소재의 내재가치가 일치하기 때문이다. 다른 지폐와 같이 발행자의 신용에 의지하는 지폐나 수표, 어음 등은 사기 수단으로 치부했다. 신용화폐의 주요 발행자인 중앙은행이 곱게 보일 리 없었다.

이런 잭슨의 움직임에 대해 미합중국은행 비들 총재는 중앙은행의 기존 역할을 지키려 했다. 1832년 대선에서 잭슨은 압도적 승리를 거두었다. 이것은 은행전쟁에서 비들이 패배했음을 의미했다. 잭슨 대통령은 곧바로 중앙은행 인가 연장 법안에 거부권을 행사했다. 이로써 수명이 4년 남은 미합중국은행은 유명무실하게 되었다.

재집권한 이후 잭슨은 중앙은행을 착착 약화시켜갔다. 재정을 비롯한 연방정부의 예치금을 중앙은행에서 빼내 일반은행에 예치했다. 1835년 1월에는 미국의 나랏빚을 전부 갚고 국채 발행을 중지했다. 이를 위해 서부에 있는 엄청난 규모의 국유지를 매각했다. 개발 붐이 일면서 부동산 버블이 뒤따랐다. 이 와중에 잭슨은 금화나 은화 같은 정화 사용을 확대하려고 추진했다.

1836년 '정화 유통(The Specie Circular)'이라는 행정명령을 통해 국유지 매각자금은 오로지 정화로만 받도록 했다. 당시 연방정부

1812년 전쟁 당시에 앤드류 잭슨과 관련 있는 일화가 있다. 1814년 12월 24일, 미국과 영국은 겐트조약을 체결하고 종전에 합의했다. 정작 전장에는 종전 소식이 아직 전해지지 못했다. 통신 설비가 미비한 탓이었다. 영국군은 미국 남부에서 가장 중요한 도시였던 뉴올리언스(New Orleans)로 진격했다. 이에 맞서 잭슨이 이끄는 미군은 영국군에게 기습을 가해 대승을 거뒀다. 이 전투에서의 승리로 잭슨은 전쟁 영웅으로 부상했으나 이후 플로리다 등 남부 지방에서 영국의 지원을 받는 아메리칸 원주민 부족과 전투를 벌이다 무자비한 학살을 자행했다. 이로 인해 미국에서 20달러 지폐의 얼굴을 앤드류 잭슨에서 다른 인물로 바꿔야 한다는 논의가 활발하게 진행됐다. 현재 노스캐롤라이나주는 뉴욕에 이어 두 번째로 금융이 발달한 주다. 이 주의 가장 큰 도시인 샬럿(Charlotte)에는 미국 2대 은행인 뱅크오브아메리카(BoA, Bank of America)와 6대 은행인 트루이스트은행 본점이 있다. 트루이스트은행은 2019년 노스캐롤라이나주에 본점을 둔 BB&T은행과 조지아주 애틀랜타에 본점을 둔 선트러스트은행(SunTrust Bank)을 합병하면서 탄생했다. BoA가 JP모건체이스와 함께 미국의 양대 은행으로 성장하는 데는 노스캐롤라이나대학(UNC Chapel Hill)을 졸업한 전 CEO 휴 매콜(Hugh McColl)의 역할이 컸다. 1960년 조그만 지역은행의 직원으로 시작한 그는 카리스마 넘치는 지도력을 발휘해 은행을 성장시켰다. 동물적인 감각으로 공격적인 M&A를 성사시켜 BoA 제국을 건설했다. 그가 졸업한 UNC 채플힐의 경영대학(Kenan-Flagler School of Business) 학부과정은 미국에서 톱10 가운데 한 곳으로 꼽힌다. 이 건물의 이름이 매콜 홀이다. 미국의 빅4 은행 중 하나인 웰스파고(Wells Fargo)도 본점은 샌프란시스코에 있지만 중요한 기능은 실질적 본부인 샬럿으로 대부분 옮기고 있다. 앤드류 잭슨은 샬럿 근처의 도시 출신이다. 금융이 강한 노스캐롤라이나주 출신인 잭슨이 은행 산업을 적대시했다는 사실은 흥미로운 일이다.

의 주된 수입원은 국유지 매각이나 관세 수입이었으므로 이 조치의 여파는 컸다. 담보로 제공할 국채가 사라지고 중앙은행이 부재한 상태에서 정화 유통을 강요하자 신용이 위축됐다.

수정한 교환방정식(MV = PY + P′Y′)을 사용해 이 상황을 해석해보자. 정화 사용의 강요로 통화량 M이 극적으로 감소했다. M의 하락은 PY와 P′Y′ 하락으로 나타난다. 즉, 식의 오른편 실물경제의 GDP와 자산시장의 시가총액이 줄어든다. 경기가 불황에 휩싸이고 금융시장도 불안해지고 만다.

잭슨이 퇴임하고 1837년에 금융위기가 찾아왔다. 물가와 임금이 하락하는 디플레이션은 1844년까지 이어졌다. 실업이 만연했고 전체 은행의 거의 절반이 파산했다.

삼각무역과 남북전쟁

금융은 남의 돈으로 영업해 돈을 버는 특이한 산업이다. 금융을 제외한 어떤 사업도 합법적으로 남의 돈을 예금으로 받아 그 돈을 굴려 이익을 낼 수는 없다. 그런 면에서 금융업은 특권을 누린다고 볼 수 있다. 누구나 쉽게 이익을 내고 멋지게 폼 잡을 수 있는 은행가가 되고 싶을 것이다. 그렇다고 아무나 은행을 하면 엉망진창이된다. 은행 간판을 달고 남의 돈을 받은 뒤 그 돈을 빼돌려 사기를 치면 사회 불안이 일어난다. 그래서 은행 설립은 국가의 인가를 받아야 한다. 정부의 라이선스가 있어야 은행업을 할 수 있다.

정부는 은행 영업을 강력히 규제한다. 은행이 사고를 친다면 그 영향이 일파만파로 커지기 때문이다. 1836년 미국에서 중앙은행이 사라지자 분권의 시대가 들이닥쳤다. 강력한 권력을 행사하던 국왕이 사라지면 사방의 토호들이 득세하듯 금융 권력이 각 주정부로 갔다.

주정부가 은행을 감독하고 은행 설립에 대한 인가권도 쥐고 있었다. 화폐의 발행 주체는 다시 주정부 인가를 받은 은행이 되었다. 은행은 금이나 은을 담보로 뱅크노트를 발행했다. 그러나 주정부의 관리 아래에서 비효율적 은행 시스템의 한계는 금방 드러났다. 일부 주는 은행 설립 요건을 대폭 완화해 뱅크노트의 정화 태환도 강제하지 않았다. 자산이 충분하지 않은 은행이 화폐를 남발하는 '들고양이식 은행업(Wildcat banking)'이 성행한 것이다.

또 다른 문제도 있었다. 한 주에서 발행한 화폐를 다른 주에 가서 그 주의 화폐로 교환하려면 수수료를 내야 했다. 마치 원화를 달러로 바꿀 때 환전 수수료를 은행에 지불해야 하는 것과 같은 일이 벌어졌다. 이렇게 해서는 국내 경제가 원활하게 교류할 수 없었다. 전국적으로 통합된 은행 시스템에 대한 요구가 커졌다. 1861년 발발한 남북전쟁(Civil War)은 이를 앞당기는 기폭제 역할을 했다.

미국 역사상 최악의 내전인 남북전쟁은 '노예제' 폐지를 둘러싼 견해 차이로 연방이 분열하면서 발발했다. 배경에는 경제적 이해관계의 충돌이 있었다. 미국의 남부와 북부는 건국 당시부터 사회문화적으로 이질적인 부분이 많았다. 뉴욕을 중심으로 한 동북부는 연방주의자에 대한 지지가 높았다. 펜실베이니아 위쪽의 북부 주들은 제조업에 기반한 산업화가 진행되고 있었다. 반면 버지니아주 아래의 남부 주들은 분권주의의 요람이었다. 펜실베이니아, 뉴욕, 오하이오, 매사추세츠, 미시간 등이 산업화된 북부의 핵심 주들이었고 버지니아, 캐롤라이나, 조지아, 아칸소, 앨라배마, 미시시피, 루이지애나, 플로리다, 텍사스가 농장이 중심이 된 주요 남부 주들이었다.

남부는 건국 초기의 5명 대통령 가운데 4명(조지 워싱턴, 토머스 제퍼슨, 제임스 매디슨, 제임스 먼로)을 배출할 정도로 경제력이 앞섰다. 애팔래치아산맥과 블루리지산맥이 끝나는 지점에 형성된 비옥한 토지에서 목화와 밀 등을 재배해 큰 부를 축적하고 있었다. 남부의 농장주들은 흑인 노예의 고된 노동으로 생산한 목화를 영국에 수출했다. 영국은 이렇게 수입한 목화로 면직물을 생산해 세계 각지에 팔았다. 당시 영국의 면직산업에 고용한 인구는 60만 명이 넘었다. 영국 인구의 6분의 1이 면직산업에 생계를 의지한 것이다.

영국은 리버풀(Liverpool) 항구를 중심으로 악명 높은 삼각무역을 조직했다. 노예 상인들은 아프리카 서해안 지역에서 흑인 노예들을 산 다음 미국으로 보냈다. 흑인 노예들은 멀고 험난한 대서양 항해를 거쳐 아름다운 오크와 백사장이 펼쳐진 고풍스러운 사우스캐롤라이나주 찰스턴(Charleston) 항구에 첫발을 디뎠다. 이들을 기다리는 것은 목화 농장의 열악한 환경과 고된 노동이었다. 노예들이 생산한 목화는 배에 실려 다시 리버풀로 보내졌다. 한때 영국 목화 수요의 80%를 미국에서 생산한 목화로 충당할 정도였다. 리버풀-찰스턴-노예해안으로 이어지는 삼각형 선로는 부도덕한 루트의 상징이었다. 노예들의 눈물 위에 영국 면직업자와 미국 농장주가 부를 쌓는 커넥션을 이어주어서다.

삼각무역이 원활하려면 자유무역을 보장해야 했다. 관세는 자유무역의 가장 큰 적이었다. 정부가 항구에서 수입하는 물품이 통관되는 과정에 세금을 부과하면 수입품의 판매가격이 크게 오를 수밖에 없다. 그렇다면 미국 남부 농장주와 북부 공장주 가운데 누가 자유무역을 지지했을까? 경쟁력이 강한 쪽은 자유무역을 선호하고 경쟁력이 뒤처진 쪽은 보호무역을 바라게 된다.

당시에는 현재와 달리 남부가 자유무역을 지지했다. 남부의 농장주들은 낮은 관세로 농기구와 노예를 수입하고, 낮은 관세로 목화를 수출하는 자유무역의 열렬한 옹호자들이었다. 반면 북부의 산업지대는 고율의 관세를 선호했다. 미국보다 품질이 앞선 유럽의 공산품에 높은 관세를 부과해 미국 제조업의 경쟁력을 보호하고자 했다. 연방정부도 높은 관세를 선호했다. 1913년 소득세를 부과하기 이전까지 연방정부의 가장 중요한 수입원은 관세였다. 1860년에는 연방정부 세수입의 95%를 관세로 충당하기까지 했다. 현재도 찰스턴 같은 항구도시에 가면 당당한 위용을 자랑하는 오래된 세관 건물을 만날 수 있다.

1828년 이후 미국의 관세는 대체로 하락세였다. 남부의 입김이 강한 민주당 주도로 관세를 인하했기 때문이다. 관세는 1857년에 18%까지 하락했다. 1860년 대통령 선거에 나선 에이브러햄 링컨은 모릴 관세(Morrill Tariff)로 알려진 고율의 관세 도입을 추진했다.

1961년에 시행한 새로운 관세법 초기에 관세는 38%로 올랐고 이후에도 꾸준히 상승해 47%가 넘어섰다.

관세의 인상을 꾸준히 반대해온 남부 주들은 격렬하게 분노했다. 엎친 데 덮친 격으로 대통령 선거에서 승리한 링컨과 공화당이 노예제에 반대하는 입장을 분명히 하자 남부는 경악했다. 대통령 선거 직후 사우스캐롤라이나주가 미국 연방 탈퇴를 선언했다. 그 뒤를 이어 조지아주, 플로리다주, 앨라배마주, 미시시피주, 루이지애나주, 텍사스주가 줄줄이 연방을 탈퇴했다. 이 주들은 현재 현대자동차 공장이 있는 앨라배마주 몽고메리를 수도로 하는 별도 국가의 건립을 선언했다. 이를 아메리카연합국(Confederate States of America)이라고 한다.

지금도 남부연합을 그리워하는 이들은 컨페더릿(Confederate) 국기를 게양한다. 대부분 주는 공공건물에 이 깃발을 게양하는 것을 인종 편파적이라고 생각해 금지한다. 링컨은 대통령 취임식에서 남부의 연방 탈퇴를 신랄하게 비난했다. 그러자 남부연합은 자신들의 영역에서 연방군대를 철수하라고 요구했다. 찰스턴 항구에서 멀지 않은 섬터 요새(Fort Sumter)에 주둔한 연방군은 끝까지 요새를 사수하기로 결의했다.

나도 찰스턴에서 2시간여 배를 타고 섬터 요새 주변을 둘러볼 기회가 있었다. 이 요새의 규모와 견고함에 감탄을 금할 수 없었다. 기다리다 못한 남부군이 섬터 요새를 포격하면서 남북전쟁이 시작되었다. 개전 직후 버지니아주, 노스캐롤라이나주, 테네시주, 아남부 주들은 지금도 특유의 단합을 과시하고 있다. 이 지역 주들을 대표하는 플래그십대학인 사우스캐롤라이나, 조지아, 앨라배마, 미시시피, 루이지애나주립, 아칸소, 테네시, 텍사스 등은 대학 스포츠 리그 중 최강인 동남부컨퍼런스(SEC, Southeastern Conference)를 구성해 경쟁하고 단결한다. 가을, 미식축구인 풋볼 시즌이 되면 이 지역은 대학팀들에 대한 응원 열기로 달아오른다. 톰 행크스가 주연한 영화 〈포레스트 검프(Forrest Gump)〉 주인공이 활약했던 앨라배마대학(University of Alabama)은 2000년 이후 6회나 전미대학풋볼 챔피언을 차지했다. 이 대학이 자리 잡은 터스칼루사(Tuscaloosa)는 인구 10만 명의 도시이지만, 앨라배마 풋볼 경기가 있는 날이면 10만 석이 넘는 이 대학 풋볼 스타디움이 발 디딜 틈이 없다. 그다음으로는 루이지애나주립대학(LSU, Louisiana State University)이 3회 우승했다. 방문팀의 무덤이라고 해서 데스밸리라는 별명이 붙은 이 대학의 풋볼 스타디움도 수용 규모가 10만 석에 달한다. 플로리다대학(University of Florida)과 조지아대학(University of Georgia)이 각각 2회씩 우승컵을 들었다. 동남부컨퍼런스(SEC) 소속은 아니지만, 사우스캐롤라이나를 대표하는 클렘슨대학(Clemson University)도 2회 우승했다. 실제 2000년 이후 이 지역 밖에 위치한 대학이 전미대학풋볼에서 우승한 것은 5회에 불과했다. 반면 북부 지역에서는 대학 풋볼의 인기가 그렇게 높지 않다. 최초의 풋볼 리그로 출범한 아이비리그는 풋볼에 관한 한 약체들의 모임으로 전락했다. 흥미로운 것은 남북전쟁에서 치명적인 패배를 당하고 경제의 주도권을 완전히 북부에 뺏겼던 남부 주들의 부활이다. 최근에는 추운 동북부 주들의 인구가 급감하고 따뜻한 동남부 주들의 인구는 크게 늘고 있다. 그래서 공장과 산업의 주도권도 남부로 이동하고 있다. 텍사스주 오스틴과 댈러스, 노스캐롤라이나주 샬럿, 테네시주 내슈빌, 플로리다주 마이애미 같은 대도시의 인구가 급증하고 부동산도 활황을 맞고 있다.

칸소주가 추가로 남부연합에 가담했다. 남부연합은 수도를 버지니아주 리치먼드로 옮겼다. 개전 초 남부군이 우세를 점했으나 시간이 갈수록 북부군이 승기를 잡았다. 중북부와 서부가 동북부에 가

세하면서 북부의 경제력이 남부를 압도했기 때문이다. 1865년까지 4년간 이어진 이 내전은 미국에 씻을 수 없는 상처를 남겼다. 남부군과 북부군을 통틀어 62만 명이 전사했다.

그린백과 내셔널뱅크

전쟁이 일어나면 비극은 인명 손실에 그치지 않는다. 잔혹한 살상과 부상의 트라우마는 긴 정신적 고통으로 남는다. 전쟁비용으로 인한 재정 손실도 엄청나다. 남북전쟁 당시에도 마찬가지였다. 전쟁 이전에 흑자였던 미국 연방정부 재정은 1862년 한 해에만 4억 2,000만 달러가 넘는 적자로 전환했다. 전비 충당을 위해 링컨의 연방정부는 5억 달러 상당의 국채를 발행했다. 그에 더해 1억 5,000만 달러의 무이자 노트를 발행했다. 정부가 발행한 이 노트의 액면가는 5달러였다. 일반 가계도 큰 부담 없이 살 수 있는 규모였다.

이 노트는 금화나 은화로 태환할 의무가 없었다. 노트의 가치는 발행자인 연방정부가 신용으로 뒷받침할 뿐이었다. 노트 보유자는 이를 이용해 세금을 내고 채권을 살 수도 있었다. '그린백(Greenbacks)'이라 불린 이 노트는 현대적 의미의 법정화폐에 가까웠다. 그린백은 미국 연방정부가 발행한 최초의 지폐였다. 오늘날 그린백은 미국 달러 지폐를 통칭한다. 우리나라의 1만 원권 지폐를 배춧잎이라 부르는 것과 비슷하다.

한편 링컨 행정부는 한 걸음 더 나갔다. 연방정부가 발행한 그린 백을 단일통화로 만들 의지를 분명히 드러냈다. 그러려면 주정부 인 가를 받은 일반은행들이 발행한 통화를 퇴출해야 했다. 1863년 연 방정부는 일반은행의 뱅크노트에 세금을 2% 부과했다. 1865년에 는 이 조세의 세율을 10%로 올렸다. 효과는 컸다. 시중에 유통하는 일반은행 뱅크노트가 거의 사라져갔다. 일반은행이 발행한 뱅크노 트 규모는 1963년 2억 4,000만 달러였지만 1867년까지 400만 달러 로 급감했다. 화폐 권력이 다시 중앙정부에 장악되는 순간이었다.

링컨의 야망은 단일통화를 발행하는 데 그치지 않았다. 1863년 연방재무부 산하에 통화감독청(OCC, Office of the Comptroller of the Currency)을 창설해 은행 설립 인가권을 행사하도록 했다. 주정 부를 대신해 연방정부가 직접 은행을 인가하고 규제하겠다는 의지 의 표명이었다.

링컨은 1864년에 전미은행법(The National Bank Act)을 제정해 연방정부가 인가한 은행에 대한 구체적 규제방안을 확정했다. 연방 정부가 인가했다는 의미에서 내셔널뱅크(National banks)라 불린 이 은행들은 소재지에 따라 은행 채무의 15% 또는 25% 이상의 가 치에 해당하는 금을 보유하도록 했다. 현대적 의미에서의 지불준비 금(Reserves)과 유사한 제도였다. 대가로 내셔널뱅크는 50만 달러에 달하는 노트를 발행할 수 있었다. 발행 규모는 은행이 OCC에 예탁 한 자본금의 크기에 연동되었다. 연방정부가 인쇄한 이 노트는 연방 은행이 그 가치를 보증했으므로 실질적으로는 지폐였다. 연방정부의 지원에 힘입어 내셔널뱅크의 숫자는 급격히 늘어났다. 연준을 창설하는 1913년까지 연방정부 인가 은행의 숫자는 7,500여 개로 늘어났다. 반면 주정부가 인가한 은행의 숫자는 1868년까지 247개로 급감했다.

1865년 4월 14일, 링컨은 워싱턴의 포드극장(Ford's Theatre)에서 암살당했다. 범인은 남부연합 지지자이자 포드극장의 배우였던 존 윌크스 부스(John Wilkes Booth)였다. 그는 링컨이 흑인들에게 투표권을 주겠다고 발언하는 것을 듣고 격분해 총격을 가했다고 진술했다. 하지만 그 암살 배후에 통화 권력의 중앙집중화에 반대한 세력의 사주가 있을 것이라는 음모론이 끊이지 않았다.

토 막 상 식

1868년 이후 주정부 인가 은행인 스테이트뱅크(State banks)의 운명이 그대로 시들지는 않았다. 미국 특유의 자유와 규제 완화에 대한 선호가 은행의 주정부 인가 신청을 부활하게 했다. 연방정부 인가를 획득하지 못하면 지폐를 발행할 수 없었지만, 자기자본 규제가 약화되는 이점이 있었다. 주정부 인가 은행의 숫자는 다시 급증할 수밖에 없었다. 1913년까지 스테이트뱅크 숫자는 1만 5,000개를 넘어섰다. 연준을 설립한 이후인 지금도 스테이트뱅크는 그 위세가 여전히 등등하다. 10대 은행 가운데 자산 규모 6위인 트루이스트은행과 8위인 골드만삭스도 주인이 은행이다. 뉴욕멜런은행(Bank of NY Mellon), 스테이트스트리트(State Street), 최근 JP모건에 인수된 FRC(First Republic Bank) 등의 대형은행도 스테이트뱅크다. 이런 발전 과정을 거쳐 오늘날 미국 은행 시스템은 연방정부와 주정부의 인가가 가능한 듀얼 시스템(Dual system)을 특징으로 한다.

대륙횡단철도, 금본위제와 최초의 세계 금융공황

링컨은 미국 대통령 중에서 가장 존경받는 인물이다. 워싱턴의 링컨기념관에 가서 흐릿한 조명 아래 의자에 있는 그의 좌상을 올려다보면 규모와 엄숙함에 놀라게 된다. 기념관의 건축 양식은 그리스 신전을 닮았고 그의 모습은 어느 신적인 존재를 베껴놓은 듯하다. 그만큼 링컨에 대한 미국인의 사랑은 특별하다. 왜 이렇게 미국인들은 링컨에게 높은 점수를 줄까? 이 질문에 답하려면 우리나라 사람들은 왜 세종대왕과 이순신 장군을 존경할까에 대한 답을 생각해보면 된다.

사람들은 세종대왕이 다른 왕들과 비교할 수 없는 탁월한 업적을 남겼다고 생각한다. 한글 창제, 4군 6진 개척, 왜구 토벌 등 독보적인 업적을 달성했다. 이순신 장군은 숱한 전쟁에서 승리해 패망의 위기에서 나라를 구했다.

링컨 대통령도 마찬가지였다. 노예해방, 미국연방 수호, 법정통화 유통, 내셔널뱅크 시스템 등 그의 업적은 차고 넘친다. 그의 위업은 여기서 그치지 않는다. 미국을 20세기 경제 대국으로 성장시키는 초석을 닦은 것도 링컨이었다. 경제적 업적 가운데 가장 중요한 '대륙횡단철도(Transcontinental railroad)'를 착공하고 건설을 밀어붙였다.

미국의 물류는 국토를 중간에서 관통하는 미시시피강 수운에 절대적으로 의존해왔다. 물류의 흐름이 미시시피강을 경계로 크게 나눠져 있기도 했다. 산업혁명으로 증기기관이 발명되면서 철도가 기술혁신과 물류 확장의 상징이 되었다. 철도로 수운이 커버하지 못하는 내륙에서도 엄청난 규모의 물자를 신속하고 효율적으로 배달할 수 있었다. 그러자 철도산업에 대한 투자가 줄을 이었다.

문제가 있었다. 각개전투 식으로 산개해 철로를 건설하면서 통일성이 없었다. 철길 간의 넓이인 궤간이 서로 다른 철로들이 난립했다. 새로이 떠오르는 서부에 가려면 여전히 마차를 타야 했다. 남북전쟁을 치러야 하는 링컨은 난감했다. 철도망을 확장하고 효율화해 군수물자 보급을 원활히 할 필요가 있었다. 급격하게 팽창하는 태평양 연안 서부지역 경제를 동부지역과 물류로 연결해야 했다. 그래서 링컨은 전쟁이 한창인데도 통일된 규격의 궤간을 갖춘 대륙횡단철도 건설을 추진했다.

대륙횡단철도 건설을 위해 연방정부 토지를 불하하고, 각지에서 노동자를 모집했다. 중국 광둥 지방에서도 철도 건설 노동자를 모집했다. 중국 노동자 1만 2,000명이 위험한 시에라네바다산맥 구간을 건설하는 데 투입됐다. 철도산업은 엄청난 건설 붐을 일으켰다. 농업을 제외하고는 가장 강력한 산업이 됐다. 투기적인 자본이 플랫폼과 공장 등 관련 시설 건설에 쏟아져 들어왔다.

철도와 건설 붐은 세계 경제의 핵심인 유럽 대륙에서도 강력하게 일었다. 1871년 유럽은 보불전쟁(普佛戰爭, 프로이센-프랑스 전쟁)이 막 끝난 상태였다. 프로이센은 철혈재상 비스마르크(Otto Bismarck)를 중심으로 군비를 확장하고 장비를 현대화해 나폴레옹

3세의 프랑스군을 격파했다. 이로부터 프로이센은 독일 통일을 마무리하고 베르사유궁에서 독일제국 수립을 선포했다. 빌헬름 1세가 초대 카이저(황제)로 추대되었다.

1871년 5월 체결된 종전조약에 따라 프랑스는 알퐁스 도데의 아름다운 소설《마지막 수업》의 배경이 된 알자스-로렌 지방을 독일에 할양해야 했다. 그뿐 아니라 전쟁배상금으로 프랑스 1년 국가 예산의 2배에 달하는 50억 프랑이 책정되었다. 프랑스는 대규모 국공채를 발행해 1783년까지 전쟁배상금을 지불해야 했다.

프랑스로부터 엄청난 자금이 유입되자 중부유럽 경제는 과열됐다. 신흥 제국 독일과 오스트리아-헝가리에서는 은행 담보대출로 건물을 짓고 도시를 정비하는 건설 붐이 거세게 일었다. 자산시장도 활황을 보이며 가격 거품이 크게 형성됐다. 수정한 피셔 방정식 ($MV = PY + P'Y'$)으로 보면 배상금이 유입되자 통화량 M이 급증했다. 그 결과 PY와 $P'Y'$이 빠르게 증가했다. M과 Y의 증가가 P' 급증을 초래해 자산가격에 버블이 형성되었다.

미국 농민들이 잘나가던 중부유럽 경제에 타격을 주기 시작했다. 미국은 남북전쟁 후 철도를 표준 궤간으로 통일하고 대륙횡단철도와 증기선을 이용해 대륙의 동서를 연결하는 효과적인 물류를 완성했다. 그러자 미국 중서부의 농장들이 대량의 밀을 영국 등으로 저렴하게 수출하기 시작했다. 이것은 여전히 농업에 크게 의지하던 중부유럽 경제의 펀더멘털을 흔들었다.

당시까지 세계 최강의 경제 대국이던 빅토리아 시대 영국은 곡물법(Corn Laws)을 폐지한 후 미국과 중부유럽으로부터 밀 수입을 재개했다. 이 시기 유럽에서는 자국 상품의 수출만 중시하던 중상주의가 저물고 자유무역의 열풍이 각국을 휩쓸었다. 이 조류에 미국 중서부의 농민들이 가장 큰 수혜를 입었다. 물류혁명과 기술혁신으로 생산성이 크게 향상돼 수출경쟁력을 갖춘 덕분이다. 반면 이들과 경쟁해야 하는 중부유럽의 농장들은 큰 타격을 입었다. 투기적 매수에 힘입어 승승장구하던 오스트리아 빈(Vienna) 주식시장이 폭락했다. 1873년 5월 9일 블랙프라이데이의 주식시장 붕괴였다.

토 막 상 식

자영농과 지주의 이익을 보호할 목적으로 1815년 영국에서 발효된 곡물법은 외국산 곡물에 대해 수입을 금지하거나 관세를 고율로 부과했다. 그래서 영국 국내 식료품 가격이 국제 시세보다 높았고 산업지대의 도시 노동자들은 극심한 생활고를 겪어야 했다. 이것은 저임금 노동자들을 고용하는 산업자본가의 이해에도 반하는 것이었다. 경제학자 데이비드 리카도(David Ricardo)는 차액지대론(Differential rent)을 통해 지주들이 곡물법의 특혜를 통해 부당 이익을 얻고 있다고 공격했다. 리카도는 비교우위론(Relative comparative advantage)을 확립해 국제경쟁력 여하를 불문하고 자유무역을 해야 교역 당사자 모두에게 이익이 됨을 보여주었다. 마침내 1845년 감자 역병이 퍼져서 아일랜드에 대기근이 발생하자 이듬해 영국 의회는 곡물법을 폐지했다. 1843년 미국 동부의 농장에서 발생한 감자 역병이 1845년 유럽에 상륙해 감자 농장이 초토화되었다. 이로 인해 감자를 주식 중 하나로 삼던 아일랜드에 대기근이 닥쳤다. 1852년까지 이어진 기근으로 인구 850만 중 10%가 넘는 약 100만 명이 아사했다. 많은 아일랜드인이 미국 등 신대륙으로 이주해 인구가 25%가량 줄어들었다.

한편 새롭게 출범한 독일제국은 마르크(Mark)를 통화로 채택했다. 그런데 독일은 마르크의 가치를 은(Silver)이 아니라 금(Gold)에만 연동시키기로 했다. 당시까지 주요국들은 정화로 금은을 동시에 사용하는 복본위제(Bimetallism)를 채택하고 있었다. 복본위제가 제대로 기능하려면 그 기준이 되는 금은의 상대적 가치가 안정될 필요가 있었다. 그런데 1840년대 후반 미국과 오스트레일리아에서 골드러시(Gold rush)가 일자 금 생산량이 크게 늘었다. 이로 인해 금의 글로벌 공급량이 증가했다. 통화 유통량에서 금이 차지하는 비중이 은을 압도하게 된 것이다.

예를 들어 프랑스에서는 정화 유통량에서 금이 차지하는 비중이 1850년대에 30% 안팎이었으나 1860년대 후반에는 80%로 급등했다. 이런 흐름에서 프랑스와의 전쟁에서 승리한 독일이 선수를 쳤다. 공식적으로 금본위제(Gold standard)를 채택한 것이다. 미국도 1873년 4월 화폐주조법(Coinage Act)을 통과시켜 금본위제를 채택했다.

이전에는 금화 또는 은화를 정화로 해 화폐를 발행할 수 있었으나 이제부터는 금화만 채택이 가능했다. 그 여파로 화폐 공급이 크게 감소하고 금리가 치솟았다. 유럽에서 은행들이 도산하기 시작했다. 1873년 5월 오스트리아 빈 주식시장이 붕괴한 이후 투자자들이 미국 철도회사로부터 발을 빼기 시작했다. 레버리지 비율이 높아 위태롭게 보인 탓이다. 제2차 대륙횡단철도를 건설하던 노던퍼시픽철도(Northern Pacific Railway)가 자금난에 빠졌다. 뒤이어 이 회사에

몇백만 달러의 자금을 빌려줬던 제이쿡은행(Jay Cooke & Company)이 파산을 선언했다. 1873년 9월 18일 목요일이었다.

이 소식에 뉴욕 증시가 폭락했다. 블랙서스데이의 대폭락이었다. 뒤이어 뱅크런이 가속화하면서 은행 파산이 속출했다. 미국에서의 금융위기는 유럽으로 회귀했다. 또다시 유럽 금융시장과 경제를 얼어붙게 했다. 최초의 세계 금융공황의 시작이었다. 대부분 국가에서 경제성장률이 급감했다. 중소기업과 자영업자들이 파산하면서 실업자들이 거리를 메웠다. 격렬한 파업이 일상적으로 일어났다. 유럽에서는 불황의 탓을 유대인으로 돌리며 학살을 자행하기도 했다. 미국 중서부 대평원(Prairie)에서는 곡물 수확기 바인더가 등장하고 컨베이어 시스템까지 갖추며 생산성이 거듭 향상되었지만, 이로 인해 물가 하락이 지속됐고 경기불황도 깊어졌다. 장기불황(Long Depression)은 1896년까지 이어졌다.

1873년 금융붕괴(Panic)는 기술 진보와 전쟁 특수, 철도 투자 붐에 의해 조성된 투기적 분위기가 버블 형성으로 이어졌고, 버블이 붕괴되면서 주식시장의 폭락과 은행 시스템의 마비, 장기불황으로 이어진 최초의 세계 금융공황이었다. 일상의 모습을 바꿔버리는 신기술의 출현과 생산성의 향상에 투자자들은 열광했다. 과거와는 비교할 수 없을 정도로 생활 수준이 향상될 것이라는 장밋빛 기대감에 부풀었다.

전쟁 같은 요인으로 정부가 돈을 풀면서 유동성도 풍부해졌다. 신산업은 성장성을 미끼로 고수익을 약속하면서 투기심리를 부추

> 수정한 피셔 방정식$(MV = PY + P'Y')$으로 보면 가격 버블로 인한 자산가격 P'의 급등이 국내총생산 Y의 성장과 괴리를 이루고 어떤 요인으로 총통화량 M이 감소하면서 버블이 붕괴한다. P'가 급락하고 Y도 하락하고 물가 P도 하락하는 디플레이션이 발생한다. 이때 화폐의 유통 속도 V는 또 하락한다.

졌다. 주가가 오르고 채권시장이 붐을 이루면서 행복한 나날이 이어질 것 같았다. 자산시장에 버블이 커졌다. 그러나 가격이 펀더멘털과 괴리를 이루자 버블은 터질 수밖에 없었다. 지정학적 요인이 단초가 되어 버블이 터지면 주식시장이 붕괴하고 그 여파가 전 세계적으로 확산될 수밖에 없다. 이런 금융위기 글로벌화의 패턴은 이후에도 주기적으로 반복되었다.

거대 재벌의 출현과 반독점법

우리 인생에서 실패가 꼭 나쁜 것만은 아니라는 이야기를 종종 듣는다. 실패에서 배우지 못하는 것이 문제지 실패 자체는 나쁘지 않다는 것이다. 일리 있는 얘기다. 실패를 통해 문제점을 발견하면 또 다른 성장을 기약할 수 있다. 그래서 실패를 성공의 어머니라고 하기도 한다. 인생이 실패인지 아닌지 쉽게 재단할 수 있는 것도 아니다. 성공과 실패의 기준이 다르기 때문이다. 때로는 그 기준을 바꿈으로써 인생을 느낄 수도 있다.

그렇다면 자본주의 경제에서 불황은 꼭 나쁘기만 한 것일까? 경제도 인생과 마찬가지다. 불황의 터널에서 문제를 해결할 교훈을 얻고 혁신을 시행하면 경제는 더 튼튼해진다. 1873년부터 10년 넘게 이어진 장기불황도 마찬가지였다. 미국의 혁신적인 기업가들은 이 불황을 겪으면서 체질을 개선해갔다. 산업 합리화를 진행했고 기업들은 구조조정에 나섰다. 그 과정에서 수익을 창출하고 재무구조를 개선하는 데 성공한 기업은 공격적으로 투자를 늘렸다. 투자를 통해서는 기술을 개발했다. 신기술을 이용해 생산성을 향상하고 몸집을 불렸다. 그 과정에서 활발한 M&A가 이뤄졌다.

자연스럽게 몇몇 산업에서 독점기업이 등장했다. 거대 재벌이 미국 경제를 장악하는 것이다. 선두주자는 록펠러(John D. Rockefeller)였다. 록펠러는 1870년 스탠더드오일(Standard Oil)을 창설하고 전 세계 석유산업을 장악했다. 석유가 석탄을 제치고 주요 동력원으로 등장하면서 원유 채굴 붐이 일자 정유산업에 뛰어들어 세계 시장을 손아귀에 넣었다. 1890년 스탠더드오일은 미국 시장의 88%를 점유했다. 독점적인 시장 지위를 이용해 이윤을 갈취했다. 무자비한 방법으로 경쟁업체들을 퇴출시키고 병합했다. 노동자도 탄압했다. 현대의 재벌과 유사한 스탠더드오일 트러스트를 설립해 자회사를 통제하며 부의 제국을 건설했다.

다른 기업가들도 속속 록펠러를 모방하기 시작했다. 코넬리어스 밴더빌트(Cornelius Vanderbilt)는 록펠러와 손잡고 선박과 철도를 이용해 석유를 독점 운송하면서 큰돈을 벌었다. 이들은 카르텔을 형성해 협력과 반목을 거듭하면서 미국 경제의 핵심인 철도와 선박, 석유산업을 농락했다. 앤드류 카네기(Andrew Carnegie)는 철도가 붐을 이루고 산업화가 빠른 속도로 진행되자 철강산업의 가능성에 주목했다. 카네기제철(Carnegie Steel)을 설립해 원재료인 석탄 채굴, 운송과 철강 생산까지 계열화했다. 그로부터 엄청난 부를 축적했다.

J. P. 모건이 카네기로부터 제철회사 지분을 인수했다. 그는 보불전쟁 당시에는 패전한 프랑스 국채를 헐값에 사들여 큰돈을 벌었고 남북전쟁 당시에도 미국 정부의 소총 거래에 관여해 이익을 남겼다. '모건 방식(Morganization)'이라는 투자 모델로 유럽 자본을 유치해 기업을 인수한 뒤 구조조정을 해 현금을 창출했다. 그 현금으로 경쟁업체들을 병합해 시장 지배력을 높였다. 밴더빌트 가문과 손잡고 철도산업 합리화를 진행했다. 카네기로부터 제철회사 지분을 인수하고 록펠러로부터 철강업체를 사들여 유에스스틸(US Steel)을 설립했다. 이 회사는 세계 최초로 자본금 규모가 10억 달러를 넘었으며 시장점유율이 65%에 달했다.

J. P. 모건은 발명왕 토머스 에디슨(Thomas Edison)과 함께 제너럴일렉트릭(GE, General Electric)을 설립했다. 이런 과정을 거쳐 모건은 로스차일드(Rothschild)와 어깨를 나란히 하는 금융 황제로 부상했다. 그 밖에도 남북전쟁 당시 모건과 손잡고 북부군에 화약을 납품해 '죽음의 상인'이란 별명을 얻은 라모 듀폰(Lammot du Pont), 자동차왕 헨리 포드(Henry Ford), 알루미늄회사 알코아(Alcoa)를

설립한 찰스 홀(Charles Martin Hall), 담배왕 제임스 듀크(James B. Duke) 등이 독점 재벌로 부를 일궜다. 이들 가문은 유럽 귀족을 능가하는 호사를 누리며 정치·경제·사회 전반을 좌지우지했다. 그러는 사이 부의 불평등은 심해지기만 했고 독점 재벌에 대한 반감이 커져갔다.

이렇게 독점 재벌의 폐해에 대한 사회적 공감대가 형성되자 오하이오주 출신 상원의원 존 셔먼(John Sherman)이 입안한 반독점법이 1890년 의회를 통과했다. 셔먼법 또는 반트러스트법(Antitrust act)으로 불리는 이 법은 향후 미국에서 독점기업을 견제하는 중요한 수단이 되었다. 시어도어 루스벨트(Theodore Roosevelt) 대통령이 셔먼법을 앞세워 독점 재벌과의 전쟁을 선포했다.

1901년 9월 14일, 공화당 출신 윌리엄 매킨리(William McKinley) 대통령이 무정부주의자가 쏜 총탄에 맞아 서거하자 당시 부통령이던 루스벨트가 대통령직을 승계했다. 루스벨트는 취임하자마자 독점 재벌 해체에 착수했다. 그는 J. P. 모건과 관계있던 철도 트러스트인 노던시큐리티(Northern Securities)를 상대로 소송을 진행했다.

이 트러스트는 제2차 대륙횡단철도를 운영하던 노던퍼시픽철도를 포함하고 있었다. 1902년 루스벨트 정부가 승소하면서 이 트러스트는 철도회사 3개로 쪼개졌다. 다음 상대는 최강의 재벌인 록펠러의 스탠더드오일 트러스트였다. 셔먼법을 제정한 직후 오하이오주 법원은 스탠더드 트러스트의 분할을 명령했다. 그러자 록펠러는 본사를 뉴저지로 옮기고 회사 이름에서 트러스트를 뗀 다음 여전히 산하 기업들을 지배했다. 눈 가리고 아웅 하는 격이었다. 루스벨트는 반독점법을 더욱 강화하고 연방법무부 내에 독점금지국을 설립했다.

1904년 대통령 선거에서 압승을 거둔 루스벨트는 2년 뒤 스탠더드오일에 정식으로 소송을 제기했다. 록펠러는 온갖 수단을 동원

토 막 상 식

과거의 재산을 현재가치로 환산해 부자 순위를 매긴 한 연구에 의하면, 록펠러는 테슬라 CEO 일론 머스크나 아마존 창업자 제프 베조스(Jeff Bezos)를 제치고 미국 역사상 최고의 부자로 뽑혔다. 역사상 2위 부자는 밴더빌트다. 카네기는 역사상 11위 부자로 기록되어 있다. 온갖 악행을 일삼던 독점 재벌들도 말년에는 자선사업에 나서고 재산을 사회에 환원했다. 그 흔적들이 록펠러가 기부한 시카고대학, 명문 밴더빌트대학, 카네기멜론대학, 듀크대학 등에 남아 있다. 한편 공화당 출신의 시어도어 루스벨트 대통령이 독점 재벌을 적대시했다는 사실이 다소 의아할 수도 있다. 최근 공화당은 기업의 입장을 보다 더 배려하려 하고, 민주당은 공정거래위원회(Fair Trade Commission)를 통해 거대 기업을 압박하고 대규모 M&A를 견제하고 있기 때문이다. 이렇게 현재는 공화당이 보수화하고 민주당이 진보정당으로 자리매김했지만 1900년대 초에는 그렇지 않았다. 루스벨트는 사용자의 무자비한 폭행과 착취로부터 노동자 권리를 보호해야 한다고 주장했다. 독과점 철폐, 철도 운영의 국가 개입, 환경 보전 등 개혁적이고 진보적인 어젠다를 추진했다. 1906년에는 러일전쟁을 중재한 공로로 대통령으로서는 최초로 노벨 평화상을 받기도 했다. 그는 자연보호주의자 존 뮤어(John Muir)와 함께 광활한 서부를 여행하고 요세미티 국립공원에서 야영도 했다. 루스벨트는 국립공원의 면적을 크게 늘렸다. 이런 공로로 시어도어 루스벨트는 미국에서 가장 존경받는 대통령 중 한 명이 되었다. 그의 얼굴은 조지 워싱턴, 토머스 제퍼슨, 에이브러햄 링컨과 함께 사우스다코타주 러시모어산(Mount Rushmore) 바위에 조각되어 있다.

해 재벌그룹을 지키려 발버둥을 쳤지만, 실패했다. 1911년 스탠더드 오일은 34개 회사로 쪼개졌다. 현재 미국 최대의 정유회사인 엑슨 모빌(Exxon Mobile)과 셰브런(Chevron) 등이 스탠더드오일의 후신 이다.

미국 국가부도의 날

〈국가부도의 날〉(2018)이라는 영화가 있다. 1997년 IMF 외환위기 당시 국고에 달러화가 부족해 온 나라가 부도 일보 직전까지 몰렸던 긴박했던 상황을 주제로 다뤘다. 국가 신인도가 바닥으로 추락해 외국인투자자들이 앞다퉈 탈출하면서 발생한 위기였다. 달러화가 없으면 원유와 식량을 수입할 수 없어 긴 겨울을 배고픔과 추위에 떨어야 할 판이었다. 당시 달러화를 발행해 전 세계에 원 없이 뿌리고 다니는 기축통화국 미국이 참 부러웠다.

현재는 초강대국이 된 미국도 국가부도의 위기에 처한 적이 있었을까? 상상하기 어렵지만, 미국이 한때 부도날 뻔한 적이 있었다. 1873년부터 시작된 장기불황이 막바지에 이른 1895년. 1890년대 초 아르헨티나는 세계 경제의 성장 엔진을 맡은 나라 가운데 하나였다. 연평균 경제성장률은 8%를 구가했고 1인당 GDP는 영국과 프랑스 등 선진국과 어깨를 나란히 했다. 잘나가던 아르헨티나에 군부 쿠데타 시도가 발생했다.

미국에서는 가뭄으로 곡물의 작황이 좋지 않았다. 1893년이 되자 은행이 파산하고 금융위기가 재발했다. 당시 영국계 금융기관들이 국제금융계를 주름잡고 있었다. 이들도 남미와 미국에 투자했다가 큰 타격을 입었다. 유서 깊은 베어링스은행(Barings Bank)도 파산을 걱정해야 할 정도로 위기는 심각했다. 이들은 유동성 확보를 위해 채권 등 금융자산을 마구잡이로 팔아 미국에서 돈을 빼냈다.

당시는 금본위제를 채택하고 있었다. 국제무역과 투자에서 금이 요즘의 기축통화인 달러와 같이 주요 결제수단으로 쓰였다. 그런 금본위제에서 영국 은행들은 미국 달러를 금으로 바꿔 유출했다. 마치 1997년 해외투자자들이 우리나라 주식을 팔고 원화를 달러로 바꿔 탈출했던 것과 유사한 상황이었다. 당시에 미국은 세계를 좌우하는 금융 강국이 아니었다. 기축통화국은 금과 연동된 파운드를 보유한 영국이었고, 영국의 수도 런던이 세계 금융의 중심지였다.

미국은 요즘의 외환보유고에 해당하는 금보유고가 급전직하는 아찔한 상태로 내몰렸다. 미국의 금보유고가 중요 하한선인 1억 달러 아래로 추락하는 위기가 닥친 것이다. 외국인들이 몇 년 사이에 3억 달러 상당의 금을 유출해갔기 때문이다. 1895년이 되자 미국 정부는 기술적 디폴트 상태에 처했다. 재무부 국고의 금이 거의 바닥을 드러냈다.

그로버 클리블랜드(Grover Cleveland) 대통령은 미국 은행가의 큰손인 J. P. 모건에 도움을 요청했다. 클리블랜드는 미국 역사상 유일하게 연임하지 않고 2차례에 걸쳐 대통령직을 역임한 인물이다. 22대(1885~1889)와 24대(1893~1897) 대통령이었다. 민주당원이었지만 개혁파 공화당원과 손잡고 개혁을 추진했다. 모건은 런던 금융가의 거물인 로스차일드에게 연락했다. 모건과 로스차일드가 협력해 6,230만 달러에 해당하는 350만 온스의 금을 마련해 연방재무부 국고에 예치했다. 그들의 도움으로 미국 정부는 급한 불을 끄고, 국가부도의 위기를 간신히 넘길 수 있었다. J. P. 모건이 구제금융을 통해 미국 정부를 부도 위기에서 구출해준 격이었다.

모건과 로스차일드가 선한 의도로만 미국 정부를 도와준 것은 아니었다. 이들도 재무부와의 거래를 통해 거액을 챙길 수 있었다. 미국 재무부는 모건과 로스차일드로부터 금을 받는 대가로 액면가 6,510만 달러의 30년 만기 국채를 발행해 인수시켰다. 금리는 4%였다. 당시 금 시세인 온스당 18.6달러에 해당하는 액면가였다. 모건과 로스차일드는 이 국채를 온스당 17.8달러에 인수했다. 할인 가격에 채권을 매입한 것이다. 채권시장이 불안해 인수한 채권을 시장이 소화하지 못한다면 큰 손해를 감수해야 하기 때문이다.

문제는 국채를 시장에 내놓자 의외의 일이 벌어졌다. 개장 20분 만에 매진이 될 정도로 잘 팔렸다. 가격도 액면의 125%까지 치솟았다. 채권수익률이 3.2% 부근으로 내렸다. 이 거래로 모건과 로스차일드는 최소 300만 달러(현재의 달러 시세로 108억 달러 또는 14.3조 원)의 이익을 남겼다.

금융 황제와 서재에서의 끝장 협상

우여곡절을 겪었지만 1896년 장기불황이 끝나고 미국 경제는 성장을 재개했다. 기업가정신에 충만한 사업가들의 열성적인 노력과 기술 진보가 경이로운 성장을 가능케 했다. 1880년과 비교해 1900년에 기계류 생산은 약 4배, 금속제철은 3배, 면화 생산은 2배, 목재 생산은 4배 증가했다. 1880년 이후 20년간 미국 1인당 국민소득은 약 50% 증가했다. 1896년 12%에 달했던 실업률은 1900년에 5%로 하락했다. 양호한 펀더멘털을 바탕으로 주가도 급등했다. 1896년 40.5포인트로 마감한 다우존스지수는 1906년 말에 94.4포인트까지 올라 대망의 100포인트를 눈앞에 두고 있었다. 주식시장 호황이 지속되자 곳곳에서 투기가 극성을 부리기 시작했다.

그 와중에 최악의 주가조작 사건이 터졌다. 주인공은 몬태나의 구리왕이라 불린 오거스터스 하인츠(Augustus Heinze)와 얼음왕이라는 별칭을 가진 제빙업자 찰스 모스(Charles Morse)였다. 하인츠는 자신이 소유한 한 구리 광산을 록펠러에 매각한 뒤 금융업에 진출해 유나이티드코퍼(United Copper)를 설립했다. 이 회사의 주식은 뉴욕증권거래소(NYSE)의 장외시장에서 거래됐다.

1907년 하인츠는 모스와 공모해 유나이티드코퍼 주가를 조작하기로 했다. 두 사람은 주가를 쉽게 통제하리라 믿었으나 오산이었다. 10월 16일 주가가 고점 대비 5분의 1로 하락하면서 시장은 뜻대로 움직여주지 않았다. 하인츠는 처절한 실패를 맛보아야 했다.

이들의 주가조작 시도가 실패하자 이들과 관련된 은행에서 뱅크런이 발생했다. 하인츠가 CEO로 있던 머컨타일내셔널은행(Mercantile National Bank)에서 예금인출 사태가 발생했고 그와 공모했던 모스가 소유한 은행들에서도 뱅크런이 터졌다.

당시 뉴욕 월가에 소재한 신탁업계 3위의 니커보커신탁회사(Knickerbocker Trust Company)의 CEO인 찰스 바니(Charles Barney)가 주가조작에 연루됐다는 루머가 퍼졌다. 당시 니커보커 같은 신탁회사들은 그림자금융(Shadow banking)을 통해 예금을 수취하고 대출을 하고 있었다. 하지만 자본구조는 취약했다. 은행이 예금의 25%를 지불준비금으로 보유하고 있었던 데 비해 신탁회사들의 준비금은 예수금의 5% 안팎에 불과했다. 이런데도 신탁회사는 증권회사 대출을 남발했다. 증권회사는 이를 바탕으로 고객에게 무담보대출을 일으켰다. 이 돈을 증거금으로 고객은 주식을 매수했다. 주가가 상승하자 리스크에 대한 경계심이 무디어진 가운데 레버리지가 높아졌다. 이런 분위기를 타고 니커보커는 급성장했다. 10년간 자산 규모가 6배 커졌다.

하지만 주가 상승은 다분히 사상누각의 측면이 강했다. 펀더멘털로부터 이탈해 과도하게 오르고 있었다. 이에 불안감을 느낀 예탁자들이 무더기로 돈을 빼가기 시작했다. 뉴욕 신탁회사의 전체 예치금 가운데 거의 절반이 인출되었다. 은행은 여신을 정지시켰다. 신탁회사들은 유동성을 마련하려고 보유 자산을 헐값에 던졌다. 단기간에 주가가 50% 폭락했다. 1907년의 금융공황이 터진 것이다.

뱅크런이 신탁회사를 넘어 은행을 위협했다. 연방정부와 록펠러가 수천만 달러의 긴급자금을 은행에 예치했지만 뱅크런의 불길은 쉽사리 잡히지 않았다. 금융 황제 J. P. 모건이 나서야 했다. 은행장들을 소집해 근근이 긴급자금을 마련했지만, 한계가 있었다. 대형 신탁회사인 아메리카신탁회사(Trust Company of America)와 링컨신탁회사(Lincoln Trust)의 뱅크런을 막아야 했다. 이들의 파산을 막지 못하면 뉴욕 금융가가 붕괴할 가능성이 컸다.

J. P. 모건은 주요 은행가와 신탁회사 간부들을 모두 서재로 불렀다. 서재 문을 걸어 잠그고 문제를 해결할 때까지 나갈 수 없다고 선언했다. 모건의 절박한 위협에 겨우 긴급구제자금 2,500만 달러를 마련했고 금융시장은 한숨을 돌리게 됐다. J. P. 모건이 또 한 번 미국 금융시스템을 구출한 날이었다.

이렇게 금융 황제 J. P. 모건의 활약으로 한숨을 돌렸지만, 미국 정치권은 충격을 받았다. "어떻게 국가가 금융위기에 처할 때마다 한 사람의 손에 매달려야 하는가?" 금융권도 주기적으로 반복되는 은행 위기와 뱅크런에 진절머리가 났다. 20세기 경제 대국으로 부상하는 미국의 위상에 걸맞은 금융시스템을 확충하는 일이 시급했다. 미국 의회도 새로운 시대를 준비했다. 연준의 시대가 다가오고 있었다.

7장

연준, 시험대에 오른
미국 금융의 구원자

달콤한 파티와 숙취는 고통스러운 두통으로 끝난다.

주식시장의 가격 버블이 착하게 붕괴한 적은 없다.

그 이전 호황의 뜨거운 증기가 풍선 안에 가득 차 있었기 때문이다.

그 시절이 좋으면 좋을수록 붕괴의 강도는 거세졌다.

호황을 관리하는 연준의 역량은 의장이 누구냐에 따라 크게 달랐다.

매의 눈으로 물가를 주시해 선제적 긴축에 나서야만 호황을 유지할 수 있었다.

긴축의 타이밍을 놓쳐 버블이 생기고 인플레이션이 나타나면

경기침체와 공황이 따랐다.

경기침체는 상상하기 어려운 자산시장의 붕괴와 실업의 고통을 안겼다.

광란의 1920년대와 주식시장 붕괴

산이 높으면 골이 깊다는 격언은 늘 사실로 입증된다. 기대감이 크면 그만큼 실망감도 크다. 뭉실뭉실 피어오르는 거품 속에 곧 부자가 될 듯한 장밋빛 기대가 마음속에 가득 차지만 비가 오고 거품이 터지면 착잡함만이 남게 된다. 1920년대의 세계가 그랬다. 그 시점을 그린 이민진 작가의 소설 《파친코》에는 주인공 선자 어머니의 지고지순한 모성애가 눈시울을 적시게 한다. 뜻하지 않게 아이를 가진 선자가 남편 이삭을 따라 낯선 일본으로 떠나기 전날 저녁, 어머니 양진이 어렵게 흰쌀을 구해 밥 한 끼를 짓는다. 선자가 힘들게 도착한 일본에서의 생활은 녹록지 않았다. 가족은 사업에 실패하고 선자는 오사카의 시장 한편에서 김치를 팔아야 했다. 가족의 생활이 그렇게 힘들어진 이유는 1930년대 미국에서 시작한 대공황이 일본을 포함한 전 세계 경제를 강타하고 있을 시기였기 때문이다.

1920년대 후반 미국 주식시장의 가격 버블 형성과 붕괴가 대공황을 초래했다. 제1차 세계대전이 끝난 미국은 눈부시게 경제 번영을 누리고 있었다. 전쟁 당시 유럽 각국은 지루한 참호전을 펼치면서 어마어마한 인명 손실에 시달려야 했다. 국토는 초토화되었고 산업 기반은 무너졌다. 금방 끝나리라 생각했던 전쟁의 후유증으로 세계를 지배하던 유럽 경제는 회복하기 힘든 피해를 입었다. 그러나 유럽 각국에 전쟁 물자를 팔면서 미국의 산업생산력은 급증했다. 1920년대 미국 경제의 실질성장률은 42%에 달했고 미국 GDP는 전 세계의 거의 절반에 해당했다. 강력한 건설 붐이 일었고 실업률은 4% 안팎으로 떨어져 완전고용 상태였다.

이 시기 미국은 석유와 전기를 일반적으로 사용하면서 자동차, 항공기, 라디오, 세탁기, 진공청소기, 냉장고에 엘리베이터까지 신기술이 약속하는 미래의 보랏빛 꿈에 젖어 있었다. 우체국은 항공 배송을 했고 1926년 이후 3년간 비행기 여행을 하는 인구가 30배 증가했다. 자동차산업의 성장은 특히 눈부셨다. 1929년까지 자동차 등록 수가 2,300만 대에 달했다. 국민 5명당 1대꼴로 차가 있었다는 말이다. 거의 모든 가구가 1대씩 차를 소유한 셈이었다.

자동차산업의 성장은 놀라운 후방 연쇄효과를 낳았다. 도로, 교량, 신호등을 새로 건설했고 주유소, 모텔, 식당이 성업했다. 보험사와 은행도 자동차보험을 팔고 담보대출을 하면서 돈을 벌었다. 역사학자들이 '광란의 1920년대(Roaring Twenties)'라고 부르는 호황이 이어졌다. 이를 반영해 주가도 천정부지로 올랐다. 1921년 70포인트 언저리에 머물던 다우존스지수는 1929년 10월에는 350포인트를 넘어섰다. 8년간 5배가 넘게 오른 것이다. 1928년과 1929년 두 해에만 주가는 100% 상승했다.

당시 주가 급등의 배경에는 신기술에 대한 열광과 함께 무분별한 주식담보대출의 급증이 있었다. 내 돈만으로 주식을 사는 것에 비해 증권사에서 돈을 빌려 주식을 사면 레버리지가 커질 수밖에 없다. 내 돈을 1,000만 원 넣고 1,000만 원을 빌려 주식을 사면 레버리지는 2배가 된다. 심지어 내 돈을 1,000만 원 넣고 4,000만 원을 빌려 5,000만 원의 주식을 사면 레버리지가 5배로 늘어난다. 이렇게 레버리지를 이용하면 수익률을 증폭시킬 수 있다. 주가는 더욱 상승 탄력을 받게 된다. 경기는 대체로 호조를 보였지만, 투기적 수요와 주식담보대출로 인한 레버리지가 가세하면서 주가는 펀더멘털에서 크게 벗어나고 있었다.

금융공황의 원인이 가격 버블이었다는 사실을 경험으로 체득한 금융 당국은 1929년에도 주가 급등으로 인한 부작용을 우려했다. 그래서 연준은 그해 8월 중앙은행이 시중은행에 자금을 빌려줄 때 수취하는 이자율로 당시의 정책금리인 재할인율(Discount rate)을 5%에서 6%로 100bp(1%p)나 울트라 빅스텝으로 올렸다. 주가에 가격 거품이 낀 상태에서 충격 여파는 컸다. 레버리지가 큰 상태에서 주가가 하락하면 손실이 금방 커진다. 심지어 주식계좌에서 내 돈이 모두 사라지는 깡통계좌가 되기도 한다. 증권사에서 마진콜이 폭주하고 증권사 객장에는 팔자 주문으로 장사진을 이루게 된다.

미국 주가는 그해 10월 20% 폭락했고 연말까지 20%가 추가로 하락했다. 다우존스지수는 1932년 말까지 고점 대비 거의 90% 폭락했다.

주가 폭락으로 미래에 대한 불확실성이 극도로 높아지자 가계는 소비지출을 줄였고 기업도 투자 계획을 줄줄이 철회했다. 그로 인해 경기는 급속도로 냉각됐다. 1930년 중서부 곡창지대에 극심한 가뭄이 들었다. 경기침체의 골이 끝을 모르게 깊어지고 있었다. 전체 은행의 3분의 1이 파산 운명에 직면했고 실업률은 25%로 상승했다. 3,000만 명이 넘는 실직자가 직장을 찾아 거리를 떠돌았고 서민의 삶은 파괴되었다. 가계는 더욱 궁핍해져 소비 여력을 상실했고 물가가 하락하기 시작했다. 1930년대 초 미국 물가는 매년 평균적으로 6.7% 하락했다. 1932년까지 3년간 소비자물가는 27.9% 하락하기에 이르렀다.

수정한 피셔 방정식($MV = PY + P'Y'$)으로 보면 제1차 세계대전 이후 해외자금 유입으로 미국은 통화량 M이 증가하고 실물경제 Y도 성장했다. 그 결과 자산가격(P')이 급등해 버블이 눈덩이처럼 커졌다. 그런데 연준이 긴축으로 돌아서자 M이 감소하고 그 결과 자산가격(P')이 급락해 버블이 붕괴했으며 주식시장은 철저히 폭락했다.

연준이 대공황의 주범인가?

때로 사람들은 의도하지 않은 잘못으로 커다란 비난에 처하게 된다. 손해를 막기 위해 최선의 노력을 다했지만, 결과가 엉뚱하게 나타나는 일도 잦다. 대공황의 원인을 따질 때, 연준의 입장이 이와 비슷하다. 대공황이 주가 폭락으로 시작되었다는 데는 의견이 거의 일치하지만, 그렇게 장기간 경기침체가 이어진 원인에 대해서는 의견이 갈리기 때문이다.

1929년 겨울 주가가 폭락하고 경기가 냉각될 조짐을 보이자 연준은 기준금리인 재할인율을 빠르게 인하하기 시작했다. 1929년 11월 기준금리를 울트라 빅스텝으로 100bp(1%p) 인하한 후 5회에 걸쳐 50bp(0.5%p)씩 빅스텝으로 인하했다. 1930년 6월까지 재할인율은 2.5%로 하락했다. 불과 몇 개월 사이에 금리를 3.5% 내린 것이다. 그런데도 연준은 대공황을 제대로 막지 못하고 경기침체를 방치했다는 비난에 시달려왔다. 연준이 금리를 인하한 것이 아니라 실질적으로 인상시키고 말았다는 책임론이 비등해졌다. 이러한 연준 책임론을 야기한 것이 물가의 전반적 하락을 의미하는 디플레이션이었다.

물가가 하락하면 돈의 가치는 역으로 오른다. 같은 돈으로 살 수 있는 구매력이 증가하기 때문이다. 예를 들어 현재 노트북 컴퓨터 1대의 가격이 100만 원이라고 하자. 내가 100만 원을 가지고 있다면 노트북 1대를 살 수 있다. 1년 후 노트북 가격이 93만 원으로 떨어진다면, 100만 원을 인출해 노트북 1대를 사고도 7만 원이 남아 스피커도 장만할 수 있다. 이렇게 되면 현금을 가지고 있을수록 유리하게 된다.

그런데 거기에 만약 내가 돈을 빌려주었을 때 2.5%의 대출이자까지 지급한다면 돈 빌려주기를 마다할 이유가 없다. 명목금리에 물가 하락률 7%를 더한 실질금리가 9.5%가 되기 때문이다. 즉, 이 대출을 통해 내 구매력이 9.5% 늘어난다. 반면 돈을 빌린 사람은 디플레이션으로 실제 갚아야 하는 돈의 가치가 구매력 기준으로 훨씬 늘어나 부담이 커진다. 그 결과 돈을 빌려주려는 사람은 줄을 서는데 반해 빌리려는 사람은 거의 없게 된다. 돈을 빌려주고 이자를 받는 것이 아니라, 돈을 맡긴 대출자가 만기에 이자를 지불해야 하는 상태가 되는 것이다. 다시 말하면 디플레이션은 마이너스 금리를 낳는다.

만약 1930년에 연준이 금리 결정을 시장에 맡겼더라면 금리는 마이너스가 돼 물가 하락의 골이 깊어지지 않았을 것이다. 미국 경제 또한 대공황 상태로까지 가지는 않았을 것이다. 그런데 연준은 물가가 7% 하락하고 있는데도 기준금리는 3.5%만 내려 2.5%가 되게 했다. 결과적으로 실질금리는 오히려 9.5%로 상승했다.

만약 명목금리가 4.2%인데 인플레이션율이 4%라면 실질금리는 0.2%(= 4.2% − 4.0%)가 된다. 물가가 하락하는 디플레이션이 나타나면 명목금리에 물가 하락률을 더해야 실질금리가 된다. 예에서 명목금리가 2.5%인데 물가가 7% 내렸다면 실질금리는 9.5%(= 2.5% + 7%)가 되는 것이다.

실질금리가 크게 상승한 데는 경제 내 유통화폐의 부족이 큰 역할을 했다. 경제 내 유통화폐의 규모는 은행의 여신과 밀접한 관련이 있다. 은행은 예금을 받아 대출을 일으킨다. 그러면 대출이 다른 은행에 예금되어 또 대출되는 신용창출 과정을 반복하면서 경제에 유통되는 화폐의 규모가 증가한다. 이렇게 유통되는 돈이 재투자되면서 경제는 성장한다.

대공황 당시에는 금융시스템에 대한 신뢰가 바닥으로 떨어졌다. 여기저기서 은행이 부도가 났다. 최종 대부자로서 연준이 있었지만, 그 기능을 제대로 하지 못했다. 전체 2만 4,000개 은행 가운데 연준 시스템에 가입한 은행은 8,000개에 불과했다. 은행의 3분의 2가 연준의 보호막 밖에 있었다. 거기다 예금자보호제도는 등장하기 전이었다. 불안감을 느낀 예금자들이 현금을 인출하려고 줄을 섰다. 돈이 은행에서 빠져나와 개인의 금고 속으로 사라져갔다.

은행은 여신을 회수해야 했고 유통화폐의 규모는 급속도로 줄었다. 은행 시스템이 마비되자 금융경색이 왔다. 그 영향으로 소비와 투자가 격감하면서 경기침체가 가속화됐다. 연준은 이를 막기 위해 돈을 찍어 화폐의 공급을 늘려야 했지만 그렇게 하지 않았다. 오히려 1929년 10월 73억 달러에 달하던 연준의 화폐 공급이 1년 후에는 68억 달러로 7% 줄었다. 이로부터 대공황은 전 세계로 번졌다. 이처럼 화폐의 수량과 경기는 불가분의 관계가 있다. 연준은 이때의 경험을 바탕으로 경기가 침체에 빠지면 통화 공급을 늘린다.

수정한 피셔 방정식($MV = PY + P'Y'$)으로 보면 경제 내에 통화량 M이 급감한다. 자산 시장이 붕괴되면 화폐의 유통 속도 V도 크게 느려진다. 그 결과 실물경제에서 물가(P)가 하락하고 GDP인 Y도 급감한다.

연준 의장을 짓밟은 백악관

한 번 뇌리에 박힌 공포는 쉽사리 잊히지 않는다. 기억이 마음 깊숙한 곳에 트라우마로 남은 탓이다. 극심한 경기침체와 생활이 피폐해졌던 대공황의 기억도 마찬가지다. 그 기억의 편린에서 벗어나지 못한 미국은 1970년대에 엄청난 악몽을 겪게 된다. 때로는 아픈 과거의 기억에서 빨리 벗어나는 것이 비극을 반복하지 않는 길이 되기도 한다.

미국 경제에 암울한 기운이 스며들기 시작한 시기는 1965년이다. 한국전쟁이 끝난 1951년부터 1965년까지 미국 경제는 15년간 연평균 1%대의 안정된 인플레이션과 4.7%에 달하는 견조한 경제 성장을 이루고 있었다. 특히 1965년 한 해에만 경제성장률은 8.5%에 달했고 인플레이션은 1.6%에 그쳤다. 저물가 속에 경제가 고속 성장하는 이상적인 모습을 보였다. 이 같은 양호한 경제적 성과는 인플레이션 조짐이 조금이라도 보이면 과감하게 긴축조치를 취한 윌리엄 마틴 연준 의장의 지도력이 받쳐주어 가능했다.

윌리엄 마틴은 1951년 이래 연준을 이끌면서 FOMC를 만들었고 뉴욕 연방준비은행이 주도하던 통화정책 결정권을 워싱턴으로 가져와 체계화했다. 그는 강력한 '선제적 금리 인상(Pre-emptive lifting)'을 통해 물가 불안의 씨앗을 제거하려 했다. 금리를 인상하고 나면 후유증으로 경기침체가 뒤따랐지만, 드와이트 아이젠하워(Dwight David Eisenhower) 대통령은 연준을 신뢰하고 지지했다. 그 결과 물가가 안정되고 투자가 되살아났다. 경기침체는 단기에 그치고 경제는 탄탄하게 성장할 수 있었다.

1965년 들어 달이 갈수록 인플레이션 압력이 강해졌다. 연초 1%였던 CPI 상승률이 12월에는 1.9%까지 상승했다. 물가 상승의 원인은 2가지였다. 하나는 1955년부터 진행 중이던 베트남전쟁의 여파였다. 천문학적 전쟁비용을 충당하려고 정부지출을 증가시켰다. 다른 하나는 린든 존슨(Lyndon Baines Johnson) 대통령의 '위대한 사회(Great Society)' 프로그램이다. 민주당 정부의 야심 찬 사회복지 계획이었다. 빈곤과의 전쟁, 교육, 의료정책 개혁을 위해 대규모 예산을 투입했다. 이로 인해 재정적자가 누적되고 있었다.

이 같은 재정지출 증가가 인플레이션으로 이어질 것을 우려한 연준은 금리 인상을 심각하게 고려했다. 그러자 금리 인상으로 경기가 악화되고 정치적 타격을 입을 것을 우려한 존슨 대통령은 마틴 연준 의장을 별장으로 불러 "야비한 수단으로 나를 짓밟고 있다"라고 질타했다. 그러나 연준의 독립성을 확립해왔던 마틴 의장은 물러나지 않았다. 존슨 대통령에게 "연준이 금리를 결정할 최종 권한이 있다"라고 상기시키고 1965년 12월 금리를 0.5% 빅스텝으로 올렸다. 그런데도 나중에 마틴은 후회했다. 인플레이션이 2%가 채 되지 않은 시점이었지만 "금리 인상이 너무 늦었다"라고 탄식했다. 그가 탄식한 데는 이유가 있었다. 미국 경제가 1970년대에 심각한 인플레이션에 시달린 탓이다.

인플레이션의 초동 차단에 필수적인 선제적 금리 인상에 대한 마틴 의장의 강력한 소신에도 불구하고 민주당 정권은 마틴의 철학을 순순히 받아들이지 않았다. 재정 확대를 통한 경기부양을 선호하는 케인스주의 경제학자들이 민주당의 경제정책을 주도했다. 이들이 장악한 백악관 경제자문위원회(Council of Economic Advisers)는 실업률이 완전고용 상태인 4% 아래로 내려가기 전에는 금리를 인상하지 않도록 강권했다.

연방준비제도이사회를 민주당 지지자들로 교체해 마틴 의장의 입지를 약화시켜갔다. 연준은 재정지출 증대를 지속하는 민주당 정부의 정책을 제대로 견제하지 못했다. 인플레이션율은 1968년 6월 전년 대비 4.2%를 돌파한 후 이듬해부터 5%대에서 고착화했다. 1970년에는 연간 5.7%의 인플레이션에 경제는 마이너스 성장을 기록했다. 이로써 미국 경제는 스태그플레이션의 징후가 뚜렷해졌다.

일반적으로 경제는 과열기에 물가가 오르고 실업률은 떨어진다. 침체기에는 경제성장률이 마이너스로 떨어지고 실업률이 크게 상승하는 반면 물가는 안정된다. 그런데 1970년대에는 경기가 침체하는데 물가도 크게 올랐다. 이를 스태그플레이션(Stagflation)이라고 한다. 경기침체(Stagnation)와 인플레이션(Inflation)의 합성어다.

스태그플레이션을 측정하는 지표 중 하나가 고통이라는 의미의 미저리지수(Misery Index, 경제고통지수)다. 인플레이션율과 실업률을 더하면 간단히 계산할 수 있다. 예를 들어 실업률이 5%, 인플레이션율이 5%라면 미저리지수는 합인 10%다. 미저리지수가 두 자리가 되면 스태그플레이션 징후가 있다고 볼 수 있다. 이 지수가 13%를 넘으면 스태그플레이션의 위험에 경종을 울려야 한다.

1973년 11월부터 1975년 3월까지 미국의 월평균 미저리지수는 16.7%였다. 1980년 1월부터 7월까지 진행된 경기침체 기간에 미저리지수 평균은 21%, 1981년 7월부터 1982년 11월까지 미저리지수 평균은 17%였다. 이로부터 1970년대와 1980년대 초 스태그플레이션이 얼마나 심각했는지 알 수 있다. 글을 쓰고 있는 현재는 실업률이 3.6%, 인플레이션율이 3% 안팎이므로 미저리지수는 6.6%라고 할 수 있다.

오일 쇼크와 스태그플레이션의 악몽

1973년 10월, 제4차 중동전인 욤 키푸르(Yom Kippur) 전쟁이 터졌다. 이 전쟁에서 미국과 서방 진영은 이집트를 중심으로 한 아랍연합에 대항해 싸우던 이스라엘을 지원했다. 그러자 아랍 진영은 석유수출국기구(OPEC)를 결성하고 원유 금수조치를 취했다. 이 조치로 전 세계가 오일 쇼크(석유파동)에 직면했다. 순식간에 국제원유

가격이 배럴당 3달러에서 12달러로 4배 뛰었다. 이로 인해 세계 경기는 극심한 침체에 빠졌다. 나스닥지수는 1973년 1월 고점으로부터 60% 급락했다. 1974년 인플레이션율은 12%였지만 경제는 마이너스 성장을 기록했다. 꿈에도 상상하지 못했던 스태그플레이션이 세계 경제를 강타했다.

오일 쇼크로 원유를 사용하는 광범한 산업에서 생산비용이 크게 상승했다. 기업은 생산비용 상승을 판매단가에 전가했다. 그로 인해 전반적으로 물가가 두 자릿수로 올랐다. 이런 비용 상승 인플레이션은 유가가 지속적으로 상승하지는 않는 한 단기에 끝나는 경향이 강하다.

그런데 당시 미국의 닉슨 대통령은 경기가 또다시 대공황에 버금가는 침체에 빠지지 않을까 노심초사했다. 그는 과대한 편집증에 사로잡혀 물가안정을 중시하는 마틴 연준 의장을 밀어내고 측근인 아서 번스(Arthur Burns)를 연준 의장에 앉혔다. 닉슨은 번스 의장에게 수시로 압력을 넣어 적극적인 통화긴축에 나서지 못하게 했다. 그리고는 적자재정을 운영해 경기를 부양하려고 했다. 비용 상승에 재정 확대가 가세하면서 수요견인 물가 상승이 따랐다. 스태그플레이션이 대세가 됐다. 경기침체 속에 인플레이션이 주는 고통은 컸다.

때로는 인플레이션이 경기침체보다 해롭다. 인플레이션에서는 돈이 가치를 상실하는 탓이다. 작년에 5만 원으로 살 수 있었던 물건이 올해는 10만 원으로도 살 수 없게 된다. 그래서 인플레이션은 상제로 소득을 앗아가는 세금과 다를 바 없다. 소득은 오르지 않는데 물가만 오른다면 삶은 점점 궁핍해진다. 실질구매력이 상실되기 때문이다. 인플레이션과 더불어 살아야 한다는 것을 깨닫는 순간, 사람들은 소비를 줄인다. 영화 감상도 줄이고 여행도 줄이고 외식도 줄인다. 소비지출이 감소하면 기업 매출도 감소한다. 그러면 기업은 투자를 축소한다. 그렇게 경제는 가라앉는다. 1970년대에도 그랬다.

유권자들은 인플레이션에 대한 불만이 컸다. 그러자 미국 대통령들은 너도나도 "문제는 인플레이션"이라며 거들었다. 1974년에 물가가 12%를 넘어서자 워터게이트(Watergate)로 사임한 닉슨에 이어 대통령직을 승계한 제럴드 포드(Gerald Ford)는 인플레이션을 '공공의 적 제1호'로 지목했다. 곧이어 물가와의 전쟁을 선포했다. 그는 물가 상승의 주범인 에너지 절약을 위해 실내 온도를 낮추고 카풀(Carpool)에 나서자고 장려했다. 집에서 채소를 직접 길러 먹으라는 제안도 했다. 인플레이션 전쟁에 승리하겠다는 의미를 담은 윈(WIN) 배지를 달라고도 부탁했다.

그러면서도 정부지출을 크게 줄일 생각은 하지 않았고 재정적자는 커져만 갔다. 1960년대 초반 40억 달러대에 머물던 재정적자는 1970년대 후반에는 600억 달러대에 이른다. 이런 상황에서 한번 불붙은 인플레이션은 쉽사리 진화되지 않았다. 1976년에 물가 상승이 다소 완화되었지만, 인플레이션율은 전년 대비 5%를 넘었고 이듬해부터 다시 상승 속도를 높였다. 물가 상승이 1978년에는 9%대에 육박했다.

엎친 데 덮친 격으로 1979년 이란에서 이슬람 혁명이 일어났다. 혁명세력이 테헤란 주재 미국 대사관 직원들을 인질로 삼으면서 유가는 배럴당 20달러를 넘어섰다. 1980년에는 수니파 무슬림의 대변인을 자처하던 이라크의 사담 후세인(Saddam Hussei)이 이란을 침공했다. 이란-이라크 전쟁이 발발하자 유가는 배럴당 30달러를 넘었고 이듬해에는 40달러에 근접했다. 2년간 유가가 3배 상승했다. 그 여파로 비용이 상승하면서 물가 상승은 정점에 달했다. 1980년 미국 인플레이션율은 14.6%에 달했다. 우리나라의 소비자물가 상승률도 28.7%에 이르렀다.

폴 볼커, 레이거노믹스와 플라자합의

1994년 필자는 종합금융회사 딜링룸에서 외환거래(FX)와 국제자금 업무를 다루고 있었다. 다소 충격적인 소식이 들려왔다. 우리

회사에 달러를 빌려주던 한 유럽계 은행이 크레딧 라인 한도를 큰 규모로 줄이겠다고 했다. 당시 국내외 금융환경에 큰 이상이 없었으므로 이유가 매우 궁금해졌다. 은행 담당자는 북핵 위기로 인해 우리나라에 대한 대출을 줄일 수밖에 없다고 대답했다.

인터넷이 없던 시절이라 국민은 알지 못했지만, 당시 한반도는 전쟁 일보 직전까지 가는 격랑에 휩싸여 있었다. 북한이 국제원자력기구(IAEA)의 핵 사찰을 거부하자 빌 클린턴 대통령은 동해에 항공모함 5척을 급파했다. 미군은 작전계획에 따라 북한에 대한 공습을 심각하게 검토하고 있었다. 누군가 나서서 북미 간 긴장을 조율하지 않으면 큰 전쟁이 날 뻔한 상황이었다. 이때 협상을 맡겠다고 나타난 사람이 지미 카터(Jimmy Carter) 전 미국 대통령이었다.

클린턴은 그에게 큰 기대를 걸지 않은 채 북한에 최후통첩을 전달하도록 했다. 그러나 카터는 뜻밖의 능력을 발휘했다. 대동강에서 김일성과 낚시를 즐기면서 협상을 풀어갔다. 두 사람은 핵사찰 재개에 합의했고 한반도는 전쟁 위기에서 벗어날 수 있었다. 카터는 1976년 민주당 후보로 대통령 선거에 나설 때부터 주한미군 철수를 공약으로 내세웠다. 재임 중 박정희 정부와 미국 의회의 완강한 반대에 부딪혔으나 미군 철수를 고집스럽게 밀어붙였다. 한미 관계는 최악으로 치달았고 박정희 정부는 핵 개발에 착수했다.

한편 제2차 오일 쇼크가 발발해 국내외로 어수선한데 1980년 카터의 연임을 묻는 대통령 선거가 치러졌다. 공화당의 로널드 레이건과 맞선 카터는 참패했다. 역대 대통령 업적 평가에서도 좋은 점수를 받지 못했다. 그런데도 카터를 재평가하게 하는 치적이 있었다. 연준 의장으로 폴 볼커(Paul Volcker)를 선임한 일이었다. 1979년에 유가가 급등하고 경기가 급랭하자 카터는 개각을 단행했다. 재무장관이던 마이클 블루멘털(Michael Blumenthal)이 사임한 자리에 당시 연준 의장인 윌리엄 밀러(William Miller)를 임명했다.

공석이 된 연준 의장 자리를 누구로 채울 것인가가 중요한 현안이었다. 워싱턴 정가와 금융시장은 최악으로 치닫는 인플레이션을 잡을 적임자로 당시 뉴욕 연방준비은행 총재인 볼커를 선임하기를 내심 바랐다. 그러나 카터 주변의 민주당 내 진보 정치인들은 보수적인 그의 발탁을 탐탁지 않아 했다. 폴 볼커는 연준 내 대표적인 매파 인사로 별명이 '인플레이션 파이터'일 정도였다. 만약 볼커가 연준 의장이 돼 급격하게 금리를 인상하면 경기가 위축될 가능성이 컸다. 그러면 카터의 재선 가도에는 위험 신호가 켜질 것이 분명했다.

카터는 고심했으나 볼커를 연준 의장으로 낙점 찍었다. 선거보다 침몰하는 미국 경제의 구출이 더 중요하다고 생각했다. 볼커는 한창 대선이 치러지던 1980년에 연방기금금리를 21%로 올렸다. 이로 인해 실업률은 급등하고 경제는 급격히 나빠졌다. 카터는 레이건에게 489:49라는 최악의 참패를 당했다.

로널드 레이건은 1950년대 드와이트 아이젠하워가 보였던 리더십을 되살렸다. 아이젠하워가 마틴 의장을 지지해 물가를 안정시켰듯이 레이건은 볼커 의장을 신임하고 힘을 몰아주었다. 볼커 의장의 초강력 금리 인상으로 인플레이션율은 3% 아래로 떨어졌지만, 경기는 또 한 번 극심한 침체에 빠졌다. 1982년에 실업률은 10%를 넘어섰지만 일단 물가가 잡히자 경제는 빠른 속도로 회복세를 탔다. 1983년에 7.9% 성장한 미국 경제는 이듬해에도 5.6% 성장했다. 레이거노믹스라고 불린 경제철학을 바탕으로 레이건은 감세를 추진해 물가안정과 경제성장의 발판을 마련했다.

이러한 레이거노믹스의 핵심은 공급 중시 경제학(Supply-side economics)이다. 경기부양을 통해 총수요곡선을 오른쪽으로 이동시켜 경기부양에 나섰던 민주당 정부와 달리 레이건은 감세와 인센티브를 통해 총공급곡선을 우측으로 이동시켜야 한다고 주장했다. 이렇게 되면 물가도 낮아지고 GDP도 늘어날 것이라 봤다. 이를 위해 각종 규제를 완화(Deregulation)하고 정부지출을 줄였다. 재정지출을 늘려 스태그플레이션을 초래했던 민주당 정부를 겨냥해 "정부 그 자체가 문제다"라고 말한 그의 인식이 레이거노믹스의 바탕이 됐다.

연준의 금리 인상으로 1980년부터 1985년까지 달러화 가치가 50% 넘게 상승했다. 주요 통화에 대해 '초강력 달러 시대'가 장기간 이어졌다. 달러화 강세와 그로 인한 달러화 부채의 가치 급등으로 많은 나라가 고통을 겪었지만, 레이건의 미국은 초강대국의 면모를 회복했다. 전 세계에 뿌려진 달러화의 힘을 실감한 각국 정부는 알아서 미국에 협조적인 자세로 나왔다. 1989년에 베를린 장벽이 무너지면서 오랜 기간 자유 진영을 위협했던 공산주의의 종말을 끌어냈다. 힘을 바탕으로 미국은 최장기 호황의 문을 열어젖혔다.

한편 일본은 달러 강세의 혜택을 톡톡히 봤다. 1980년대 일본 경제는 미국을 집어삼킬 듯한 맹렬한 기세를 보였다. 세계 10대 기업과 은행의 상당수를 일본 회사가 차지했다. 1985년 초, 엔·달러 환율은 달러당 260엔이었다. 이로 인해 미국 기업들도 큰 출혈을 감수해야 했다. 달러화 강세로 미국 기업들의 국제경쟁력이 저하했기 때문이다. 그러자 레이건은 1985년 플라자합의(Plaza Accord)를 통해 더는 엔화 약세를 용인하지 않을 것을 분명히 했다. 이를 기점으로 엔화 강세가 대세가 됐다. 1989년에는 엔화 환율이 플라자합의 당시의 절반인 130엔 선으로 하락했고 1995년 봄에는 84엔까지 급락했다. 엔화가 초강세를 보이면서 일본 기업의 국제경쟁력도 꺾였다. 경상수지 흑자 규모가 GDP의 2% 선으로 낮아졌다. 무분별한 은행 대출로 형성됐던 부동산 버블이 터지면서 경제성장률이 급격하게 낮아졌다.

토 막 상 식

1985년 9월 22일, 레이건 행정부의 제임스 베이커(James Baker) 재무장관과 폴 볼커 연준 의장이 주요 5개국(G5)인 영국, 일본, 독일, 프랑스 재무장관과 중앙은행 총재를 뉴욕 플라자 호텔로 불러 달러화 약세를 추진하기로 합의한 것이 '플라자합의'다. 플라자합의 후 각국의 중앙은행은 외환시장에 공조 개입해 달러를 팔고 독일 마르크와 일본 엔화를 사는 방식으로 달러 환율 하락을 유도했다.

금융의 마에스트로 앨런 그린스펀

내가 외환시장에서 활동할 때 뉴스의 하이라이트를 장식하며 언론이 일거수일투족에 온갖 신경을 곤두세우는 사람이 당시 연준 의장인 앨런 그린스펀이었다. 그린스펀이 각종 회의에 참석할 때면 그가 들고 다니는 검은 서류 가방에 어떤 내용이 담겨 있을지 궁금증이 폭발했다. 그는 후임자들과 달리 비밀스러웠고 카리스마가 넘쳤다. 1987년에 로널드 레이건 대통령은 폴 볼커 연준 의장의 후임으로 그린스펀을 선임했다. 뉴욕대학 경제학박사 출신으로 월가 투자은행과 컨설팅업계에서 오랫동안 일했고 포드 정부에서 경제자문회의 의장을 맡는 등 시장친화적이고 보수적인 그의 성향이 레이건의 마음에 들었다.

그린스펀은 연준 의장에 취임하자마자 큰 시련에 부딪혔다. 당시 미국은 경기가 좋았다. 경제성장률은 4% 안팎이었고 실업률도 꾸준히 하락하고 있었다. 이에 연준은 6% 아래로 내렸던 기준금리를 7.25%까지 인상했다. 그 여파로 10월 19일 하루 동안에만 다우존스지수가 23% 하락했다. S&P500지수도 20%가 넘게 하락했다. 유명한 블랙먼데이 주가 폭락이었다. 금리 인상으로 인한 긴축발작이라 하기에는 그 정도가 지나쳤다. 단기간 주가 급등에 이은 버블 붕괴라 하는 것이 더 적합했다. 실제 S&P500지수는 1986년 말 240포인트에서 1987년 10월 5일 330포인트까지 올라 연초 이후 상승률이 35%를 넘었다. 1984년 147포인트와 비교하면 주가가 2배 이상 급등한 것이다. 1982년 저점인 102포인트에서는 주가지수가 3.2배 상승했다.

거기에다 손절매가 발동되고 손절매가 또 손절매를 부르면서 주가는 급락세를 면치 못했다. 옵션 관련 손절매도 영향을 미쳤다. S&P500지수는 10월 20일 216포인트까지 추가로 하락했다. 이때 그린스펀 연준 의장이 진화에 나섰다. 시장 안정을 위해 유동성을 공급하겠다고 약속했다. 연준은 기준금리를 다시 6.5%로 내렸다. 이로 인해 주가는 반등의 계기를 마련했다. S&P500지수는 이듬해 3월까지 270포인트를 회복했다.

이 시기 미국 경제는 기본적으로 경제 펀더멘털이 탄탄했다. 그해 4분기 GDP 성장률은 7%를 기록했다. 실업률도 지속적으로 하락했다. 이를 바탕으로 S&P500지수는 1989년 10월 전고점을 지나 360포인트까지 상승했다. 나스닥지수도 1987년 10월 저점인 288포인트에서 487포인트까지 69% 상승했다. 주식시장이 하락하면 연준이 개입해 뒤를 받치겠다는 그린스펀 풋(Put)이 첫선을 보인 시기였다.

물가는 여전히 불안했다. 1988년 들어 CPI는 전년 동기 대비 4% 이상 상승했고 1989년에는 인플레이션이 5%를 넘었다. 이에 연준은 다시 금리를 인상했다. 기준금리가 8.5%까지 상승했다. 1990년 8월 민족주의자 사담 후세인의 명령을 받은 이라크군이 쿠웨이트를 점령했다. 이러한 중동의 정정 불안으로 국제유가가 그해 5월 배럴당 16달러에서 9월에는 41달러로 급등했다. 미국 물가도 불안해지며 인플레이션이 6.4%에 달했다. 그 여파로 경기가 침체에 빠지면서 나스닥지수는 7월 470포인트에서 10월 323포인트로 31% 급락했다. S&P500지수도 20% 하락했다.

그린스펀은 특유의 구원투수 풋을 또 가동됐다. 경기회복을 돕기 위해 금리를 내렸다. 기준금리는 1989년 12월 8.5%에서 1992년 9월 3%로 하락했다. 3여 년간 금리가 5.5% 하락하는 화끈한 행보를 보였다. 덕택에 미국 경제는 되살아났다. 1992년에는 4%대의 경제성장률을 달성했다. 이에 주식시장은 또다시 축포를 쏘아 올렸다. 나스닥지수는 1994년 3월 804포인트까지 전인미답의 영역으로 질주했다. 1990년 바닥으로부터 2.5배가 더 상승했다. S&P500지수도 1.6배 더 올랐다.

1994년 들어 인플레이션율은 2.5% 안팎에 머무르고 있었지만, 경제성장률은 5%대였다. 실업률도 6%대로 하락했다. 주식시장의 과열 조짐이 있었다. 이에 그린스펀은 금리 인상 카드를 꺼내 들었다. 1992년 9월 이래 3%로 유지하던 기준금리를 1994년 2월 25bp 인상했다. 3월과 4월에도 25bp씩 인상했다. 8월에는 빅스텝으로 50bp를 올렸다. 11월 FOMC에서는 무려 75bp 자이언트스텝 금리 인상을 단행했고 1995년 2월에도 50bp 인상했다. 불과 약 1년 만에 기준금리는 3%에서 6%로 더블이 됐다.

그로 인해 10년 만기 국채수익률은 5.7%에서 8.2%까지 급등했다. 국채 가격은 17% 급락했다. 채권시장에서 단기간에 이 정도의 손실이 발생하는 것은 극히 이례적이다. 그래서 이 시기를 그린스펀의 '채권 대학살(Great Bond Massacre)'이라고 부른다. 채권시장의 고통은 컸지만, 주가는 크게 빠지지 않았다.

나스닥지수는 그해 6월까지 691포인트 하락하는 데 그쳤다. 3개월간 주가 하락폭은 14% 이내였다. S&P500지수는 7% 미만으로 내렸다. 이 시기 연준의 이례적으로 강력한 금리 인상에도 불구하고 주가가 버틴 이유는 경제 펀더멘털의 힘이었다. 경기는 여전히 군건했고 실업률은 시간이 갈수록 점진적으로 하락 일로를 걸었다. 물가도 2%대에서 안정을 찾았다. 1991년부터 2001년까지 이어지는 전후 최장기 호황이었다.

1995년 들어 물가 오름세가 2%대에 그치고 경제성장률이 1%대로 둔화하자 그린스펀은 금리 인하 카드를 다시 꺼내 들었다. 기준금리를 1995년 2월 6%에서 1995년 12월 5.25%로 내렸다. 이 금리 인하로 국제 유동성이 풍부해지면서 국제자금이 이머징 마켓으로 흘러들어 갔다. 한편 로버트 루빈(Robert Rubin) 재무장관이 강달러 정책을 추진했다. 이에 연준은 추가 금리 인하를 멈추고 기준금리를 5.25%로 유지했다.

인플레이션이 2.7%대로 낮아지고 실업률도 5%에 근접하자 그린스펀은 1997년 2월 금리를 25bp 인상했다. 그 여파로 국제 유동성이 마르면서 우리나라를 비롯한 동아시아가 외환위기에 빠져들었다. 연준이 5.5%의 고금리 수준을 유지하면서 달러화는 초강세를 보였다. 달러지수는 1995년 4월 80포인트에서 1998년 8월 103포인트까지 올랐다. 약 3년간 달러화 가치가 28%가 넘게 상승한 것이다.

그런데 동아시아 외환위기가 동유럽으로 확산되고 미국에서도 LTCM(Long-term Capital Management)이 파산하는 위기가 벌어지자 연준은 1998년 9월 금리를 인하했다. 이번에도 인하폭은 크지 않았다. 그해 11월까지 금리는 4.75%로 하락했다. 그 여파로 달러지수는 그해 10월 91포인트로 하락했다. 그러나 1999년 닷컴 버블이 주식시장을 압도하고 주가 과열이 우려되자 6월에 연준이 다시 긴축 모드로 돌아서자 달러화 초강세가 재현됐다. 2000년 5월까지 기준금리는 6.5%로 다시 상승했다. 그럼에도 달러화는 강세 행보를 재개해 2001년 7월에 121포인트까지 재상승했다.

9·11테러와 엔론(Enron) 사태 등으로 경기가 침체되자 그린스펀은 기준금리를 공격적으로 내렸다. 2003년 6월 기준금리는 사상 최저치인 1%까지 하락했다. 이로 인해 미국에서는 부동산시장에 버블이 형성되기 시작했고 후에 서브프라임 모기지 금융위기로 진전됐다.

2006년 초, 그린스펀은 18년의 장기 연준 의장으로서의 짐을 내려놓고 벤 버냉키에게 자리를 물려줬다. 금융위기에 단초를 제공했다는 비난을 받기도 하지만 그린스펀은 금리정책을 적절히 사용해 주가를 부양하고 경제성장을 유지했다. 때로는 과감한 선제 금리 인상으로 인플레이션 기대심리를 꺾었다. 그의 재임 중 미국 경제는 과거의 막강한 위용을 회복했다. 경제 대통령으로서 그는 경제의 위대한 마에스트로라는 칭찬을 받아 마땅했다.

8장

2008년 금융위기 복기, 선의가 어떻게 악몽을 낳았나?

지옥으로 가는 길은 선의로 포장되어 있다.

연준과 한국은행이 금리를 올려도 주택시장은 견조해 보인다.
부동산 불패가 이번에도 깨지지 않을 것이란 믿음도 강하다.
그러나 주택시장이 긴축정책을 소화하는 데는 시간이 걸린다.
고금리가 지속되면 주택 매입 여력이 고갈되고 수요가 줄어
가격은 조정을 받을 수밖에 없다.
주택시장 조정의 정도는 주식시장 2차 붕괴의 강도에 달렸다.
경기침체가 우려되는 상황에서 주택의 공격적 매수는
호랑이가 기다리고 있는 언덕을 굳이 지금 지나가겠다는 것과 같다.

멀어진 아메리칸드림

누구에게나 내 집 마련의 꿈을 이루는 일은 절실하다. 집은 단순히 내 한 몸 눕힐 물리적 공간 이상의 의미가 있기 때문이다. 결혼을 하고 아이를 낳고 그 아이들이 뛰어놀고 학교를 가고 졸업을 하는 기억들이 모두 집 안에서 이뤄진다. 그래서 한 가정이 행복에 다가가기 위한 꿈을 이루었다고 여기는 순간은 내 집을 마련한 때다. 불안감 없이 내 집을 마련하고 유지할 수 있는 것은 중요한 인권이고 행복을 추구할 권리의 핵심이기도 하다. 내 집 보유가 늘어나면 사회가 안정되고 중산층의 재산 가치도 증가해 부의 편중을 완화시킬 수 있다.

그렇다면 현대 도시에서 내 집 마련의 가장 큰 적은 무엇일까? 주택 공급 부족이다. 특히 장기간에 걸쳐 누적된 고질적인 주택시장의 공급 부족은 내 집 마련을 매우 어렵게 한다. 집값은 지속적으로 상승한다. 결혼해 내 집을 마련해야 하는 세대는 계속 생기는데 공급이 따라오지 못하니 매수자끼리 집을 사려고 경쟁을 벌이는 상황이 펼쳐지기도 한다. 그것은 경제 대국 미국이라고 해도 예외가 아니다.

미국의 주택보급률은 상당히 낮은 수준이다. 최근 다소 반등 추세를 타고 있지만, 여전히 66%에 불과하다. 우리나라의 주택보급률이 100%를 넘은 것과 비교하면 미국의 주택보급률은 충격적으로 낮다고 볼 수 있다. 그나마 이 수준의 주택보급률도 오래전 과거와 비교하면 양호한 편이다. 경제가 대호황을 보이던 1920년대까지만 해도 미국의 주택보급률은 46% 안팎에 그쳤다. 1930년대 대공황이 터지자 많은 가계의 가장이 직장을 잃고 실업자 신세가 되었다. 그 여파로 다수의 가정이 제때 은행 대출금을 갚지 못해 집을 차압당했다. 이들은 친척에게 의탁하거나 길거리를 전전해야 했다.

늘 국민이 고통에 처했을 때 이를 나 몰라라 하지 않는 지도자가 국민이 필요로 하는 리더다. 그런 방향으로 정책을 추진하는 정부가 좋은 정부라 할 수 있다. 미국 역사상 가장 위대한 대통령 중 한 사람으로 꼽히는 프랭클린 D. 루스벨트도 마찬가지였다. 그는 대공황으로 고통받는 서민들의 주거 여건 향상을 위해 정부와 정치권이 직접 나서도록 독려했다. 이에 미국 연방정부는 금융권의 제안을 받아 모기지 대출 제도를 고안하기로 했다. 이 제도를 지원하려고 새로운 정부 기구인 연방주택청(FHA, Federal Housing Administration)을 창설했다.

FHA는 주택담보대출의 일종인 모기지론(Mortgage loan)을 일으켜서 서민들의 내 집 마련을 도왔다. 모기지론은 집을 사려는 매수자가 자신이 살 주택을 담보로 제공하고 은행이나 여신기관에서 돈을 빌리는 것을 뜻한다. 매입할 집을 담보로 해서 통상 집값의 10~20%의 현금을 선금으로 지불하면 은행이 주택 가격의 나머지 80~90%에 해당하는 돈을 10년, 15년, 20년 또는 30년간 장기 대출해주는 제도다.

예를 들어 지금 당장 3,000만 원에서 6,000만 원의 현금만 있으면 3억 원짜리 집을 살 수 있다. 선금으로 내는 집값의 10~20%에 해당하는 현금을 다운페이먼트(Down Payment)라고 한다. 생애 첫 주택 구매자나 저소득층, 농민 등은 정부 지원을 받아 집값의 3% 안팎의 다운페이먼트만 내도 일정 조건을 충족하면 나머지 금액을 모기지론으로 메울 수 있다. 신용도가 낮아 민간 금융기관에서 대출을 받기 힘든 가정에서도 집값의 3.5%만 선급금에 해당하는 다운페이먼트로 내면 FHA에서 돈을 빌릴 수 있었다. 생애 첫 주택 구매자는 이 대출을 받기가 훨씬 수월했다.

시간이 갈수록 민간 금융기관들도 모기지론을 확대했다. 은행 입장에서 모기지론은 집을 담보로 하므로 다른 신용대출보다 위험이 상대적으로 낮았다. 반면 모기지론에 적용하는 이자율인 모기지 금리는 국채금리보다 상당히 높아 수익성이 좋았다. 모기지론을 비롯한 주택금융은 은행과 금융기관의 주된 수입원이 됐다.

어떤 정책이 오랫동안 광범위하게 받아들여지는 데는 이유가 있다. 그 정책이 탁상공론에 그치지 않고 사람들의 실생활에 실질인 도움을 주어서다. 미국의 모기지론 제도가 그랬다. 모기지론의 가장 큰 장점은 월세 정도의 모기지 불입금을 꾸준히 내면 대출 만기 시에 내 집이 생긴다는 점이었다. 모기지론에는 월세와 달리 대출금과 이자에 다양한 세제 혜택이 부여됐다. 모기지론에도 변동금리와 고정금리가 모두 있었지만, 미국은 고정금리가 압도적으로 많은 비중을 차지했다.

미국 모기지론에서 고정금리 대출이 차지하는 비중은 90%가 넘었다. 대부분의 변동금리 대출도 처음 몇 년간은 고정금리를 내다가 변동금리로 바뀌는 식이었다. 따라서 순수 변동금리는 1% 안팎에 지나지 않았다. 최대 30년간 돈을 빌리면서 금리가 고정되므로 주택 매수자들은 심리적 안정을 얻을 수 있었다. 고정금리 모기지는 매월 지불해야 할 모기지 불입금이 변동하지 않아 가계의 재무 계획에 안정성을 더했다. 게다가 거의 모든 주택 매입자가 모기지 제도를 이용하므로 사기당할 염려가 적었다. 부동산중개인, 은행과 변호사를 통해 매매가 신속하고 깔끔하게 진행된다는 장점도 있었다. 이와 같은 제도상 장점으로 미국 주택시장은 모기지 시스템을 중심으로 움직였다.

이렇게 효율적인 모기지론이 일반화하면서 미국의 주택보급률은 눈에 띄게 상승했다. 1960년대 후반까지 미국의 주택보급률은 65% 안팎에 이르렀다. 그 후에는 이 수준에서 정체됐다. 1970년대 이후 경제가 크게 성장했음에도 불구하고 수십 년간 미국에서 주택보급률은 정체 상태를 벗어나지 못했다.

주택보급률 정체의 근본 원인 가운데 하나는 소득계층 간 임금 격차의 확대였다. 소득 불균형이 심화하면서 인구의 다수를 차지하는 저소득층의 고통이 커졌다. 1970년대 이후 미국 중산층 이하 가계의 실질소득은 거의 증가하지 않았다. 미국의 평균 시간당 임금은 1964년 2.50달러에서 2018년 23달러로 증가했다. 시급이 50여 년간 약 9배 증가했다. 얼핏 보기에는 나쁜 상황이 아닌 듯하다. 그러나 물가를 조정해 실질소득을 구해보면 이야기가 달라진다. 인플레이션을 감안한 실질소득은 1964년 시간당 20달러에서 2018년 시간당 23달러로 상승한 것에 지나지 않았다. 54년간 겨우 11% 상승했을 뿐이다. 같은 기간 미국의 1인당 GDP는 2만 2,000달러에서 6만 달러로 3배 증가했다. 실질 GDP는 무려 5배 늘어났다.

미국에서 월급쟁이들은 항상 쪼들린다. 얇은 월급봉투를 받아 이것저것 제하고 나면 남는 돈이 거의 없다. 그래서 대부분 미국인은 그달 월급 받아 그달 연명하는(Paycheck to paycheck) 신세를 면하지 못한다. 저소득층만 그렇다는 얘기가 아니다. 중산층도 상황은 비슷하다. 2022년 현재 미국인의 평균 저축 규모는 4,500달러에 불과하다. 그만큼만 은행 저축계좌에 가지고 있다는 뜻이다. 저소득층의 상황은 훨씬 심각하다. 저축액이 1,000달러 이하인 미국인이 전체의 42%에 달한다. 심지어 미국인 약 10%는 저축한 돈이 한 푼도 없다.

미국의 소득 불균형은 확대 일로에 있다. 실질소득 기준으로 지난 40여 년간 하위 50%의 소득은 20% 증가하는 데 그쳤지만 같은 기간 상위 10%의 소득은 145% 늘어났다. 가계의 부(富)를 의미하는 재산도 마찬가지다. 재산은 내가 소유한 자산으로부터 부채를 제하고 남은 순자산 가치다. 재산을 기준으로 하면 계층 간 격차는 더 커진다. 재산 격차는 인종별로 가면 더 심각해진다. 흑인 가정이나 남미 출신 히스패닉(Hispanic) 가정의 재산은 백인 가구의 25%에도 미치지 못한다.

이렇게 미국 사회는 전면적 소득 불균형, 재산 불균형, 인종별 격차에 시달리고 있다. 소득 불균형과 재산 격차가 커지면서 저소득층과 소수인종 가계의 구매력은 더욱 큰 타격을 입었다. 하루 벌어 하루 살기에도 빠듯한 이들이 집을 구매할 다운페이먼트를 저축하리라 기대할 수는 없었다. 이 같은 상황에서 내 집 마련을 통한 아메리칸드림의 실현은 요원해 보였다.

정부의 부동산시장 부양과 멈추지 않을 것만 같은 활황

미국의 역대 정부도 내 집 마련의 중요성을 아예 간과한 것은 아니었다. 하지만 미국 주택시장은 기본적으로 시장 자율에 맡긴다. 자본주의 시장경제의 오랜 경험을 통해 정부가 시장에 개입하면 좋은 결과보다 후유증이 더 클 수 있다는 사실을 잘 알고 있었다. 정부가 인위적으로 개입해 부동산 가격이 올랐으니 규제하거나 집값이 떨어졌다고 부양책을 쓰는 것을 매우 경계했다.

그런데 2001년 조지 W. 부시 행정부가 출범하면서 이런 자율 방임적 흐름에 의미 있는 변화가 왔다. 미국 프로야구 메이저리그 (MLB) 텍사스 레인저스의 구단주를 지낼 정도로 금수저 출신이었던 그는 아버지를 이어 미국 최초로 부자 대통령이 된 사람이었지만 독실한 크리스천으로 소외계층에 대한 동정심이 있었다. 강경 보수 공화당이 배경이어서 많은 사람이 거부감을 가졌지만 훌륭한 리더십의 기본인 따뜻한 마음을 가진 지도자였다.

부시 대통령은 2003년 "미국인 모두가 자기 집을 갖는 것은 국가적 이해관계가 걸린 중요한 문제이며 아메리칸드림을 실현하는 길"이라고 선언했다. 내 집 마련 지원이 국정의 주요 과제가 되는 순간이었다. 그는 전체적으로 주택보급률을 높여 주택 부족 문제를 해결하려면 그간 소외되어온 저소득층과 소수인종의 자가 보유가 가능해야 한다고 생각했다. 당시 미국의 전체 주택보급률은 68% 에 이르고 있었지만, 소수인종의 주택보급률은 50%에도 미치지 못했다.

그는 저소득층의 내 집 마련 꿈을 방해하는 첫 요인이 다운페이먼트를 마련할 현금 부족이라고 꿰뚫어 보았다. 부시 행정부는 다양한 지원정책을 마련해 저소득층의 다운페이먼트 문제를 해결하려 했다. 의회를 설득해 내 집 마련을 지원할 법안을 마련해달라고 요청했다. 그의 노력이 결실을 맺어 그해 12월 '아메리칸드림 다운페이먼트법'이 의회를 통과했다. 법 이름에 아메리칸드림을 붙일 정도로 이 정책에 대한 부시 대통령의 애착은 컸다.

그는 이 법안에 서명하면서 2010년까지 소수인종을 비롯한 저소득층의 주택 보유를 550만 호 증가시켜 이들의 주택보유율을 획기적으로 개선하겠다고 약속했다. 이 법의 통과로 매년 적어도 4만 가구에 대해 2억 달러(2,640억 원)의 다운페이먼트 지원이 가능해졌다. 더불어 생애 최초로 주택을 구매하는 가구에 집값의 100%까지 대출이 가능하도록 FHA가 보증을 제공하게 되었다. 부시 대통령의 노력은 여기서 멈추지 않았다. 모기지론 제공을 비롯한 주택 매입 절차를 간소화했다.

주택매매계약 종료 단계에서 은행 수수료 등 각종 비용을 정산하는 클로징 코스트(Closing Cost)도 줄이도록 했다. 동시에 부시 대통령은 금융권에도 도움을 요청했다. 이에 부응해 은행들은 서브프라임 모기지를 활용해 신용등급이 낮은 가구에도 적극적으로 주택자금을 대출했다. 헤지펀드를 비롯한 금융회사들은 이들 서브프라임 모기지론을 공격적으로 매입했다. 미국의 개인 신용평가점수는 300~800 사이에서 결정된다. 이 가운데 신용점수 660 이상을 프라임, 620 이하를 서브프라임 고객으로 분류한다. 점수가 낮을수록 대출의 부도 위험이 크다.

아무리 민주주의 사회가 왔다 해도 정부의 힘은 여전히 막강했다. 정부에 맞서지 말라는 주택시장 격언이 있듯이 정부가 한 번 정책의 바람을 일으키면 시장은 재빠르게 그 방향으로 바람을 탔다. 정부의 정책에 맞서다가는 역풍을 얻어맞기 십상이다. 정부는 정책

역량을 실현하기 위해 필요한 다양한 정책자원을 확보하고 있기도 했다. 대통령의 힘이 실리면 특히 그 정책은 강한 탄력을 받았다. 그것은 미국도 마찬가지이고 부동산시장도 마찬가지였다.

부시 행정부의 강력한 내 집 마련 지원 의지를 확인한 주택시장과 금융권도 발 빠르게 움직였다. 특히 주택업계는 부시 행정부의 다운페이먼트 지원정책을 대대적인 부동산 경기부양책으로 받아들였다. 건설업계는 주택 착공에 박차를 가했다. 부시 대통령이 집권하던 2001년 초 미국의 신규 주택 착공은 매월 160만 건 정도였으나 2003년 12월에는 206만 건으로 급증했다. 은행도 주택 관련 대출 문턱을 확 낮췄다. 내 집 마련 정책에 부응해 신용도가 낮은 저소득층과 소수인종에 대한 모기지 대출 승인도 확대했다.

상당 기간 지속된 저금리 환경도 부동산시장이 순풍을 타는 데 도움을 주었다. 연준은 닷컴 버블의 확산 속에 2000년 5월에 6.5%까지 올렸던 금리를 다시 내렸다. 주식시장에서 버블이 붕괴되고 2001년에 경기가 침체하자 그해 여름까지 공격적으로 금리를 내렸다. 9·11테러가 터지자 경기침체가 가속화할 것을 예상한 연준은 그해 말까지 기준금리를 1.75%로 인하했다.

그것으로 끝이 아니었다. 엔론 사태가 일파만파로 번지면서 자산시장이 빙하기로 접어들었다. 이에 연준은 2002년 가을까지 기준금리를 1.25%로 내렸고 2003년 봄에는 사상 최저치인 1%로 인하했다. 2003년 들어 연준의 노력이 서서히 효과를 보이기 시작했다. 2002년 10월 1,110포인트까지 하락했던 나스닥지수가 급반등하기 시작했다. 나스닥지수는 2003년 12월 2,150포인트까지 질주했다. 주가가 바닥 대비 거의 2배 올랐다.

금리가 하락 사이클에 접어들면 주식시장만 홀로 활황세에 들어가는 것은 아니다. 시중 유동성이 개선되면서 대부분 자산가격이 상승 추세에 접어든다. 부동산 가격도 예외가 아니다. 주택 가격의 중간값은 2001년 1분기 17만 달러에서 2003년 4분기 20만 달러로 상승했다. 약 2년간 집값이 18% 뛰었다. 케이스-실러지수는 2001년 1월 113포인트에서 2003년 12월 151포인트로 급등했다. 단기간 33% 넘게 주택가격지수가 상승했다. 이 시기 미국 주택시장의 활황은 거래 건수에서도 확인할 수 있다. 기존 주택의 매매 건수는 2001년 1월 510만 건에서 2003년 말 640만 건으로 증가했다.

자산가격이 급등하고 소비자물가가 전년 대비 3%를 넘게 상승하자 2004년 들어 연준은 통화정책을 다시 긴축으로 되돌렸다. 그해 8월까지 기준금리를 1%에서 1.5%로 인상했다. 그 여파로 나스닥지수는 19% 하락했다. 그럼에도 불구하고 연준은 금리 인상을 지속했다. 인플레이션이 쉽사리 잡히지 않은 탓이다. 2004년 말 기준금리는 2.5%로 올랐고 2005년 말에는 4.25%까지 상승했다.

2006년 2월에는 18년간 연준 의장을 지내며 '금융시장의 마에스트로'라는 명성을 쌓은 그린스펀이 물러났다. 특유의 카리스마와 해박한 지식, 금융시장을 읽는 탁월한 시각을 바탕으로 선제적 금리 인상과 연준 풋을 동원해 최장기 경제성장을 이끈 거인의 퇴진에 금융시장은 불안감을 감추지 못했다. 후임 연준 의장에는 프린스턴대학 교수 출신의 벤 버냉키가 임명되었다. 그도 긴축정책을 지속했다. 기준금리는 2006년 6월까지 5.25%로 상승했다. 불과 2년간 금리가 4.25%p 올랐다. 이로 인해 2006년 나스닥지수는 더는 인상적인 상승세를 보이지 못하고 2,000포인트 언저리에서 등락했다.

이 시기 미국 주택시장의 동향은 사뭇 비정상적이었다. 통상 금리가 오르면 주택 가격은 숨을 고르는 것이 일반적이다. 그런데 급격한 금리 인상에도 불구하고 미국 집값은 상승세를 멈출 줄 몰랐다. 주택 가격의 중간값은 2007년 1분기 25만 7,400달러를 기록했다. 2003년 4분기 이후 집값이 30% 추가로 상승했다. 2006년 4월, 케이스-실러지수는 207포인트를 기록했다. 2003년 12월 이후 37% 더 상승한 것이다. 2001년 부시 대통령이 집권한 이래 약 5년간 주택 가격 중간값은 52% 상승했고 케이스-실러지수는 83% 올랐음을 의미했다. 주택 가격이 예전에는 볼 수 없었던 큰 폭으로 상승했다.

이 기간의 주택 가격이 별다른 조정 없이 상승 곡선을 따라 순조롭게 가파른 상승을 지속했다는 사실이 더욱 인상적이다. 연준의 통화긴축에도 불구하고 주택 가격이 몇 년간 상승하자 시장에는 '주택시장 불패'의 신념이 확고하게 자리 잡기 시작했다. 집값이 눈에 띄게 오른 플로리다주나 캘리포니아주에서는 '2년 전에 집을 사 100만 달러도 더 벌었다'더라는 성공신화를 어렵지 않게 접할 수 있었다.

이런 분위기 속에 정부의 지원사격을 받으며 미국 금융권은 총대를 메고 모기지론을 사정없이 늘렸다. 2000년 4분기 5.5조 달러였던 주택 모기지론 규모는 2008년 1분기 12.1조 달러로 늘어났다. 7년간 2배 이상 증가한 것이다. 주택 매수자의 열기도 대단했다. 집값이 오르자 한몫 잡아보려는 투기적 수요가 폭증했다. 카드빚을 내서 다운페이먼트를 마련했다는 얘기가 여기저기서 들렸다. 2000년 1,680만 건이던 주택 모기지론 신청 건수는 2005년 3,020만 건으로 늘어났다.

서브프라임 모기지, 증권화와 MBS

2006년을 전후해 미국 주택시장의 투자 열기는 한여름 날씨보다 뜨거웠다. 그러나 날씨가 정도를 벗어나 심하게 더우면 이내 대기 불안정으로 이어져 폭풍과 소나기를 피하지 못하는 법이다. 미국 주택시장에서도 전례를 찾아보기 어려운 투자 광풍의 한가운데에서 비극의 씨앗이 쑥쑥 자라고 있었다. 상궤를 벗어난 서브프라임 모기지론의 증가 때문이다.

서브프라임은 평균 이하의 신용도를 의미하고 서브프라임 대출은 평균 이하로 신용도가 낮은 가계에 대한 대출을 뜻한다. 신용도가 낮았으므로 부도 위험은 그만큼 컸다. 이를 반영해 대출금리는 높았다. 금융기관 입장에서는 여신 포트폴리오를 분산시킨다는 측면에서 어느 정도의 고수익 서브프라임 대출을 일으킬 수도 있었다. 전체 수익률을 높이기 위해 약간의 고위험-고수익 대출을 자산 일부로 포함해도 이해할 수 있는 일이었다.

문제는 당시 미국 금융기관들이 수익성에만 혈안이 돼 상식에 어긋날 정도로 서브프라임 모기지론을 증가시켰다는 데 있었다. 위험성을 감안해 대출의 극히 일부만 서브프라임으로 채워야 했으나 그렇게 하지 않았다. 전체 모기지론에서 서브프라임 모기지가 차지하는 비중은 2001년 7.6%에서 2006년 23.5%까지 급증했다. 2006년 한 해에만 6,000억 달러(780조 원)의 서브프라임 모기지 대출이 발생했다.

은행들은 여신심사도 대충 건너뛰었고 신청을 하면 대부분 대출을 승인해주었다. 금융기관으로서는 해서는 안 될 도덕적 해이를 일삼았다. 소득도, 직장도, 보유 자산도 묻지 않고 마구잡이로 돈을 빌려주는 닌자(NINJA, No Income, No Job, No Asset) 대출이 성행했다. 그렇다면 당시 은행들은 왜 이렇게 무분별하고 상식에 어긋난 방식으로 대출을 늘리는 행위를 일삼았을까?

서브프라임 모기지 대출을 급증시킨 은행들의 1차 목적은 각종 수수료를 포함해 대출 과정에서 생기는 수익을 얻는 것이다. 은행들은 반드시 만기까지 보유하려고 모기지 대출을 일으킨 것도 아니었다. 기존에 일으킨 대출을 매매하는 세컨더리 모기지 마켓이 발전하면서 은행들은 대출을 보유하지 않고 팔 수 있었다. 모기지론의 매각 상대방은 대개 모기지 관련 정부 유관기관이었다. 대표적인 모기지 관련 정부 유관기관은 패니메이(Fannie Mae)라고 불리는 FNMA(Federal National Mortgage Association)와 프레디맥 (Freddie Mac)이라고 불리는 FHLMC(Federal Home Loan Mortgage Corporation)였다. 이들 기관이 세컨더리 마켓에서 모기지론을 인수 했다. 이들 정부 유관기관은 모기지 대출을 진흥하고 관련 자본시 장의 효율화를 위해 1970년을 전후해 미국 의회가 창설한 것이다.

패니메이와 프레디맥은 시장에서 인수한 모기지 대출 자산을 담보로 해서 채권을 발행했다. 이렇게 발행한 채권을 주택저당채 권(MBS, Mortgage-backed Securities)이라 불렀다. 즉, 이 기관들은 MBS 발행을 통한 증권화(Securitization)를 통해 모기지 대출 자산 을 유동화한 것이었다. 이렇게 발행한 MBS는 채권시장에서 거래됐 다. 이들은 MBS를 매각한 돈을 이용해 추가로 은행에서 모기지 채 권을 사들였다. MBS 시장이 커질수록 은행은 더 많이, 더 빠르게 대출 자산을 이들 자산유동화회사에 팔 수 있었다. 그러면 현금이 더 많이, 더 빠르게 은행으로 흘러들어 왔고 은행은 이 현금으로 모 기지론을 더 많이, 더 빠르게 일으킬 수 있었다. 이런 과정을 통해 모기지론이 급속하게 늘어났다. 은행 입장에서는 신규 대출을 일으 키고 이를 세컨더리 마켓에서 팔면서 각종 수수료 수입과 양도차익 을 누릴 수 있었다. 은행의 이익도 급증했다.

막 유학을 시작했던 2005년 가을 즈음, 코넬대학 캠퍼스는 아 름드리나무에서 떨어진 황금빛 잎사귀로 가득했다. 도서관에서 책 을 읽다가 무료할 때쯤이면 서고 한쪽에 있는 컴퓨터로 가서 기사 를 검색했다. 한 경제 기사를 읽다가 아연실색한 적이 있었다. 미국

은행의 실적에 관한 기사였다. 이 은행의 이익이 전년 동기 대비 거의 2배로 늘어났다는 내용이었다. 그런데 금융기관과 예금보험공사에서 10년 넘게 일한 필자는 대체 은행 이익이 어떻게 단기간에 2배로 늘어날 수 있는지 이해할 수 없었다. 박사과정에 진학해 어느 정도 금융을 공부하고 난 뒤에야 이익 급증의 배후에 증권화가 있었음을 눈치챘다.

그렇다면 증권화란 구체적으로 어떤 것일까? 내가 금융회사에 처음 발을 내디뎠던 1990년대 초 금융시장의 큰 흐름은 세 단어로 요약할 수 있었다. 증권화, 국제화, 유니버설 뱅킹이었다. 그중 증권화의 기원은 17세기로 거슬러 올라간다. 당시 유럽은 쉴 새 없이 터지는 국가 간 전쟁으로 시달리고 있었다. 섬나라 영국도 마찬가지였다. 전비를 마련하려고 거액의 국채를 발행해야 했다. 그 국채를 떠안고 정부에 돈을 대줄 전주가 필요했다. 당시 영국에서 가장 잘나가는 전주는 1600년에 설립된 인도양에서 향료를 비롯한 각종 무역을 독점하던 동인도회사였다. 대영제국은 나랏빚인 국고채를 담보로 증권을 발행해 동인도회사 등에 팔았다. 이런 방식으로 잘나가는 기업을 이용해 국가 채무를 유동화했다.

현대적 의미의 증권화는 1970년대에 시작됐다. 당시 월가를 대표하는 투자은행의 하나였던 살로몬 브라더스(Salomon Brothers)가 모기지 채권을 유동화해 MBS를 선보였다. 이 회사에 근무했던 루이스 래니어리(Lewis Ranieri) 등이 이 작업을 주도했다. 그가 MBS를 발행하기 위한 이 일련의 작업 과정을 '증권화'라 명명했다. 이로부터 래니어리는 MBS의 창시자로 불렸다.

MBS 증권화의 성공에는 미국 정부 출자기관과 정부 유관기관의 역할이 컸다. 1968년에 설립된 지니메이(Ginnie Mae)는 요건을 충족하는 금융기관이 발행한 MBS의 원리금 지급을 보증했다. 지니메이의 정식 명칭은 GNMA(Government National Mortgage Association)다. 이 기관의 보증은 연방정부의 보증과 같은 의미를 지녔다. 지니메이가 연방도시주택부(HUD)가 직접 출자한 정부 산하 기관이기 때문이다. 지니메이 보증 딱지를 붙인 MBS는 거의 미국 국채(Treasury)에 버금가는 신용도를 자랑했다.

한편 비슷한 시기에 정부 유관기관인 패니메이와 프레디맥은 세컨더리 마켓에서 주택 모기지론을 구매한 후 포트폴리오를 구성해 MBS를 발행했다. 이들 정부 유관기관의 신용도는 지니메이에는 미치지 못했다. 회사를 공개해 주식을 일반 투자자에게 파는 탓이다. 즉, 민영화로 더는 공공기관으로서의 신용도를 누릴 수는 없게 됐다. 1980년대에는 자동차 대출과 신용카드 대출을 기반으로 한 자산유동화증권(ABS)을 발행했다. 1990년대에는 보험회사가 발행한 재난채권을 기반으로 하는 ABS가 선을 보였고 2000년대에는 학자금대출을 유동화한 ABS를 발행했다.

MBS를 증권화하기 위한 실무 구조는 대단히 복잡하다. 관련 회사도 다양하다. 증권화의 첫 단계는 모기지 대출이다. 은행이나 비은행 모기지 전문 여신기관이 주택 구매자의 대출 신청을 받아 모기지론을 일으킨다. 단순하게 설명하면 이들 기관을 금융기관이라 부르자. 과거 미국의 전통적 금융 모델에서는 금융기관이 대출하면 그 대출채권을 만기까지 그대로 자산으로 보유했다. 금융기관의 주된 수익원은 보유 대출채권에서 발생하는 이자 수입이었다. 금융기관은 낮은 금리로 예금을 받거나 CD를 발행해 차입하고 높은 금리로 대출을 했다. 이로부터 플러스의 순이자마진(Net interest margin)을 창출했다. 순이자마진이 영업이익의 주된 원천이었다. 만약 보유 대출이 부도가 나면 그 금액만큼 손실을 봐야 했다. 이 모델 하에서는 대출심사와 여신 관계가 매우 중요했다.

그러나 MBS를 발행한 이후 증권화가 대세가 되면서 금융기관은 전통적인 모델을 탈피해 대출을 일으키고 팔아버리는 (Originate-to-distribute) 일종의 히트-앤드-런 모델로 진화해갔다. 이 새로운 모델하에서는 대출심사도, 여신심사도 중요성이 덜했다. 여차하면 대출을 세컨더리 마켓에서 다른 기관에게 팔면 그만이기 때문이다. 이렇게 모기지론을 일으키는 과정에서 여신심사가 요식 행위로 그치자 대출심사에 전문성이 없는 많은 비은행 모기지 대출기관이 시장에 뛰어들었다. 모기지 브로커도 활개를 쳤다.

컴퓨터 기술의 발달과 인터넷의 등장으로 증권화는 더욱 빠르고 효율적으로 진행되었다. 이와 더불어 MBS와 ABS의 규모는 폭발적으로 성장했다. 2000년 초 1,007억 달러에 불과했던 패니메이, 프레디맥 등 정부 유관기관 MBS와 ABS는 2007년 2분기에는 4,148억 달러로 커졌다. FDIC가 예금을 보호하는 FDIC 부보은행의 MBS도 마찬가지였다. 이들 금융기관이 보유한 MBS 자산 규모는 2000년 초 6,802억 달러에서 2007년 말 1.2조 달러로 급증했다. MBS 시장의 급성장은 모기지 대출 시장의 급성장을 동시에 의미했다. 은행의 자산유동화가 보다 용이해져 모기지 대출 리스크가 줄어들었음을 의미하기도 했다.

집값이 오르는 상황에서 주택 매입자와 모기지 대출 은행, MBS 채권투자자 모두가 행복한 시간을 보내고 있었다. 연준이 기준금리를 올리고 있었지만 크게 문제될 것이 없어 보였다. 전 세계에서 자금이 유입되면서 미국 주택시장의 활황과 MBS 시장의 성장은 끝없이 이어질 것처럼 보였다.

악몽으로 끝난 선의와 주택 버블 붕괴

조지 W. 부시 대통령이 저소득층과 소수인종의 주택보급률을 높이려는 선의(善意)로 주택시장에 불을 붙인 이후 미국의 부동산 붐은 몇 년째 이어지고 있었다. 이에 뒤질세라 금융기관들도 수익성 높은 MBS에 대한 투자를 공격적으로 확대했다. 이들의 투자 대상은 모기지론을 담보로 발행한 MBS뿐만이 아니었다. MBS를 담보로 발행한 수익성이 더욱 높은 채권을 선보였다. 채무저당증권인 CDO(부채담보부증권, Collateralized Debt Obligations)다.

CDO가 인기를 끌자 보다 위험도가 큰 채권이 CDO의 트랜치로 영입되기 시작했다. 수익성을 더욱 높이기 위해서였다. 이렇게 서브프라임 모기지에 기반한 채권들이 CDO의 트랜치에 포함됐다. 그런데도 위험에 대한 인식은 크지 않았다. 주택시장은 견조했고 모기지론 연체율은 2%에도 미치지 못했기 때문이다. 이런 상황에서 고수익을 좇아 전 세계에서 자금이 미국 MBS와 CDO 시장으로 몰려

들었다. 우리나라 투자자들도 예외가 아니었다.

우리나라를 대표하는 대형은행도 CDO에 투자하지 못해 혈안이 됐다. 미국 금리가 오르자 엔(円)캐리트레이드를 통해 투자자금을 마련하기까지 했다. 캐리트레이드(Carry trades)는 이자율이 낮은 통화로 돈을 차입한 뒤 이자율이 높은 다른 통화로 환전해 그 나라 자산에 투자하는 기법이다. 엔캐리트레이드는 당시 이자율이 매우 낮았던 일본 엔화를 차입해 달러화로 환전한 뒤 미국 자산에 투자하는 것을 뜻했다.

그런데 연준이 지속적으로 금리를 인상하고 통화정책의 고삐를 죄면서 주택시장에도 서서히 변화의 조짐이 나타나기 시작했다. 30년 만기 모기지 대출금리는 2003년 5.2%에서 2006년 7월 6.7%까지 상승했다. 이후 약 1년간 연준이 고금리 긴축을 지속하자 모기지 금리는 6.5% 안팎의 높은 수준을 유지했다. 금리의 상승과 장기간 고금리 상태의 지속은 필연적으로 주택 매수자의 매입 여력을 고갈시켰다. 이로 인해 주택 매수 수요가 눈에 띄게 감소할 수밖에 없었다.

자본주의 경제에서 가격은 시장에서의 수요와 공급이라는 단순한 두 힘이 균형을 이룬 상태에서 정해진다. 공급이 감소하고 수요가 증가하면 가격이 오르지만, 공급이 증가하고 수요가 감소하면 가격은 떨어질 수밖에 없다. 수요와 공급의 법칙은 부동산시장에도 예외 없이 적용된다. 모기지 연체율이 상승해 매물이 늘어나고 연준의 금리 인상으로 주택 매수 수요가 감소하자 끝을 모르고 오르던 집값이 상승세를 멈췄다.

2006년 4월, 케이스-실러지수는 207포인트를 정점으로 횡보하기 시작했다. 2007년 4월에는 204포인트를 기록했다. 집값 상승이 멈춘 것에 불과했지만 주택시장의 수면 아래에서는 불안감이 커져갔다. 위험성이 큰 서브프라임 모기지가 문제였다. 애초부터 대출 원리금을 지급할 능력이 없는 무소득자가 돈을 빌려 집을 샀으므로 여차하면 더 높은 가격에 되팔 수 있어야 했다.

가격 상승이 정체되면서 주택매매시장도 가파르게 위축되기 시작했다. 2005년 10월 725만 건에 이르렀던 기존 주택의 매매 건수는 2007년 3월 580만 건으로 하락했다. 모기지 대출의 연체율도 가파르게 상승하기 시작했다. 2004년 말 1.4%였던 대출 연체율은 2007년 1분기 2.1%로 상승하고 있었다. 2006년 8월에는 채권시장에서 장단기 금리 역전 현상까지 나타나 경기침체 가능성에 대한 신호를 보내고 있었다.

월가 금융기관들도 서서히 경고음을 발하기 시작했다. JP모건과 UBS 같은 투자은행들은 서브프라임 모기지의 부실화 가능성에 주목했다. 영화 〈빅쇼트〉(2016)의 실제 주인공인 펀드매니저 마이클 버리(Michael Burry)는 서브프라임 모기지 관련 채권의 부도에 베팅했다.

2007년 3월에 사달이 났다. 서브프라임 모기지론과 증권화에 특화했던 뉴센추리파이낸셜(New Century Financial Corporation)이 법원에 파산신청을 했다. 당시 이 회사는 직원 7,200명을 거느린 업계 수위의 모기지 대출회사로, 자산 규모가 250억 달러(32.5조 원)에 달했다. 파산 당시 이 회사는 절반이 넘는 직원을 해고하고 자산의 급매도에 착수한 상태였다. 그해 6월에는 월가의 대형 투자은행 베어스턴스(Bear Sterns)가 자사의 2개 헤지펀드에 긴급자금을 투입해야 했다. 이들이 200억 달러(26조 원) 상당의 CDO에 투자했다가 마진콜을 당했기 때문이다. 베어스턴스는 이 펀드를 정리해야 했다.

이를 기점으로 집값은 하락하는 데 속도를 내기 시작했다. 케이스-실러지수는 2007년 말 185포인트까지 떨어졌다. 약 1년간 약 9%가 하락한 것이다. 미국 주택시장에 낀 거대한 버블이 서서히 붕괴하고 있었다. 그해 연말에는 모기지 대출 연체율도 어느새 3.1%로 상승하고 있었다. 소비자물가는 전년 대비 4% 상승했고 실업률은 5%로 올랐다. 고물가 속에 경기침체가 다가왔다. 약하지만 스태그플레이션 조짐이 만연했다.

그런데도 주가는 다시 급격한 상승 곡선을 그렸다. 2007년 10월 나스닥지수는 2,860포인트를 상회했다. 닷컴 버블 직후 저점에서 158% 상승한 것이다. 심지어 S&P500지수와 다우존스는 사상 최고치를 갱신하고 있었다. 금리 인하 가능성에 고무된 주식시장은 서브프라임 위기의 가능성도, 연준의 경기침체 경고도, 기업 실적의 악화도 도외시했다. 2007년 가을은 주식시장이 한 번 상승 모멘텀에 사로잡히면 얼마나 비합리적인 수준까지 갈 수 있는지를 분명하게 보여주었다.

경기침체가 심화할 조짐이 점차 선명해지자 연준은 통화정책 스탠스를 변경해 5.25%에서 머물던 기준금리를 내리기 시작했다. 2007년 9월 금리를 25bp 인하한 데 이어 이듬해 4월까지 2%로 내렸다. 그런데도 주택시장은 점점 더 차가운 빙하기로 빠져들었다. 2008년 2분기 모기지론 연체율은 4.4%로 급등했다. 1990년 이후 최고치였다. 기존 주택 매매 건수도 400만 건을 벗어나지 못했다. 주가도 서서히 조정받기 시작했다. 시중 유동성도 악화돼 금융경색의 조짐을 보이기 시작했다. 이에 연준은 TAF(Term Auction Facility)라는 긴급 유동성 지원 프로그램을 마련했다. 일부 자산을 담보로 연준이 은행들에 단기 유동성을 공급하기 위해서였다. 이 프로그램을 시행했다는 것은 미국 금융기관들이 자금경색에 시달리고 있음을 역으로 보여준 것이다.

이런 와중에 충격적인 뉴스가 터졌다. 2008년 3월 17일, 업계 5위의 유서 깊은 투자은행 베어스턴스가 부도 위기에 몰리고 말았다. 2007년 6월, 모기지 채권투자로 손실을 입어 긴급자금까지 투입했던 헤지펀드 2개가 7월 말에 파산하면서 베어스턴스의 부실화가 가속화됐다. 이로 인해 베어스턴스는 그 헤지펀드로부터 16억 달러(2조 800억 원)의 부실화된 서브프라임 자산을 인수해야 했다. 11월에는 이 자산을 포함해 19억 달러(2조 4,700억 원) 상당의 모기지 관련 자산을 상각 처리해야 했다. 그 영향으로 베어스턴스는 2007년 4분기 창사 이래 최초로 8억 5,900만 달러의 당기순손실을 발생시켰다. 그러자 신용평가기관인 무디스가 베어스턴스의 채권 등급을 A1에서 A2로 강등시켰다.

고정금리 모기지론으로 집 살 돈을 빌리면 고정 할부금인 모기지를 매달 내게 된다. 그렇다면 매월 지불해야 할 모기지 금액은 어떻게 산정될까? 모기지 지불액은 대출금액, 만기, 금리에 따라 정해진다. 모기지 금리는 시중금리, 대출 만기, 다운페이먼트, 차주의 신용도에 따라 결정된다. 통상 신용도가 동일하다면 집값의 20%에 해당하는 다운페이먼트를 내고 15년 만기로 돈을 빌릴 때 모기지 금리가 가장 낮다고 한다. 20% 다운페이먼트를 내고 15년 만기 대출로 30만 달러를 빌릴 때 모기지 금리가 연 6.5%라고 하자. 이것은 월 0.54%(= 6.5% / 12)에 해당한다. 매월 내야 할 고정 할부금액은 수식을 이용하거나 재무계산기 또는 엑셀을 사용해서 계산할 수 있다. 할부금액을 계산해주는 웹사이트도 많다. 매월 같은 금액을 15년간 낸다면 동일 금액의 적금을 180회 불입하는 것과 같다. 이런 상품을 '연금(Annuity)'이라고 한다. 불입 횟수를 N, 불입금액을 C, 월 모기지 금리를 r이라 하면 모기지 대출금(PVB)은 미래에 내야 할 고정 불입금액 C의 현재가치 합과 같게 된다. 이를 수식으로 표현하면 다음과 같다.

$$PVB = (C / r)[1 - C / (1 + r)^N]$$

이 수식을 이용하면 매월 납부하는 개인연금의 현재가치도 쉽게 구할 수 있다. 위의 예에서 차입금은 집값 30만 달러에서 다운페이먼트 6만 달러를 뺀 24만 달러(PVB = 240,000)가 된다. 월 모기지 금리는 0.54%(r = 0.0054)이고 모기지 지불 횟수는 180개월(N = 180)이다. 이를 위의 수식에 대입해보자.

$$240,000 = (C / 0.0054)[1 - C / (1 + 0.0054)^{180}]$$ 또는 $$240,000 = (185,185C)[1 - C / 2.6363]$$

이를 C에 대해 풀면 C = 2,088이 된다. 즉, 매월 2,088달러 안팎의 돈을 15년간 내야 한다. 그런데 만약 모기지 금리가 연 5.2%였다면 매월 내야 할 불입액은 1,918달러에 불과했을 것이다. 금리가 오르면서 매월 내야 할 모기지 불입액이 약 9%인 170달러 증가했다. 그만큼 주택 매입 여력이 감소할 수밖에 없다.

심지어 2008년 1월에는 베어스턴스의 MBS 신용등급을 정크 본드 수준인 B로 강등시켰다. 3월에는 다수의 은행이 베어스턴스와의 거래 중지를 선언했다. 상대방 신용 위험인 카운터파티 리스크(Counterparty risk)가 너무 크다는 이유였다. 유동성 위기를 이기지 못한 베어스턴스는 JP모건체이스에 자금 지원을 요청했다. JP모건의 요청으로 긴급 연방준비제도이사회가 열렸다. JP모건은 베어스턴스의 주식을 주당 2달러에 인수하기로 했다. 불과 1년 전만 해도 170달러를 호가하던 주가였다. 연준은 JP모건이 베어스턴스의 자산을 인수하는 대가로 300억 달러를 지원하기로 했다.

글로벌 금융위기로 진화한 은행 부실

은행 위기가 치명적인 이유는 반복 가능성이 매우 크다는 데 있다. 은행업은 다른 산업과 달라 상품 구조가 대동소이하다. 자동차산업은 기술, 가격과 모델의 변화를 통해 어렵지 않게 상품을 차별화할 수 있지만, 은행업에서는 수신·차입을 통한 자금 조달과 여신·채권투자를 통한 자금 운용이라는 큰 틀에서 벗어나기 어렵다. 자금 조달과 운용 상품도 은행별로 크게 다르지 않다. 그렇다 보니 어떤 외부 충격으로 한 은행이 위기에 처하면 다른 은행도 비슷한 위기에 처할 위험이 매우 컸다.

2007년과 2008년 미국에서 꼬리에 꼬리를 물고 전개된 은행

위기의 전파 과정도 마찬가지였다. 연준의 고금리 정책에 서브프라임 모기지의 비중이 큰 은행이 먼저 부실화했다. 뉴센추리파이낸셜과 베어스턴스였다. 불과 두 금융기관에 불과했지만, 이들의 부실화는 향후 다른 다수 금융기관 부실화의 전주곡이었다.

2008년 JP모건이 베어스턴스를 인수하면서 은행 위기의 큰불은 진화된 듯했다. 금융시장은 환호했다. 베어스턴스 충격으로 그해 3월 중순 2,240포인트까지 하락했던 나스닥지수는 그해 봄 강력한 랠리를 선보였다. 그해 6월 2,530포인트를 회복했고 8월까지도 2,250~2,450포인트의 범위에서 급등락하고 있었다. 원유가가 급등하면서 인플레이션이 5%를 훌쩍 넘어서고 실업률도 6%를 넘었으며 기업 실적도 악화 일로를 걸었지만 주식시장에는 여전히 막연한 낙관주의가 남아 있었다. 그러나 베어스턴스 사태로부터 촉발된 금융경색의 여진은 여전했다.

2008년 7월 11일, 자산 규모 320억 달러(41.6조 원)로 주택대부 (S&L)업계 1위이자 모기지 대출 순위 7위인 인디맥(IndyMac)이 파산했다. 미국 역사상 네 번째로 큰 금융기관의 파산이었다. 베어스턴스가 파산한 지 4개월이 채 지나지 않아 또 다른 거대 은행이 무너졌다. 이번에도 파산의 원흉은 서브프라임 모기지였다. 이 금융상품과 깊숙하게 관련된 금융기관은 무사하지 못할 것이란 사실을 여실히 보여줬다.

2008년 9월 7일에는 더 충격적인 일이 벌어졌다. 정부 유관기관인 패니메이와 프레디맥이 자산 부실화를 견디지 못하고 파산 지경에 이르렀다. 이들은 정부기관인 연방주택금융공사(FHFA)의 관리 상태로 들어갔다. 당시 이 두 정부 유관기관이 보유한 MBS 규모는 5조 달러에 달했고 그로부터 거의 150억 달러에 육박하는 손실에 직면해 있었다.

은행 위기는 정점을 향해 치닫고 있었다. 9월 15일 투자은행업계 4위로 《포춘(Fortune)》 500대 기업 랭킹에서 47위에 선정됐던 리먼 브라더스가 파산을 신청했다. 미국 역사상 최대 규모의 파산이었다. 그런데 1844년 설립된 리먼 브라더스의 최전성기는 역설적이게도 파산을 불과 1년 반 남긴 2007년 2월이었다. 당시 리먼 브라더스 주가는 사상 최고치인 86달러를 돌파했고 시가총액은 600억 달러(78조 원)에 이르렀다. 2005년 이래 매년 순이익 신기록을 갱신해왔다. 2007년 한 해 이 회사의 순이익은 42억 달러(5조 4,600억 원)를 기록했다. 이런 급성장이 가능케 했던 이유는 부동산과 모기지 관련 수익이었다.

리먼 브라더스는 엄청난 레버리지를 일으키면서 수익을 확대하고자 했다. 그러나 투자자나 은행이나 모두 높은 레버리지의 사용은 양날의 칼로 작용한다. 시장 여건이 좋을 때는 자기자본 대비 월등한 수익률을 얻지만, 시장 상황이 악화하면 손실이 급속히 확대되어 자기자본이 기하급수적으로 줄어든다. 리먼 브라더스도 모기지 시장이 악화되자 2008년 2분기에 28억 달러(3조 6,400억 원)에 달하는 손실을 내고 말았다. 이로 인해 리먼 브라더스 주가는 9월 첫 주에만 77% 급락했다.

자본 수혈이 절실했던 리먼 브라더스는 다급하게 투자자를 찾았다. 우리나라의 산업은행도 유력한 투자자 후보군 가운데 있었다. 산업은행은 글로벌 투자은행으로의 성장 기회를 엿보고자 리먼 브라더스 인수를 진지하게 고려했다. 그러나 9월 9일 줄다리기를 지속하던 인수 협상은 결렬되고 말았다. 이 소식에 리먼 브라더스 주가는 45% 급락했다. 3분기 실적은 더욱 암울했다. 부실자산에 대한 대손충당비용이 반영되면서 분기 손실이 39억 달러(5조 700억 원)를 기록했다. 주가는 또다시 40% 넘게 하락했다. 이대로 두면 뉴욕 증시 자체가 흔들릴 판이었다.

발등에 불이 떨어지자 미국 금융 당국이 긴급하게 개입했다. 주요 은행들에 리먼 브라더스 인수를 긴급 타진했다. 그러나 다른 은행들도 부실자산에 시달리고 있어 여유가 많지 않았다. 그나마 인수 여력이 있던 BoA는 또 다른 부실 투자은행 메릴린치(Merrill Lynch)를 인수하기로 했다. 메릴린치는 당시 업계 2위 투자은행이었다. 94년의 역사를 자랑하는 유수의 투자은행이었지만 서브프라임 모기지의 저주를 피할 수 없었다.

글로벌 은행 바클레이스(Barclays)도 영국 금융 당국의 의사를 타진하고는 리먼 브라더스 인수에 부정적인 자세로 돌아섰다. 이렇게 인수 대안이 사라지자 리먼 브라더스는 파산을 신청할 수밖에 없었다. 리먼 브라더스 파산의 후폭풍은 거셌다. 리먼 브라더스가 파산하기 한 달 전인 2008년 8월 중순에만 해도 2,452포인트를 회복했던 나스닥지수는 11월 중순 1,384포인트까지 급락했다. 불과

3개월 만에 지수가 44% 폭락했다. S&P500과 다우존스지수도 비슷한 폭의 주가 하락을 경험했다. 불과 6개월 전까지 신고가를 경신하며 승승장구하던 주식시장의 당당한 모습은 찾아볼 수 없었다.

주식시장과 달리 파생금융시장은 리먼 브라더스의 부실 가능성을 비교적 신속하게 반영하고 있었다. 신용부도스왑(CDS, Credit Default Swap)은 채권의 부도 위험을 헤지하기 위한 파생상품이다. 리먼 브라더스가 발행한 채권에 대해 CDS 약정을 체결하면, 그 채권을 보유한 금융회사는 스왑 약정을 매도한 상대방에 프리미엄을 지급한다. 만약 그 채권이 부도가 나면 스왑 거래 상대방으로부터 손실을 보전받게 된다.

리먼 브라더스의 CDS 프리미엄은 2008년 3월부터 급등했다. 2008년 연초에 150bp를 넘지 않던 리먼 브라더스의 CDS 프리미엄은 3월 중순 들어 300bp를 돌파했다. 마치 교통사고가 잦은 도시에 자동차보험료가 오르듯 부도 위험이 커지면 CDS 프리미엄도 상승한다. 시장은 3월에 이미 리먼 브라더스의 부도 위험이 상당히 크다고 판단했다. 그러나 리먼 브라더스는 6개월이 지난 9월에야 파산 신청을 했다.

리먼 브라더스 경영진은 산업은행을 비롯한 금융기관들과 은행 매각 협상을 하면서도 펀더멘털은 여전히 괜찮다고 강변했다. 특히 리먼 브라더스 CEO는 파산 수개월 전까지도 은행이 재무상 큰 문제가 있음을 부인했다. 그는 동요하는 직원과 금융시장을 안정시키려 했겠지만, 선의가 반드시 좋은 결과를 낳는 것은 아니다. 리먼 브라더스 사태가 엄청난 주가 폭락으로 이어지면서 금융위기의 도화선이 됐기 때문이다.

저소득층과 소수인종에 대한 모기지 대출을 활성화해 주택보유율을 끌어올리려 했던 조지 W. 부시 대통령의 선의도 마찬가지였다. 그의 선의를 금융기관은 수익률을 극대화하는 방편으로 악용했다. 은행 본연의 업무인 리스크 관리를 도외시한 채 위험도가 큰 모기지 대출을 남발하는 도덕적 해이를 범했다. 투자자들도 주변 분위기에 휩쓸려 위험도를 제대로 평가하지 않은 채 고수익만 좇았다. 신용평가기관도 마찬가지였다. 이들은 MBS의 기반이 되는 모기지 채권이 광범위한 지역에 걸쳐 다양한 차입자를 커버하고 있다고 보았다. MBS의 리스크가 잘 분산돼 있다고 판단한 것이다. 이에 따라 MBS의 위험도가 낮다고 평가하면서 높은 신용등급을 부여했다.

그러나 그들은 금융산업이 직면한 시스템적 위기(Systemic risk)의 가능성을 제대로 보지 못하는 우를 범했다. 금융기관들은 이미 MBS, CDO 같은 채권 거래로 엮여 있었고 CDS와 같은 각종 파생상품 거래로 인해 얽힐 대로 얽혀 있었다. 이런 상태에서 리먼 브라더스 같은 대형은행의 파산은 이 은행과 거래한 수많은 다른 금융기관의 건전성을 위협했다. 이것은 시스템 전체의 붕괴 위험을 의미했다.

신용평가기관들은 MBS 시장의 급성장이 선사한 판매수익의 급증에 빠져 이면에 도사린 리스크를 제대로 보지 못했다. AIG 같은 보험회사도 리스크를 등한히 한 결과를 피해가지 못했다. AIG는 수수료 수익에 눈이 멀어 4,400억 달러(572조 원)에 달하는 CDS를 매도했다. 이 CDS는 주로 CDO나 MBS를 보유하는 데 따른 리스크를 헤지하기 위한 수단으로 쓰였다. CDS를 매입한 금융기관은 분기마다 일정 정도의 수수료(프리미엄)를 AIG에게 지급했다. 그 대가로 AIG는 CDO나 MBS가 부도 처리되면 손실을 보상해야 했다. 부도가 나지 않으면 AIG는 수수료 수입을 올리고 계약이 종료했다. 평상시 같으면 CDS 매도는 손 안 대고 코 푸는 격으로 쉽게 돈을 벌 수 있는 수단이었다.

그러나 2008년 금융위기 상황이 닥치자 CDS는 거꾸로 AIG를 공격하는 무기로 변했다. 모기지 채권 부실화가 이어지면서 AIG가 감당해야 할 손실 규모가 눈덩이처럼 커졌다. AIG는 리먼 브라더스와 같이 파산 처리할 수가 없었다. 여러 금융기관의 신용부도 위험을 헤지해주기로 한 AIG가 파산하면 여파가 금융권 전체로 번질 수밖에 없어서다. 금융기관들이 CDS를 매개로 밀접하게 리스크가 꼬여 있는 상태에서 CDS를 매도한 금융기관이 무너지면 손실이 도미노로 전파돼 금융권 전체가 붕괴될 수 있었다. 조지 W. 부시에 이어 집권한 버락 오바마 행정부는 AIG에 1,800억 달러(234조 원)의 공적자금을 투입할 수밖에 없었다. 대마불사(Too big to fail)에 굴복하고 말았다는 비난에도 불구하고 금융권의 공멸을 피하려고 어렵게 내린 결정이었다.

금융위기가 심화하면서 미국 경제는 막대한 비용을 치러야 했다. 닷컴 버블 이후 반등했던 주가는 또다시 급락했다. 2009년 3월 나스닥지수는 1,265포인트까지 하락했다. 2007년 10월 고점 대비 56% 하락한 것이다. S&P500지수도 고점인 1,580포인트에서 58%가 하락한 670포인트까지 밀렸다. 급등세를 연출하며 버블을 형성했던 주택 가격도 예외일 수 없었다. 케이스-실러지수는 2006년 4월 고점인 207포인트에서 2009년 5월 141포인트까지 하락했다. 집값이 평균 32% 떨어졌다.

실업률은 두 자릿수로 상승했다. 2009년 10월 실업률은 10%를 기록했다. 실업자 수가 1,500만 명에 달했다. 그중 절반 정도는 금융위기로 인한 것이었다. 실업률의 상승과 함께 모기지 연체율도 급등했다. 모기지 연체율은 2010년 11.5%까지 급등했다. 이로 인해 주택 가압류가 눈덩이처럼 늘어났다. 숱한 가정이 직장을 잃고 집에서도 쫓겨나는 아픔을 겪어야 했다. 2007년 10월부터 시작된 경기침체는 더욱 깊어졌다. 2006년 7월 장단기 금리가 역전된 지 약 1년 3개월 만에 시작된 경기침체는 2009년 6월까지 이어졌다. 리먼 브라더스 사태가 경제를 강타한 2008년 4분기 미국 GDP는 8.5% 역성장했다.

2008년 2분기부터 2009년 1분기까지 경제가 4분기 연속 마이너스 성장을 보였다. 1930년대 대공황 이후 가장 심각한 경기침체였다. 이 시기 경기침체는 대불황(The Great Recession)이라고 부른다. 은행 위기도 지속됐다. 2008년 9월 25일에는 119년의 역사를 자랑하는 최대 S&L인 워싱턴뮤추얼이 파산해 JP모건에 인수됐다. 이 은행은 자산 규모 3,300억 달러로 미국 은행 전체로도 자산 순위

6위에 해당했다. 당시까지 금융권 역사상 최대의 파산이었다.

2008년 12월 13일에는 미국 4대 은행 가운데 하나로 129년 역사를 자랑하던 와코비아가 파산해 웰스파고에 인수됐다. 금융위기가 진행되면서 거의 400개 은행이 문을 닫았다. 금융위기 과정에서 은행 인수로 몸집을 불린 JP모건과 BoA는 독주 체제를 갖추었고 웰스파고는 새롭게 빅4로 등장했다.

금융위기는 미국만의 문제가 아니었다. 세계 금융의 중심인 월가가 흔들리자 전 세계가 공포에 사로잡혔다. 안정 희구 심리가 지배하면서 달러화 가치가 급등했다. 2008년 3월 71.8포인트였던 달러지수가 2010년 5월 87포인트로 올랐다. 단기간에 달러화 가치가 주요 통화에 대해 20% 상승했다. 2007년 11월 달러당 920원에 머물던 원·달러 환율도 2009년 2월 1,530원까지 수직 상승했다. 1997년 외환위기 이후에 환율이 다시 한번 1,500원 위로 솟구치는 위기를 경험했다. 2007년 10월 2,085포인트까지 상승했던 코스피지수는 2008년 10월 890포인트로 급락했다. 1년간 지수가 57% 하락했다. 코스닥지수는 2007년 7월 841포인트에서 2008년 10월 245포인트까지 급락했다. 무려 71% 하락했다.

달러 강세로 수입 물가가 상승하면서 인플레이션 조짐까지 나타났다. 2008년 7월 우리나라 CPI는 전년 동기 대비 5.9% 상승했다. 세계 전체적으로도 2008년 인플레이션율은 8.9%로 급등했다. 경기침체도 세계적인 현상이 되었다. 2007년 4.4% 성장했던 세계 경제는 2008년에는 제자리걸음을 하더니 2009년에 1.3% 역성장했다. 세계 경제가 역성장을 보이는 것은 매우 이례적인 일이다.

이렇게 세계 경제가 불안해지자 연준은 한국은행을 포함한 주요국 중앙은행과 통화스왑을 체결해 긴급히 달러화 공급에 나섰다. 이렇게 미국의 서브프라임 위기는 글로벌 금융위기로 전이해갔다. 국제금융시장에서 달러화 유동성이 마르면서 남부·유럽의 PIIGS(포르투갈, 이탈리아, 아일랜드, 그리스, 스페인) 국가가 발행한 국채의 수익률이 급등했다. 이 국가들은 2010년 정부채(Sovereign debt) 위기에 빠졌다.

도덕적 해이를 초래한 선한 의도

2008년 글로벌 금융위기의 특징은 시스템적 위기라는 데 있었다. 리먼 브라더스 같은 한 금융기관의 파산이 금융권 전체의 붕괴를 위협했다. 위기가 급속하게 전이될 수 있었던 이유는 금융권의 도덕적 해이 탓이다. 금융기관은 돈을 위탁한 고객의 이익을 최우선시해 대출과 투자 대상을 엄격하게 선별할 책임이 있다. 대출이나 투자금을 함부로 낭비할 가능성이 있는 대상을 가려내 배제해야 한다. 이렇게 금융기관은 도덕적 해이를 범할 가능성이 큰 대상을 가려내야 한다. 여신심사와 투자 경험의 전문성을 활용해 도덕적 해이를 방지해야 한다.

그런데 때로는 이런 책무를 방기하고 금융기관이 도덕적 해이에 빠지기도 한다. 고객이 맡긴 돈을 위험한 곳에 무분별하게 대출하고 리스크가 큰 자산에 투자해 도덕적 해이를 범하고 만다. 금융기관 CEO와 임직원이 이렇게 하는 이유는 위험자산에 투자해 이익이 늘면 자신들에게 주어지는 인센티브와 보너스도 커지기 때문이다. 고용의 유연성이 높아 전직하기 쉬운 문화와 단기이익에 민감한 자본시장의 풍토도 금융기관의 리스크 테이킹(Risk taking)을 부추긴다. 더불어 은행이 망하더라도 25만 달러까지 정부가 예금 지급을 보장하는 예금자보호제도도 은행의 도덕적 해이를 높이는 계기를 제공한다. 미국 금융기관들도 2007년까지 도덕적 해이에 흠뻑 빠져들었다.

서브프라임 모기지 대출을 확대하고 위험도가 큰 MBS와 CDO에 대한 투자를 서슴지 않았다. 정치권도 금융에 대한 규제를 해제해 도덕적 해이에 날개를 달아줬다. 모기지 시장도 규제 완화의 여파를 피해갈 수 없었다. 각종 로비로 펜션펀드(Pension fund)나 보험사 같은 기관이 투자할 수 있는 MBS의 범위를 확대했다. 기존에는 패니메이나 프레디맥 같은 정부 유관기관이 발행하거나 지니메이가 보증한 MBS에만 투자할 수 있었으나 규제 완화로 민간 금융회사가 발행한 MBS도 투자 대상이 되었다. 그것도 당초에는 최상위권 신용등급을 받은 MBS에만 투자할 수 있었다. 그런데 MBS 발행사가 신용평가회사에 로비를 진행하고 신용평가회사가 신용등급 부풀리기에 나서면서 규제가 무력화되었다. MBS와 CDO에 대한 공격적 투자가 행해졌고 금융기관의 수익은 눈에 띄게 늘어났다.

한 번 생긴 버블은 필연적으로 터지게 마련이다. 어느 한 금융기관의 자산 부실화가 심각하다는 사실이 알려졌다. 시장에서의 평판이 나빠지면서 이 금융기관이 유동성 위기에 빠졌다. 이를 면하려고 자산을 급매도(Fire sale)하는 데 나섰다. 이로 인해 자산가격이 더 하락했다. 다른 금융기관도 파산에 직면했다. 금융권 전체가 공멸의 벼랑으로 내몰렸다. 정부가 구조조정에 나서고 공적자금을 투입해 급한 불을 껐다. 그러나 이미 많은 금융기관이 망하고 직원들은 거리에 나앉은 후였다.

금융기관들이 여신을 줄이면서 유동성 위기가 경제 전반을 강타했다. 많은 회사가 또 파산하고 실업률이 급증했다. 경기는 깊은 침체에 빠졌다. 이렇게 도덕적 해이에 빠진 금융기관들의 무분별한 수익 추구 행위는 금융시장과 경제의 추락이라는 최악의 결과로 나타났다. 모기지 대출 확대를 통해 저소득층을 지원하려던 조지 W. 부시 대통령의 의도는 선했다. 기독교적 가치관에 바탕해 네 이웃을 사랑하라는 《성경》의 말씀을 실천하려 했다. 그러나 선의에 기반한 정책의 의도가 반드시 바람직한 결과를 낳는 것은 아니라는 사실을 2008년 금융위기는 똑똑히 보여줬다.

피셔 방정식(MV = PY + P'Y')으로 부동산 버블을 바라보자. 닷컴 버블 붕괴, 9·11테러, 엔론 사태가 뒤엉키면서 경기침체가 왔다. 즉, GDP인 Y가 둔화했다. 그러자 이에 대응해 연준이 금리를 급격하게 내렸다. 이로 인해 통화량 M이 증가했다. 부시 행정부가 부동산 경기부양에 나서면서 투기적 수요가 급격하게 주택시장으로 유입됐다. 그래서 화폐의 유통 속도 V도 빨라졌다. 그 결과 부동산 가격(P')이 급등하면서 버블이 형성됐다. 한편 2004년 이후 연준이 금리 인상에 나서면서 M이 줄어들기 시작했다. 은행 위기로 금융경색이 악화하면서 V가 크게 느려졌다. 경기마저 깊은 침체에 빠져 Y도 하락했다. 집값(P')이 급락하면서 부동산 버블이 붕괴할 수밖에 없었다.

3부

대한민국 금융은
안전한가?

9장

금융을 위태롭게 만드는
대한민국 성장 공식

잘 달리는 말도 언젠가는 갈아타야 하는 때가 온다.

성장성에 취하면 내재가치가 보이지 않는다.

그 성장이 지속될 것만 같다.

그러나 기업 이익의 성장은 경기 호조가 있기에 가능하다.

기술 개발도, R&D 투자도 좋은 시장 여건이 뒷받침해줘야 한다.

고금리 상태가 지속되고 경기가 침체에 빠지면 성장의 시계는 멈춘다.

가격에 버블이 잔뜩 묻은 상태에서 성장이 멈추면

두 바퀴로 달리던 자전거처럼 넘어진다.

성장의 함정을 경계해야 한다.

경제개발과 박정희의 사채동결

1997년 IMF 환란의 뿌리는 깊다. 35년을 거슬러 올라간다. 이 35년 동안 우리나라 경제는 개발과 성장을 지향했다. 그 지향점에 적합하도록 경제와 사회 시스템이 형성되었다. 거기에는 금융도 예외가 아니었다. 성장을 위해 봉사하도록 키워진 관치금융의 순진함과 금융을 우습게 보던 관료의 오만함 안에 금융위기의 씨앗이 자라고 있었다.

내가 학교에 다닐 때 1960년은 까마득한 옛날로 느껴졌다. 35년 간의 일제강점기도 매우 긴 세월로 인식되었다. 지금 와서 돌이켜보면 약 30년 전인 1990년은 마치 어제 일인 것처럼 기억이 또렷하다. 그런 관점에서 1962년부터 35년간 추진됐던 경제개발계획도 그렇게 긴 기간은 아니다. 그 영향은 현대 우리나라 사회경제의 거의 전 부분에 미칠 만큼 지대하다. 금융 부문에 남긴 상처는 특히 컸다.

쿠데타로 권력을 잡은 박정희 정권은 1962년부터 경제개발 5개년계획을 의욕적으로 추진했다. 계획의 주연은 기업이었지만 PD는 정부였다. 정부 기획하에 수출을 늘려 경제성장을 달성하려 했다. 흥미로운 사실은 경제개발계획이 박정희 정권의 전유물이 아니라는 것이다. 1981년 제5공화국으로 정권이 바뀐 후에도 경제사회개발계획으로 이름만 길어졌을 뿐 큰 골격은 바뀌지 않았다. 1988년 직선제 선거로 출범한 노태우 정부와 1993년 김영삼 정부에서도 마찬가지였다. 성장의 구호가 단지 '잘살아보세'에서 '선진조국 창조'로 바뀌었을 뿐이다.

경제개발계획을 추진하던 시기에 우리나라 경제가 보여준 성장 속도는 놀라웠다. 1963년부터 1997년까지 연평균 경제성장률은 9.6%에 달했다. 명목 GDP를 물가상승률로 조정한 실질 GDP는 1963년부터 1997년까지 24배 커졌다. 당시 돈의 가치를 그대로 반영한 명목 GDP를 보면 1962년 3,659억 원이었던 연간 총생산은 1997년 542조 원으로 커져 1,481배 증가했다. 이 시기 우리나라는 당시까지 타의 추종을 불허하는 독보적인 성장 국가의 면모를 과시했다. 과히 한강의 기적이라 불러 마땅한 성적표였다.

우리나라의 성장 비결을 파악하기 위해 다시 한번 GDP의 구성을 들여다보자. GDP는 가계의 소비(C), 민간투자(I), 정부지출(G)에다 우리 기업이 수출한 금액의 합계(X)에서 우리 소비자가 수입한 금액의 합계(I)를 뺀 수치와 같다. 이를 수식으로 표시하면 다음과 같다.

$$GDP = C + I + G + (X^* - M^*)$$

이 수치를 곰곰이 뜯어보자. 경제(GDP)가 성장하려면 민간소비(C)가 늘거나, 기업의 투자(I)가 증가하거나, 정부지출(G)이 커지거나, 수출에서 수입을 뺀 순수출($X^* - M^*$)이 늘어나야 한다. 그런데 1960년대 이후 우리나라 경제의 성장 공식은 위의 변수들 가운데 I와 X의 증가에 집중하는 것이었다. 다시 말하면, 기업의 설비투자(I)를 독려해 재화와 서비스의 생산을 증가시키고 시장 개척을 통해 이를 적극적으로 수출(X)함으로써 GDP를 끌어올리는 전략이었다.

그런데 경제성장 전략이 성공하려면 설비투자에 드는 막대한 자금을 조달해야 했다. 박정희 정권은 한일청구권협정 등을 통한 차관 도입, 개발금융기관을 통한 외자 유치, 은행 지배를 통한 여신 장악, 외국 자본과의 합작을 통한 외자 유입을 통해 산업 설비에 투자할 자금을 조달했다. 이렇게 조달된 자본을 포항제철(POSCO), 울산중공업단지, 창원기계공단, 여수화학단지, 거제조선소 등에 투자했다.

기업인들도 열심히 뛰었다. 기술을 도입하고 선진화하려고 노력했다. 시장 개척을 위해 세계 곳곳을 누볐다. 메이드 인 코리아가 수출시장을 장악하는 데는 노동자의 희생이 밑바탕이 되었다. 노동자들은 저임금과 열악한 노동환경에서도 특유의 근면성과 가족애로 지칠 줄 모르고 일했다. 국제시장에서 한국산 제품의 가성비가 좋다고 인식되면서 시장점유율이 높아졌다. 자금을 구해 공장을 차리면 어렵지 않게 외화를 벌어들일 수 있었다.

자금이 필요한 기업 입장에서 은행은 멀리 있었다. 금융 발전이 미진하고 경제성장 속도가 빠른 후진국에서 은행 문턱은 특별히 높았다. 개발시대의 우리나라도 마찬가지였다. 공장만 차리면 어렵지 않게 돈을 벌 수 있는 상황에서 기업들은 설비투자를 위한 자금 마련에 동분서주했다. 하지만 자금에 대한 수요가 높아질수록 금리가 낮은 은행 문턱은 높아져만 갔다.

한 푼이 아쉬운 기업들은 사채시장의 문을 두드렸다. 명동 백할머니나 광화문 곰 같은 사채시장의 큰손들이 기업의 중요한 돈줄 역할을 했고 증권시장도 들었다 놓았다 했다. 사채는 엄청나게 비쌌다. 평균 이자율이 월리 3.84%에 달했다. 연이율로 환산하면 57%에 이르는 고리대였다. 만성적 자금 부족과 높은 이자율로 제일제당, 금성, 현대건설 같은 대표 기업들도 유동성 위기 일보 직전까지 갔다. 제도권 금융의 역할이 미비한 상태에서 기업들은 높은 사채금리에 신음했다. 1970년대 초, 세계 경제가 불황의 늪에 빠져들자 기업들은 질식할 지경이었다. 그들은 자금난으로부터 기업을 구출해달라고 전경련을 통해 청와대에 직접 호소했다.

박정희 정권은 경제개발의 첨병인 기업들의 고통을 모르는 체할 수 없었다. 1972년에 정부는 '8·3조치(경제안정과 성장에 관한 긴급명령 제15호)'라 불리는 대통령 긴급명령을 내렸다. 이 조치로 기존의 사채를 모두 무효화했다. 상식을 뒤엎는 충격적인 조치였다. 사채업자가 사채를 정부에 신고하면 3년 거치 5년 분할 상환의 새로운 채권으로 변경해주었다. 기업은 향후 3년간 돈을 갚을 필요가 없었다. 그 후에도 5년간 나눠 원금을 상환하면 됐다. 이자율도 월 1.35%로 낮아졌다. 기존의 3분의 1로 이자 부담이 경감된 것이다.

이 엄청난 특혜 조치로 기업들은 숨통을 틀 수 있었다. 기업의 금융비용은 극적으로 낮아졌고 자본시장을 통한 자금 조달도 크게 늘어났다. 재벌들도 본격적으로 문어발식 영역 확장을 통해 외형을 키우기 시작했다. 그러나 사채업자들은 하루아침에 된서리를 맞았다. 정부는 이렇게 시장 원리를 깡그리 무시하다시피 하면서 기업의 설비투자와 수출 확대를 지원했다. 기업은 대차대조표의 우변인 자금과 자본 조달 면에서 정부의 비호를 받으면서 수출의 첨병이 되었고 설비투자를 지속적으로 늘렸다. 덕택에 1970년대 우리나라 경제는 고공 성장을 거듭했다. 제1차 오일 쇼크 직후인 1974~1975년과 제2차 오일 쇼크의 직격탄을 맞은 1979년을 제외하고 경제는 두 자릿수의 인상적인 성장을 지속했다.

성장에 봉사하는 특이한 한국의 금융시스템

박정희 정권은 8·3조치로 사채시장을 빈사 상태로 내몰았지만, 떡도 내밀었다. 지하경제인 사채를 양성화하는 한편 이들이 제도권 금융에 진입할 수 있는 길도 터주었다. 그 일환으로 제2금융권을 육성했다. 새로운 금융기관이 3종류 등장했다. 단기자금회사, 상호신용금고, 신용협동조합이다. 단자사로 불리던 단기금융회사는 투자금융회사로 발전했다. 상호신용금고는 상호저축은행으로 바뀌어 지금도 중요한 역할을 하고 있다. 신협도 마찬가지다.

특히 단기자금회사는 단기간에 급성장했다. 당시 기업은 단기 채무인 어음을 발행해 운영하고 설비투자자금을 조달했다. 단기자금회사로부터 어음을 할인받아 거액을 당겨서 썼다. 대기업과 단기자금회사는 한 몸처럼 움직이며 어음을 매개로 자금을 주고받았다.

단기자금시장은 재벌회사들의 자금 조달 놀이터였다. 재벌그룹의 계열사가 상호 보증하는 가운데 재벌회사라는 간판만으로도 전화 한 통으로 수백억 원을 빌릴 수 있었다. 기업과 단기자금회사 간의 어음할인을 통한 자금 융통은 거래 관계와 신뢰도를 바탕으로 효율적으로 운영했다. 어음이 만기가 되어도 그 어음을 돌리는 일은 거의 없었다. 단기자금회사는 새로운 금리로 그 어음을 롤오버하는 것이 일반적이었다. 비록 어음의 만기는 짧았지만 롤오버가 거의 보장되었으므로 설비투자 같은 기업의 장기자금 조달도 상당 부분 어음할인에 의존하고 있었다.

원화자금시장에서 단기자금회사가 기업의 설비투자자금 조달의 중심축 역할을 담당했다면 외화자금시장에서는 개발금융회사가 그 역할을 맡았다. 정부는 산업은행과 같은 국책은행과 외자 합작 은행을 통해 기업의 장기 설비투자용 외화를 조달했지만, 일부에 지나지 않았다. 이들이 커버하지 못하는 상당 부분의 빈틈은 리스회사와 종합금융회사가 메웠다. 리스회사는 종합금융회사나 은행으로부터 달러를 조달해 설비와 집기를 구매한 뒤 기업에 빌려줘 사용하게 하거나 자금을 빌려줘 설비를 구매하게 한 뒤 대출금을 분할 상환하게 했다.

종합금융회사는 직접 빌린 달러를 이용해 각종 집기와 시설을 활발하게 리스했다. 리스는 종합금융회사의 주 수입원 중 하나였다. 1972년 산업은행이 출자한 한국산업리스를 필두로 금융기관과 재벌이 설립한 리스회사가 속속 등장해 성업했다. 한국산업리스와 더불어 장기신용은행이 출자한 한국개발리스가 선두권을 형성했다. 만성적인 외자 부족과 높은 설비투자 수요를 바탕으로 리스회사는 급성장했다. 1990년대 초반까지 단기자금회사, 종합금융회사와 더불어 황금알을 낳는 거위로 불렸다. 취업준비생에게 가장 인기 있는 직장 중 하나이기도 했다.

이렇게 1990년대까지 우리나라 금융은 독특한 시스템을 형성하며 경제개발과 성장을 뒷받침하는 첨병으로 길들여졌다. 그 과정에서 기업과 함께 성장의 과실을 공유했다. 정점에는 모피아(Mofia)라고 불렸던 재무관료들이 있었다. 모피아는 재무부를 뜻하는 MOF(Ministry of Finance)와 마피아의 합성어. 재무관료 간의 끈끈한 단결력과 파워를 마피아에 빗대어 표현한 비속어다. 특히 종합금융회사, 단기자금회사를 비롯한 제2금융권은 모피아의 성장을 돕는 중요한 도구이자 자신들이 창조한 작품이기도 했다. 모피아가 법안을 통과시키면 금융산업 하나가 탄생했고 라이선스를 발급하면 황금알을 낳는 금융기관이 문을 열었다.

모피아는 금융을 지배하면서 우리나라 경제의 혈맥을 틀어쥐었다. 모피아의 목표는 금융을 통해 성장을 극대화하는 것이다. 금융도 이들의 목표 달성에 충실히 봉사했다. 어음할인과 외화 리스를 통해 국내총생산[GDP $= C + I + G + (X^* - M^*)$] 성장을 위한 설비투자(I)가 증대하는 데 크게 기여했다. 기업이 수출시장에서 선전해 큰 규모의 플러스 순수출($X^* - M^*$)을 창출한다면 경제의 고속 성장은 보장된 것이나 다름없었다.

금융기관은 부지런히 예금을 받고 외화를 차입해 설비투자를 뒷받침하기만 하면 되었다. 이런 단순한 성장 시스템하에서 금융기관은 고된 자기 발전의 노력을 할 필요가 없었다. 재벌과 좋은 관계를 유지하고 감독기관인 모피아의 눈 밖에 나지 않으면서 일본과 유럽계 은행으로부터 안정적으로 달러를 차입하면 그만이었다. 출근해서 간단히 고객 상태를 점검하고 여유롭게 담소를 나누며 럭셔리한 점심을 즐기고 영업을 마무리하면 되는 것이다. 그렇게 성장하는 경제의 과실을 따 먹으면서 금융은 행복한 나날을 보낼 수 있었다.

토 막 상 식

종합금융회사는 1970년대 후반 외국인투자 유치를 위해 국내 금융기관이나 재벌과 해외 금융기관의 합작법인으로 탄생했다. 외자 유치를 위한 인센티브로 단자, 리스, 투자신탁, 외환, 국제금융 등의 광범한 금융 업무를 수행할 수 있는 라이선스를 부여했다. 금융백화점이라 불렸다. 1994년 이전에는 한국(대우그룹), 국제(현대그룹), 새한(산업은행), 한불(한진그룹), 아세아(대한방직), 한외(외환은행) 등 6개 선발 종합금융회사가 영업 중이었다.

성장 공식의 붕괴와 금융의 불신

금융은 행복했지만 기업이 처한 사정은 녹록지 않았다. 종합금융회사와 리스회사가 설비투자를 위해 부지런히 달러를 조달해 기업에 제공했지만, 기업은 이를 효율적으로 사용하지 못했다. 재벌들이 문어발식으로 중후장대 산업에 중복투자하면서 출혈경쟁이 만연했다. 자동차산업이 좋은 예다. 미국 같은 큰 나라도 자동차산업은 GM, 포드, 크라이슬러 등 3개사가 주도했다. 당시 우리나라 자동차 산업에는 현대, 기아, 대우, 쌍용, 삼성 등 5개사가 벼랑 끝 혈투를 벌이고 있었다. 이런 상태에서 기업이 돈을 벌기란 매우 어려웠다. 생산성은 낮아졌고 기업의 수익성도 악화했다. 기업은 더는 과거의 양호한 성장 사이클을 탈 수 없었다.

기업이 엄청난 규모의 설비투자를 단행했지만, 돈을 벌어들이지 못한다면 어떤 일이 발생할까? 기업들은 채무 이자를 갚을 만큼의 영업이익도 내지 못할 것이고 곧 현금 유동성이 고갈될 것이다. 이런 기업은 재무적 한계 상황에 처해 빚으로 연명할 수밖에 없다. 이런 좀비기업을 끌어안고 가면 보다 유망한 기업에 기회가 가지 않는다. 좀비기업이 늘면 성장 엔진이 멈추고 좀비기업이 넘쳐나면 경제성장은 죽고 만다.

이런 상황에서 좀비기업을 퇴출하고 경제의 효율성을 유지하는 책임은 본래 금융이 져야 한다. 기업분석의 전문성과 넓은 정보망을 이용해 장래가 보이지 않는 기업을 선별하고 자금 지원을 끊어야 한다. 그런데 관치금융과 재벌 경제하에서 금융 본래의 기능은 살아 숨 쉬지 않는다. 대출을 결정하는 과정에 정부와 대주주 같은 외부 세력이 끝없이 관여하기 때문이다. 좀비기업이 창궐하는 상태가 오면 자금시장에 유동성이 막힌다.

정부와 한국은행이 긴급자금을 수혈하지 않으면 금융권에 일대 혼란이 닥칠 판이다. 여기서 금융 당국의 역할은 어느 때보다 중요하다. 자금시장에서 금융경색의 이상 징후를 감지하자마자 정부는 적극적으로 나서야 한다. 자금시장에서 일사불란하게 교통정리를 해야 한다. 죽일 기업은 죽이고 살릴 기업은 살리는 조치를 해야 한다. 그러면 금융권도 한숨 돌리면서 혼란의 회오리에서 벗어날 수 있다. 살아남은 기업을 중심으로 대출 연장에 나서면 되기 때문이다.

1997년 한보 사태는 이전과는 판이하게 달랐다. 금융시장에 색다른 충격으로 다가와 정부의 개입 기능을 마비시켰다. 대통령 아들까지 개입돼 한보철강에 5조 원이 넘는 불법 대출이 가능하도록 로비를 벌인 것이 밝혀졌기 때문이다. 그해 1월 한보그룹은 부도가 났다. 그것으로 끝이 아니었다. 막강한 시중 은행장들과 여야의 유력 정치인들이 줄줄이 구속되었다. 대통령이 사과 성명을 발표하고 아들까지 구속되면서 정국은 숨 쉴 수 없는 긴장감에 휩싸였다.

이런 분위기에서 정부가 신속하게 자금시장의 조타수 노릇을 하기란 어려웠다. 모피아를 정점으로 재벌에 설비투자자금을 공급하던 금융권의 신뢰 시스템에 균열이 일었다. 유동성 부족이 촉발한 신뢰의 위기(Confidence crisis)가 금융권을 강타했다. 금융권은 더는 재벌회사를 신뢰할 수 없게 되었다. 그런 분위기에서 단기자금회사들이 전환한 종합금융회사들은 무차별적으로 어음을 돌리기 시작했다. 그 여파로 유수의 재벌그룹들이 줄줄이 무너졌다.

원화자금시장에서 벌어진 대혼란은 얼마 지나지 않아 외화자금 시장으로 파급되었다. 부동산 버블이 붕괴한 후 자산건전성이 크게 악화된 일본 금융권의 자금이 슬금슬금 빠져나갔다. 유럽계 자금도 그 뒤를 이었다. 홍콩, 싱가포르 등 국제금융시장에서 우리나라 금융기관의 신뢰도가 바닥이 나는 데는 오랜 시간이 걸리지 않았다. 신뢰도가 무너지고 외화 차입 롤오버가 이뤄지지 않자 종합금융회사들은 금방 부도 위기에 몰렸다. 내다 팔 수 있는 외화자산을 풍부하게 보유하고 있었다면 어느 정도는 시간을 벌 수도 있었다. 하지만 종합금융회사들이 보유한 외화자산은 장기 외화 리스가 대부분이었다.

종합금융회사는 정부가 주도한 경제성장 모델의 첨병 노릇을 하다가 성장이 한계에 부딪히자 사상누각처럼 무너져 내리고 말았다. 종합금융회사도 살아남기 위해 갖은 노력을 다했다. 부실기업으로부터 여신을 회수하고자 이리 뛰고 저리 뛰었다. 그 결과는 어음할인의 거부였고 거대기업의 몰락이었다. 기업의 설비투자를 지원하려고 거액의 외화를 차입하는 데 나섰지만, 그 결과는 종합금융회사와 국가가 모두 부도 일보 직전에 몰리는 것이었다. 이렇게 성장은 부도를 낳는 함정이 되었다.

모든 것을 초토화시킨 금융

해외투자자들이 빠져나가고 외환보유고가 급격하게 줄어들자 김영삼 정부는 IMF 구제금융을 피하려고 분주히 움직였다. 그러나 원화자금시장과 외화자금시장이 모두 대혼란에 빠진 상태에서 외환보유고가 바닥을 드러내자 국가부도의 그림자가 어른거리기 시작했다. 국가가 부도를 면하는 유일한 방법은 IMF로부터 외화를 빌려오는 길뿐이었다. 그러나 IMF 구제금융은 공짜가 아니다. 거기에다 전례 없이 큰 규모인 500억 달러를 빌려야 했다. IMF는 구제금융에 갖가지 조건을 붙였다. 하지만 외환시장의 급한 불을 끄려면 IMF와의 협상을 시급하게 마무리하는 수밖에 없었다.

IMF가 구제금융의 대가로 제시한 조건은 가혹했다. IMF는 외환위기에 직접적인 책임이 있었던 종합금융회사들을 무더기로 폐쇄하라고 요구했다. 1997년 11월, 1차로 종합금융회사 9개의 영업을 정지했고 12월에는 2차로 종합금융회사 5개가 추가로 문을 닫았다. 2차 영업정지에 대한, 중앙, 나라 등 대형 종합금융회사가 포함되었다. 종합금융회사들은 그 후에도 차례로 문을 닫았다. 얼마 지나지 않아 종합금융산업 자체가 소멸했다.

IMF의 요구는 종합금융회사에 그치지 않았다. 동화, 동남, 대동 등 후발 시중은행과 경기, 충청 등 지방은행들을 폐쇄하라고도 요구했다. 5대 시중은행 중 상업은행과 한일은행이 주식을 소각한 후 합병하면서 사라졌다. 제일은행은 해외 자본인 뉴브리지캐피탈

(Newbridge Capital)에 팔렸고 서울은행과 조흥은행도 각각 하나은행과 신한은행에 합병되어 없어졌다. 5대 시중은행이 모두 간판을 내리는 초유의 금융 대학살이 벌어졌다.

주요 금융권이 난도질당하는 가운데 자금시장의 중개 기능이 원활할 수는 없었다. 4대 그룹의 하나로 성장경제의 상징이었던 대우그룹이 유동성 부족으로 부도가 났다. 삼성과 현대 등 어느 그룹도 부도의 위험으로부터 자유롭지 못했다. 셀 수도 없이 많은 중견기업과 자영업자가 파산했다.

IMF는 고금리 정책을 시행하라고 강력하게 요구했다. 금리를 올려서 원화 가치의 추락을 막는다는 논리였다. 예금금리가 30% 가까이 오르는 강력한 긴축으로 자금난은 더 깊어졌고 부도나는 기업의 숫자는 더 많아졌다. 주가는 급락했다. 부동산을 비롯한 온갖 자산의 가치가 추풍낙엽처럼 떨어졌다. 금융의 빙하기가 오자 경제의 모든 것이 초토화되었다. 급락한 자산은 월가를 비롯한 투기자본의 좋은 먹잇감이 되었다. 대한민국이 결국에는 부도를 면하리라 확신한 이들은 자산을 헐값에 사서 몇 년 후 되팔았다. 그로부터 천문학적 이득을 거뒀다.

IMF 구제금융 이후 우리나라는 글로벌 스탠더드라고 불리던 미국 시스템을 대거 수입했다. 자본시장을 개방해 외국 자본이 손쉽게 국경을 넘나들 수 있게 되었다. 신입사원을 채용할 때부터 정규직원을 뽑아 교육하고 키우는 평생직장의 개념도 사라졌다. 노후 보장 수단이던 퇴직금 누진제도 사라졌다. 정리해고제도를 도입하고 복수노조와 파견근로가 일상화됐다. 수십 년간 유지해왔던 동양적 기업문화는 형해화됐다.

한 몸이 되어 위기를 극복하고 세계적인 기업이 되자는 다이내믹 코리아의 역동적 분위기는 거리에서 사라져갔다. 성장보다는 재무적 안정성과 효율성, 기업가치를 중시하는 미국식 자본주의 경영이 그 자리를 차지했다. 1997년 금융위기는 대한민국의 가치관과 사회의식, 기업문화를 송두리째 변화시켰다.

환란 해결의 일등공신

1997년의 크리스마스이브는 각별했다. IMF가 570억 달러의 구제금융을 제공하기로 했지만, 그 약속만으로는 만기가 속속 돌아오는 국내 금융기관의 외화 채무를 다 막을 수 없었다. 선진국 금융기관이 자발적으로 만기되는 채권의 상환을 연장해줘야만 국가부도 위기를 넘길 수 있었다. 미국의 6대 은행이 모여서 채무 만기연장에 동의했고 그날이 크리스마스이브였던 12월 24일이었다.

고향 친구들과 모임을 하다가 이 소식을 들은 나도 한숨을 내쉴 수 있었다. 참 감격에 겨웠다. 이 굿 뉴스로 12월 12일 장중 339포인트까지 하락했던 종합주가지수는 그해 연말 376포인트를 회복했고 1998년 2월에는 564포인트까지 올랐다. 두 달여 만에 주가는 저점 대비 무려 66%의 상승세를 보였다. 위기에서 벗어났다는 안도감으로 급등한 주가는 경제의 어두운 펀더멘털을 제대로 반영하지 못하고 있었다.

새해 들어서도 기업의 부도는 줄을 이었다. 현대그룹까지 구조조정 계획을 발표해야 할 정도였다. 5월에는 동아그룹이 해체되었고 6월에 들어서는 5대 그룹 간 산업을 교환하는 빅딜을 추진했다. 6월 14일, 종합주가지수는 장중 277포인트까지 하락했다. 원·달러 환율은 외채 만기 협상을 타결하기 직전인 1997년 12월 23일 1,960원을 찍으면서 외환위기가 정점에 이르렀음을 보여주었다. 환율은 1998년 1월에 달러당 1,600원대로 안정됐고 2월에 1,500원대로 하락했다. 1998년 7월 27일 환율은 1,212원까지 하락해 환란의 큰 고비를 넘겼음을 알려줬다.

1998년 새로 출범한 김대중 정부는 금융권과 부실기업에 대한 구조조정을 강력하게 추진했다. 상업은행과 한일은행이 합병해 한빛은행의 간판을 달고 새 출발을 기약했다. 후에 한빛은행은 4대 금융그룹 가운데 하나인 우리은행으로 발전한다. 단기자금회사인 한양투자금융이 변신해 설립되었던 보람은행은 단기자금업계의 경쟁자 한국투자금융의 후신인 하나은행에 흡수합병되었다. 우량은행의 상징 중 하나였던 장기신용은행도 국민은행에 흡수되는 운명을 겪었다.

그해 연말 미국 텍사스 소재 사모펀드(PE)인 텍사스퍼시픽그룹(TPG)이 출자한 뉴브리지캐피탈이 제일은행을 단돈 5,000억 원에 인수하면서 금융 구조조정의 큰 틀이 마무리됐다. 뉴브리지캐피탈은 2004년 크리스마스이브에 제일은행을 1조 6,800억 원에 영국 스탠다드차타드은행에 매각했다. 불과 몇 년 만에 제일은행 인수로 챙긴 이익은 1조 원이 넘었다.

1998년은 기업 구조조정에도 한 획을 그은 해였다. 김대중 정부는 대기업의 비효율적인 중복투자가 심각하다고 보고 재벌들이 대형 사업체를 서로 맞교환하도록 압박했다. 빅딜로 불린 대기업 구조조정 대상은 5대 재벌그룹이었다. 이에 따라 LG그룹의 핵심 사업이던 LG반도체가 현대전자로 넘어갔다. 이후 현대전자는 LG반도체의 명칭을 하이닉스반도체로 변경했다. 2012년에는 SK그룹이 하이닉스를 인수했다. 삼성, 현대, 대우가 모두 참여했던 항공 부문은 한국우주항공(KAI)으로 통합됐다.

1997년 초, 부도로 금융위기의 도화선이 됐던 기아자동차의 매각도 마무리됐다. 당시 기아자동차는 브랜드와 기술력 면에서 국내 최고 수준으로 평가됐다. 하지만 뚜렷한 지배주주가 없이 유동성 위기에 처해 회사의 미래가 밝아 보이지 않았다. 미국 자동차회사인 포드사가 기아자동차 인수를 위한 자산 실사까지 마쳤지만, 기업 정보만 빼낸 채 철수했다. 1998년 10월, 현대자동차가 7조 원 이상의 채무를 탕감받는 조건으로 기아자동차를 인수했다.

곧이어 5대 재벌에 대한 구조조정이 속도를 냈다. 삼성그룹은 이건희 회장이 아끼던 삼성자동차의 법정관리를 신청해야 했다. 이듬해 4월에는 대우그룹의 구조조정 계획이 발표됐다. 그해 11월 대우그룹은 해체됐다. 당시 자산 규모 국내 1위 재벌이던 현대그룹도 유동성 위기를 피해갈 수 없었다. 현대그룹의 모체인 현대건설도 2000년 들어 1차 부도를 맞은 뒤 이듬해 감자에 이어 워크아웃에 들어가야 했다. 너나없이 대부분 기업이 살얼음판을 걷듯 유동성 위기에 시달렸지만, 대우그룹의 해체로 IMF 환란은 큰 고비를 넘고 있었다.

새로 출범한 김대중 정부와 금융권은 외자 유치에 사활을 걸었다. 1998년 정초 연휴가 끝나자마자 김대중 대통령 당선자는 국제 투기자본의 핵심인 조지 소로스를 일산 자택으로 초청해 직접 만났다. 두 사람이 만나는 장면이 종일 TV 뉴스를 장식하면서 '외자 유치'가 향후 가장 중요한 국정과제가 될 것임을 시사했다. 이후 몇 년간 정부와 금융권은 해외에 팔 수 있는 것은 무엇이든 팔아서 달러를 들여오려 했다. 해외투자자는 칙사 대접을 받았다. 거대 시중 은행을 매각하면서도 입찰자가 직업윤리에 충실한 정통 금융기관인지, 아니면 단기 차익에 눈먼 비금융권 사모펀드나 헤지펀드인지 따질 겨를이 없었다.

환율이 크게 오르면서 수출경쟁력이 되살아났다. 글로벌 공급망의 핵심축에 있던 우리나라 제조업체들은 재빠르게 시장점유율을 높여갔다. 1998년 들어 외환위기의 근본 원인을 제공했던 경상수지가 큰 폭으로 흑자를 냈다. 그해 1년간 경상수지의 흑자 규모는 433억 달러에 달했다. 이 추세는 줄곧 이어졌다. 경상수지 흑자가 1999년, 2000년, 2001년에 각각 276억 달러, 192억 달러, 132억 달러를 기록했다. 경상수지 흑자만으로도 IMF에서 빌린 돈을 갚고도 남았다. 2001년 8월, 구제금융 채무를 전액 상환함으로써 단군 이래 최대 국난이라고 불리던 IMF 환란에 종지부를 찍었다.

그렇다면 환란의 종식에 가장 크게 기여한 이들은 누구일까? IMF 관리 체제 아래에서 글로벌 스탠더드라고 불리던 미국식 시스템의 이식에 앞장서며 국가 신인도를 높이고자 했던 행정부 관료들일까? 환란 한가운데서 집권해 동분서주하며 외채의 만기연장을 끌어내고 금융과 기업 구조조정을 강력하게 추진했던 김대중의 청와대일까? 혹독한 구조조정의 된서리 아래 자기 살을 도려내며 기업 구조조정의 조타수를 맡고 외자 유치에 골몰했던 금융권일까? 숱한 기업들이 부도로 넘어지고 거리가 실업자로 넘치는 와중에도 금반지를 팔면서 환란에서 벗어나기를 기원했던 국민일까?

이들 모두가 환란이라는 위기의 파도를 넘고 생존하려고 자기 영역에서 분골쇄신했음을 부인할 수는 없다. 내가 보기에 환란을 종식하는 데 공을 세운 일등공신은 뭐니 뭐니 해도 기업들이었다. 성장시대에 기업들은 빚을 내서 비효율적인 중복투자에 나서며 환란의 진원지가 됐다. 그러나 우리나라 제조업의 경쟁력은 여전히 강했다. 성실하고 실력 있는 종업원이 있었고 가성비 높은 제품을 생산할 수 있는 노하우가 있었다. 환율이 오르자 가격경쟁력이 향상되면서 수출이 날개 돋친 듯 늘어났다. 구조조정을 통해 재무구조를 개선함으로써 신용 위험도 크게 낮출 수 있었다. 과도한 빚에 대한 걱정이 사라지자 국제 신인도가 제고되었다. 수비가 탄탄해진 것이다.

국제시장에서 신뢰도를 회복하는 와중에 기업들의 경쟁력 회복도 가속화되었다. 공격의 날카로움이 살아났다. 기업이 공수 양면에서 선전하자 순유출되었던 외화가 순유입으로 바뀌기 시작했고 환란은 힘을 쓰지 못하게 됐다. 산업 경제의 핵심인 기업의 환골탈태와 국제시장에서의 선전이 환란 극복의 일등공신이라 할 수 있다.

재무구조 개선의 중요성

IMF 외환위기 과정에서 재벌기업들은 유동성 위기의 무서움을 몸서리치게 느꼈다. 그 충격은 문어발식 확장과 외형 확대에 치중하면서 재계 서열에 신경 쓰던 대기업의 경영문화에 총체적 변화를 불러일으켰다. 워런 버핏으로 상징되는 미국식 자본주의 경영이 종신고용으로 상징되던 일본식 기업경영을 대체했다. 미국식 자본주의는 주주가치의 극대화를 지상목표로 한다. 기업이 영업해 매출을 올리고 비용을 지불하고 부채를 갚은 뒤 남는 돈의 가치에 포커스를 맞췄다.

과거의 외형 확장 중시 경영은 매출의 극대화를 목표로 했다. 이를 위해 기업은 입도선매로 직원을 채용했고 거액의 돈을 빌려 설비투자를 단행했다. 매출과 자산이 늘어나 외형은 커졌지만, 부채와 비용도 동시에 늘어났다. 성장 우선 경영전략은 출혈경쟁과 제 식구 챙기기 영업으로 이어졌다. 경영의 비효율성이 매우 컸다. 매출은 증가했지만, 영업이익은 크지 않았다. 거기에다 높은 금리로 인한 이자비용으로 당기순이익은 적자를 보기 일쑤였다. 외형 확대로 성장성은 기대가 됐지만, 수익성은 바닥이었다. 이런 경영행태는 워런 버핏식의 주주 중시 경영과는 정면으로 배치되는 것이었다. 워런 버핏은 투자자였고 기본적으로 장기 주식투자자의 이익을 대변했다.

$$주주가치(VE) = 기업가치(VF) - 채무가치(VD)$$

IMF 외환위기 이전에 우리나라 기업의 외형 확대를 통한 성장 극대화 전략은 주주가치를 크게 훼손했다. 당시 대기업은 과잉 설비투자로 부채비율이 엄청나게 높았다. 위의 식에서 채무(VD)의 규모가 엄청나게 컸으니 주주가치(VE)가 쪼그라들었다. 수익성도 좋지 않았다. 출혈경쟁으로 매출액 성장이 정체되었기 때문이다.

반면 1987년 대통령 직선제를 쟁취한 6월 민주화 시위 이후 노동인권 보장과 임금인상 요구가 봇물 터지듯 확산하면서 영업비용도 크게 상승했다. 매출의 정체와 영업비용의 상승은 영업이익을 감소시켜 영업 현금흐름의 발목을 잡았다. 과잉 설비투자로 잉여현금흐름이 줄어들어 기업가치와 주주가치도 훼손되었다. 이런 분위기에서 자본시장의 발전은 정체되었고 기업들은 고금리의 대출에 의지할 수밖에 없었다.

그러나 IMF 외환위기는 우리나라 기업의 경영철학에 일대 전환을 요구했다. 금융권은 더는 기업의 외형 확대를 지원하지 않았다. 더욱 엄격해진 여신심사 과정에서 수익성과 현금흐름의 개선을 집중적으로 점검했다. 기업 자체적으로도 해외투자자의 관심을 유도하려면 기업가치를 제고하고 주주가치 위주의 경영을 할 수밖에 없었다. 더는 무분별하고 비효율적인 외형 확대 전략이 용인되지 않았다. 성장 극대화 전략에서 가치 극대화 전략으로 선회할 수밖에 없었다. 이것은 환란에서 살아남은 기업에게는 축복이 되었다. 정부가 자본시장을 활짝 개방했기 때문이다.

주주가치가 개선되면서 외국인투자자가 주식시장으로 쏟아져 들어왔다. 늘 두 자릿수에 머물 것 같았던 시중금리도 한 자릿수로 하락했다. 이에 따라 자본시장이 급속도로 성장했다. 금융권의 고금리 여신에만 의존하지 않아도 되는 기업들은 자본시장에서 저비용으로 자금을 융통할 수 있게 되었다. 이로 인해 기업의 재무구조는 더욱 크게 개선되었고 수익성도 향상됐다. 기업가치도 눈에 띄게 커졌고 주주가치도 빠르게 성장했다. 이에 따라 주가도 급등했다.

IMF 외환위기 당시 저점에 주식을 샀으면 큰돈을 벌었을 것이라는 아쉬움이 곳곳에서 배어났다. 나도 마찬가지였다. 환란이 한창인 상황에서 우량기업마저 유동성 위기에서 벗어나지 못하는 상황이 되자 외국인투자자들은 삼성전자, 한전 같은 대표 우량주를 하한가에 패대기치듯 팔아치웠다. 국내 기관투자자들이 어이없이 쏟아지는 매물을 받아보려 했지만 역부족이었다. 종합주가지수는 600, 500, 400선을 차례로 하향 돌파했다. 지수 300선이 뚫리자 참다못한 투자신탁회사 등 국내 기관투자자도 매도 행렬에 동참했다.

나도 걱정스러운 마음에 삼성전자에 근무하는 지인을 만나 위로의 말을 건넸다. 그 지인은 설마 우리 회사가 망하겠냐면서 삼성전자 주가가 3만 원이 뚫리면 사보라고 얘기했다. 한편 인기 드라마 〈응답하라 1988〉(2015)에서 쌍문동 아저씨들은 1988년 당시 3만 원 하던 삼성전자 주식이 비싸지 않으냐고 얘기한다. 그 후 삼성전자 주가가 크게 올랐다가 외환위기를 맞아 다시 3만 원대로 되돌아왔다. 내 기억으로는 삼성전자 주가는 장중 3만 원을 잠시 밑돌았다가 회복했다. 만약 그때 삼성전자 주식을 샀으면 어땠을까?

2018년 삼성전자는 50:1의 액면분할을 했다. 주식 1주가 쪼개져 50주로 늘어났다. 주가는 50분의 1로 조정됐다. 따라서 IMF 당시 3만 원의 주가는 액면분할 후 600원에 해당한다. 글을 쓰는 이 시점에 삼성전자 주가는 7만 원을 넘었다. IMF 당시와 비교해 110배 넘게 상승한 것이다. 그간 시행했던 증자와 액면분할을 감안하면 삼성전자 주가는 수백 배 올랐다. 2021년 이후 주가 상승이 정체되긴 했지만, 대표주인 삼성전자 주가의 위용은 우리나라 자본시장의 성장을 상징적으로 보여준다.

성장 신화가 복귀한 밀레니엄

1999년 늦가을의 어느 날, 장항선 열차에 몸을 실었다. 충청남도 출신 직장 상사의 상가를 방문하기 위해서였다. 차창 너머로 보이는 가을 풍경이 아름다웠다. 돌아오는 길에 주식투자에 푹 빠진 직장 동료와 대화할 기회가 있었다. 그는 요즘 자신은 코스닥에 투자한다며 관심을 가져보라고 했다. 1996년 중소·벤처기업의 자본시장 진입을 확대하는 것을 돕기 위해 미국 나스닥을 본떠 코스닥시장이 문을 열었지만, 대부분 투자자에게는 여전히 낯선 시장이었다.

IMF 외환위기가 터지고 기업 구조조정이 본격화하자 코스닥시장도 깊은 침체에 빠졌다. 출범 당시 1,000포인트로 출발한 코스닥지수는 IMF 구제금융 3개월 전인 1997년 8월에 1,376포인트까지 상승했다. 하지만 외환위기의 골이 깊어지자 그해 12월 1,000포인트가 붕괴되었고 1998년 11월에는 605포인트까지 하락했다. 그러자 김대중 정부는 1999년 들어 대대적인 첨단 IT 벤처기업 육성정책을 발표했다. 오늘날 한류의 기반이 된 문화산업진흥계획도 이 시기에 입안됐다.

박정희가 시작한 경제개발계획은 막을 내렸지만, 정부가 밀어주는 새로운 분야의 성장정책이 시작됐다. 이러한 정책의 하나로 김대중 정부는 코스닥시장의 활성화를 적극적으로 지원했다. 코스닥시장의 등록 요건을 완화하고 등록 업체에는 세제 혜택을 부여했다. 이런 분위기 속에 미국 연준이 1997년 3월 이래 유지했던 통화긴축정책에 변화가 생겼다. 아시아 외환위기의 파급효과를 막기 위해 1998년 9월 기준금리를 5.5%에서 25bp(0.25%p) 인하했다. 연준은 10월과 11월에도 각각 25bp씩 기준금리를 추가로 인하했다. 모처럼 만에 국제자금시장 유동성에 화색이 돌았다. 국내 금리도 눈에 띄게 하락했다. 경상수지 흑자 규모의 증가와 정부의 경기부양책도 시중 유동성에 우군으로 작용했다. 시중 유동성이 호조를 보이자 증시 수급도 크게 개선되었다. 코스닥시장에도 순풍이 불었다. 코스닥지수는 1999년 4월 1,000포인트를 회복했다.

미국 나스닥시장의 활황이 코스닥이 상승하는 기폭제가 되었다. 1995년 이후 인터넷이 일반화하면서 전 세계를 하나의 통신망으로 연결했다. 우리나라에서도 실시간으로 미국 증시의 흐름을 들여다볼 수 있는 시대가 됐다. 공상 만화에서나 등장했던 전자메일, 온라인 메신저, 인터넷전화, 화상통화가 월드와이드웹을 통해 구현되고 있었다. 인터넷이 약속하는 미래는 온통 장밋빛이었다.

인터넷기업의 성장성은 무한해 보였다. 온라인에서 책을 파는 생소한 인터넷 서점으로 출발한 아마존(AMZN)의 주가가 무섭게 상승하기 시작했다. 1997년 5월, 아마존은 주당 18달러에 IPO를 통해 나스닥에 상장했다. 이 회사 주가는 그해 연말 주당 50달러를 돌파했고 이듬해에는 720달러를 넘어섰다. 1999년 12월에는 한때 주당 1,350달러를 돌파하면서 선풍적 인기를 누렸다. IPO 이후 주가가 무려 75배 상승하면서 닷컴 버블(Dot-com bubble)이라 불린 기술주의 주가 거품을 선도했다. 회사 이름에 닷컴이 붙고 인터넷과 연관이 있다면 무조건 주가가 수십 배 급등했다.

주가지수도 마찬가지였다. 1996년 초 1,000포인트 언저리에 있던 나스닥지수는 1997년 말 1,500포인트를 돌파했다. 1998년 말에는 2,000포인트를 넘어섰다. 1999년 나스닥 주가에는 더욱 강한 탄력성이 붙었다. 그해 연말 4,000포인트를 훌쩍 뛰어넘었다. 불과 약 4년 만에 주가지수가 4배 이상 급등하는 초유의 강세장을 연출했다. 전례를 볼 수 없는 엄청난 크기의 주가 버블이 뉴욕 하늘을 배회했다.

나스닥의 급등세는 태평양을 건너 코스닥시장에도 직접적인 영향을 미쳤다. 1999년 가을부터 인터파크 같은 인터넷 상거래 회사의 주가가 급등하기 시작했다. 그 뒤를 컴퓨터, IT, 통신주가 이었다. 정보통신, 인터넷 관련이기만 하면 주가가 연일 상한가 랠리를 펼쳤다. 시중 자금이 블랙홀처럼 코스닥시장으로 빨려 들어갔다. 이로 인해 코스피 우량주의 소외는 심각했다. 실적이 좋아도 전통산업 굴뚝주로 분류되면 주식투자자의 관심 밖으로 내쳐졌다.

당시 코스닥 활황의 하이라이트는 새롬기술 주가였다. 이 회사는 자바(Java) 기술을 기반으로 한 무료 인터넷전화 서비스를 세계 최초로 개발했다. 요즘은 카카오톡으로 전 세계 어디에서나 무료 인터넷 통화가 가능하지만, 당시에는 무료 통화가 획기적인 기술로 평가받았다. 다이얼패드라 불린 무료 전화 서비스의 시행은 엄청난 반향을 불러일으켰다. 모두 컴퓨터로 통화하며 인터넷 신기술의 실체를 눈앞에서 확인하자 그 기대감은 극에 이르렀다.

직원 수가 100명 안팎에 불과한 새롬기술의 주가는 증시 사상 유례를 찾아보기 어려운 급등세를 연출했다. 1999년 한때 주당 1만 8,900원에 지나지 않았던 주가는 연일 상한가를 치면서 2000년 2월에는 308만 원(액면분할 전 기준)까지 급등했다. 불과 몇 개월간 주가가 무려 163배 상승하는 기염을 토했다. 시가총액은 당시로는 놀라운 5조 원에 이르렀다. 언론의 증권 뉴스는 온통 새롬기술 주가 동향으로 도배됐다. 온 나라에 새롬기술 열풍이 불었다. 정치권의 자금이 유입되었다는 설을 포함해 새롬기술을 둘러싸고 갖가지 루머가 돌았다. 주가 급등에 고무된 투자자들 사이에는 새로 태어난 아이 이름을 새롬이라고 짓자는 운동을 전개하기도 했다. 새롬기술에 관한 관심은 개미투자자에 국한된 것이 아니었다.

국내 굴지의 기업인 삼성전자도 이 회사 주식에 440억 원을 투자했다. 2000년 1월, 새롬기술이 10분의 1로 액면분할을 시행한 후 주당 11만 원에 전체 주식의 4.4%를 유상증자에 참여하는 방식으로 인수했다. 그 뒤를 이어 현재는 카카오와 합병한 다음의 주가도 새롬기술의 턱밑인 29만 8,000원까지 급등했다. 핸디소프트 등 숱한 인터넷·IT 벤처기업들의 주가가 급등세를 연출했다. 코스닥 주가의 급등 속에 2000년 밀레니엄을 앞둔 1999년 연말 분위기는 보신각 재야의 종 타종 속에 어느 해보다 즐겁게 무르익었다. 환란의 고비를 넘은 거리에는 흥청망청한 파티 분위기가 가득 찼다.

연말의 활력 넘치는 시장 분위기는 2000년 초까지 이어졌다. 개미투자자들에게 2000년 새해 봄은 행복에 겨웠고 섬진강 매화가 꽃망울을 터뜨리던 3월은 희망에 가득 차 있었다. 3월 10일 금요일도 마찬가지였다. 컴퓨터 화면 위의 주식 시세 전광판은 이날도 어김없이 상승의 붉은빛으로 물들고 있었다. 그러나 점심을 즐기던 그날 정오 무렵이 코스닥 투자자에게 행복의 꼭대기일지도 모른다고 의심한 투자자는 별로 없었다. 코스닥지수가 2,925포인트를 달성하면서 끝없이 질주할 것처럼 보였기 때문이다. 그날 밤 미국 나스닥지수도 5,132포인트를 찍으며 대미를 장식했다.

그러나 그날을 정점으로 나스닥시장은 붕괴되기 시작했다. 한 달이 채 지나지 않은 4월 초 4,000포인트가 무너졌다. 11월에는 3,000포인트 아래로 하락했고 이듬해 3월에는 2,000포인트마저 뚫렸다. 불과 1년 만에 나스닥지수는 고점 대비 60% 넘게 하락했다. 코스닥지수도 크게 다르지 않았다. 2000년 4월 코스닥지수

토 막 상 식

코스닥 하락의 조짐은 새롬기술의 주가가 먼저 보여주었다. 2000년 1월 초 27만 원까지 급등했던 주가는 1월 하순 9만 9,000원으로 밀렸다. 수 주일 만에 3분의 1 토막이 났다. 그러나 삼성의 유상증자 참여 같은 호재에 힘입어 설 명절을 전후한 2월 18일 주가는 사상 최고치인 30만 8,000원에 도달했다. 그 후 주가는 상한가와 하한가를 오가며 엎치락뒤치락했다. 3월 초에는 100% 무상증자를 시행했고 이로 인해 주가의 하락세가 더욱 두드러져 보였다. 100% 무상증자를 하면 주식 숫자가 2배로 늘어나면서 주가는 절반으로 조정되기 때문이다. 코스닥지수가 피크를 보였던 3월 10일 새롬기술 주가는 무상증자 전 기준으로 27만 원에 이르기도 했지만, 이날을 기점으로 주가는 가파른 하락세를 타기 시작했다. 무상증자 전 기준으로 3월 20일에는 20만 원 선이 붕괴됐고 4월 초에는 10만 원 선이 무너졌다. 약 한 달 만에 주가가 다시 3분의 1토막이 난 것이다. 그해 5월 중순에는 5만 원 선마저 뚫렸고 12월에는 1만 5,000원 아래로 하락했다. 주가 하락을 막으려고 새롬기술은 네이버와 합병 계획을 공식 발표하기도 했지만, 무산되고 말았다. 이 회사는 솔본으로 사명을 변경한 뒤 한때 주가가 6,000원 아래로 하락하기도 했다. 주가가 고점의 50분의 1이 된 것이다.

는 2,000포인트 아래로 하락했다. 5월에는 1,500포인트가 무너졌고 9월에는 1,000포인트 선마저 붕괴됐다. 2001년 3월 코스닥지수는 700포인트 아래로 하락했다. 1년 만에 지수가 75% 넘게 급락했다. IMF 환란 당시의 시장 붕괴가 재현되었다. 금융위기도 아닌데 떨어지는 칼날같이 주가가 하락하자 투자자들은 할 말을 잃었다.

버블 붕괴의 상처와 주가의 롤러코스터 급등락

그렇다면 닷컴 버블이 이다지도 처절하게 붕괴한 이유는 무엇일까? 근본적인 원인은 성장성의 함정에 빠진 투자자들의 비합리적 투자였다. 기업가치에 대한 철저한 분석 없이 성장성에 대한 막연한 기대감에 눈이 멀었다. 증시 주변의 유동성 호조도 한몫했다. 연이은 주가 상승이 조성한 장밋빛 분위기에 휩쓸려 무리를 추종하는 허딩(Herding)의 군중심리에 빠졌다.

투자자들은 주가가 급등하고 주변에서는 돈을 벌었다는 소문이 난무한데 나만 소외될지 모른다는 포모의 고립 공포감에 빠져들었다. 주가에 버블이 끼었으니 주의해야 한다고 전문가와 매스컴이 아무리 경고해도 이들의 귀에는 들어오지 않았다. 붉은 기둥으로 이어진 차트만 뚫어져라 바라보며 주식을 산 뒤 무조건 움켜쥔 채 버티는 비이성적 충동에서 빠져나오지 못했다.

이렇게 환상에 사로잡혀 욕망에 눈이 먼 투자자에게 시장은 영원한 행복을 보장하지 않는다. 버블은 때가 되면 반드시 붕괴하기 때문이다. 아무리 성장성을 감안하더라도 현재 주가가 터무니없이 높을 때 버블은 붕괴를 맞는다. 버블 붕괴를 앞당기는 것은 몇몇 이성적인 투자자들이다. 이들은 닷컴기업의 적정 기업가치 산정을 시도했다.

그러나 이내 이들은 심각한 한계에 부딪히고 말았다. 어떤 기업가치 산정 방식을 적용해도 닷컴기업의 주가를 정당화할 수 없었다. 매출액은 미미한 수준이었고 영업에서는 손실이 나고 있었으며 당기순손익은 적자를 면하지 못하고 있었기 때문이다. 이런 기업이 플러스의 현금흐름을 창출할 리가 없었다. 성장성을 감안해 미래 현금흐름을 예상해보려고 하지만 합리적인 근거가 부족했다.

막 인터넷이 상용화하는 상태에서 몇 년 후의 시장 매출 규모를 예측하는 것은 눈 감고 아웅 하는 것과 다를 바 없었다. 근본적인 문제는 닷컴기업의 비즈니스 모델이 가진 한계였다. 대부분의 닷컴기업이 그럴싸한 기술로 성장성을 포장하고 있었지만, 돈을 벌 수 있는 사업 모델을 가진 회사는 극소수에 불과했다. 새롬기술도 마찬가지였다.

내 기억에 의하면 당시 새롬기술의 다이얼패드 서비스로 통화하는 고객은 회사의 약속대로 무료로 인터넷전화를 이용할 수 있었다. 그러나 새롬기술은 SKT 같은 통신사업자들에게 휴대폰으로 걸려온 전화요금의 일부를 대신 부담해야 했다. 광고 수입 등 부수적인 매출이 획기적으로 늘어나지 않는 한 기본적으로 돈을 벌 수 없는 구조였다. 그런데도 경영진은 현금을 까먹기만 하는 다이얼패드 비즈니스 모델을 고집했다. 결국에는 유상증자로 마련한 운영자금을 허비하고 쓸쓸히 역사의 뒤안길로 사라졌다. 대부분의 다른 닷컴기업의 비즈니스 모델도 허술하기 짝이 없었다.

한편 아마존이나 네이버와 같이 나름대로 성장성을 갖춰 미래에 플러스의 현금흐름 발생이 기대되는 회사도 있었다. 이 회사들의 주가도 급락의 운명을 벗어나기 어려웠다. 1999년 들어 아시아 외환위기의 여파가 수그러들고 주식시장이 과열되자 그해 6월 연준이 긴축적 통화정책으로 다시 선회했기 때문이다.

연준은 2000년 4월까지 추가로 4차례 더 25bp씩 금리를 인상했다. 이로 인해 미국의 기준금리는 1990년 12월 이래 가장 높은 수준인 6.5%로 올랐다. 수년간 강력한 상승 관성을 보이던 주식시장도 버틸 수 없었다. 연준의 긴축으로 증시 주변 유동성이 고갈되기 시작했기 때문이다. 금리가 오르자 적정 기업가치 산출에 적용하는 할인율도 상승했다. 이로 인해 플러스의 미래 현금흐름이 기대되는 기업의 적정 주가도 낮아질 수밖에 없었다.

금리 인상의 효과는 닷컴기업 주가에 치명적이었다. 이미 과매수 상태에 이른 이들 주식의 주가에 벼락이 친 것과 같은 효과를 냈다. 비교적 이른 시기에 주식을 매수해 평가익을 즐기고 있던 투자자는 차익을 실현하려고 주식을 매도했다. 산이 높으면 골이 깊다는 격언이 말해주듯 주가는 칼날처럼 급격하게 떨어졌다. 떨어지는 칼날을 받으려고 매수에 나서는 투자자는 많지 않았다. 오직 본전 생각에 사로잡혀 매도 타이밍을 놓친 투자자만이 탄식 속에 주식을 움켜쥐고 있었다.

한편 주식시장 붕괴의 후유증으로 실업률이 4%를 넘어서고 경기침체의 조짐이 완연해지자 연준은 금리를 인하하기 시작했다. 2001년 1월 금리를 50bp 빅스텝으로 인하한 데 이어 그해 5월까지 4차례 더 50bp씩 인하하는 강력한 통화완화정책을 펼쳤다. 1년 전 6.5%였던 기준금리는 4%로 하락했다. 그로 인해 시중 유동성이 개선되면서 주식시장은 의미 있는 반등세를 모색했다. 4월 초 1,620포인트까지 하락했던 나스닥지수는 5월 하순 2,320포인트를 회복했다. 단기간 주가가 바닥으로부터 43% 반등했다. 마치 시장이 새로운 강세장에 접어든 것처럼 보였다.

과도한 하락에 따른 반발매수로 촉발된 주가의 급반등은 단명에 그치고 말았다. 경기가 침체에 빠지면서 2차 하락이 시작되었다. 선마이크로시스템스(Sun Microsystems), 알카텔(Alcatel) 같은 통신장비회사를 포함해 많은 상장회사의 순익이 급락했다. 이에 대한 실망 매물로 주가는 하락 반전했다.

엎친 데 덮친 격으로 2001년 9월 11일 화요일에는 뉴욕 맨해튼의 랜드마크인 세계무역센터 쌍둥이 빌딩이 테러리스트의 공격으로 무너져 내렸다. 수도 워싱턴의 국방부 건물인 펜타곤 건물에도 비행기가 충돌했다. 미국 본토가 공격을 받아 3,000명에 가까운 인명 피해가 발생하는 충격적 사건이 벌어졌다. 이 충격으로 뉴욕 주식시장은 일주일간 문을 닫았고 9월 17일에야 거래를 재개했다. 그날 나스닥지수는 1,590포인트로 마감해 신저가를 갱신했다. 나스닥은 9월 21일까지 5일 연속 하락해 1,390포인트까지 내렸다. 5월 1차 반등의 고점으로부터 40%가 넘게 하락했다.

실업률이 5%를 넘어서고 경기침체가 깊어지면서 연준은 2001년 말까지 금리를 25bp씩 6차례 더 인하했다. 기준금리가 1.75%로 하락했다. 그 영향으로 돌발적 9·11테러로 급락했던 주가는 이내 또 한 번의 인상적인 반등세를 펼쳤다. 나스닥지수는 2002년 1월 초 2,100포인트까지 수직 상승했다. 주가가 단기간에 50%가 넘는 2차 반등 랠리를 펼쳤다. 그렇다면 주식시장은 또 한 번 본격적인 상승 추세를 탄 것일까? 많은 사람이 그렇게 생각했다. 그러나 주가는 이들의 희망을 또다시 배신했다.

2001년 12월 파산한 에너지기업 엔론의 회계부정 여파가 증시를 강타했다. 미국 텍사스주 휴스턴에 본사를 두었던 엔론은 2001년까지 6년 연속으로 《포춘》지가 뽑은 가장 혁신적인 기업이었다. 직원 수가 한때 3만 명에 이르렀고 매출액은 100조 원을 상회했다. 2000년 하반기에 대규모 손실을 은폐하고 부채를 숨긴 회계부정 스캔들이 밝혀졌다. 2001년 12월에는 법원에 파산을 신청했다. 당시 엔론의 회계를 담당했던 세계 5대 회계법인 아서 앤더슨(Arthur Andersen)도 문을 닫았다. 2001년 엔론 사태는 9·11테러로 흔들리던 금융시장에 결정타를 가했다. 미국 경제는 침체됐고 증시는 극심한 부진에 빠졌다. 미국 의회는 2002년 사베인즈-악슬리(Sarbanes-Oxley)법을 통과시켜 회계 관행을 개혁하려 했다.

그 여파로 나스닥지수는 2002년 10월 1,110포인트까지 하락했다. 주가가 그해 1월의 전고점 대비 47% 내렸다. 2000년 3월의 역사적인 이전 최고점과 대비하면 나스닥지수는 78% 하락했다. 코스닥지수도 나스닥과 비슷한 궤적을 그렸다. 9·11테러 직후 460포인트까지 하락했던 코스닥지수는 111% 상승하며 2002년 3월 965포인트를 회복했다. 그러나 지수는 다시 하락 반전해 2003년 3월까지 64% 하락하며 345포인트에서 바닥을 확인했다.

이렇게 2000년 정점을 기록한 후 2003년까지 나스닥과 코스닥지수가 큰 폭의 등락을 거듭한 이유는 무엇일까? 9·11테러와 엔론 사태 등 과거에 쉽사리 볼 수 없었던 대형 사건들이 증시를 강타한 것도 한 가지 이유였다. 보다 근본적인 원인은 전례 없는 주식시장의 거대한 가격 거품이었다. 거품이 무서운 이유는 영롱함 때문이다. 바라보는 이들의 혼을 쏙 빼놓는다. 혼자 소외될지 모른다는 두려움에 은행 예·적금을 털어 주식시장에 투입한다. 주식담보대출을 받아 레버리지를 높이기도 한다. 심지어는 집을 담보로 대출을 받아 주식을 더 사려고 발버둥 친다. 너도나도 온 국민이 달려들면서 주가는 인상적인 상승 랠리를 지속한다. 그러면 돈이 또 빨려 들어온다.

그러나 경제 내에 주식에 투자할 수 있는 돈에는 한계가 있다. 주가가 끊임없이 오르려면 많은 돈이 무제한으로 주식시장으로 흘러들어 와야 한다. 현실 경제에서 이것은 불가능하다. 유동성이 유입되는 속도가 느려지면 서서히 주가 상승이 버거워진다. 이를 눈치

챈 동작 빠른 스마트 머니가 증시에서 이탈한다. 주가가 펀더멘털에서 벗어나 있음을 잘 알고 있는 스마트 머니 투자자들은 시장가로 주식을 매도한다.

주식시장은 큰 충격을 받는다. 몇 달간 주가는 큰 폭의 조정을 받는다. 그러나 그전의 강력한 상승의 기억이 여전히 마음에 강력하게 남은 투자자들은 저점 매수에 나선다. 크게 하락했던 주식시장은 다시 한번 인상적 반등을 보인다. 그러나 단타에 나섰던 스마트 머니는 이번에도 차익 실현의 기회를 놓치지 않는다. 이들이 대거 매도에 나서면서 주가는 또 한 번 큰 조정에 빠진다. 번번이 매도 타이밍을 놓친 개미투자자들의 계좌는 점점 비어간다.

거대 버블은 투자자의 마음에 씻기 어려운 상처를 남긴다. 버블이 형성되는 시기에는 장밋빛 꿈에 부풀어 있다가 버블이 터지고 나면 신기루처럼 사라진 재산을 그리워하면서 깊은 우울감에 빠진다. 주가가 상승하면 버블 형성기의 기억에 사로잡혀 추격 매수를 하고 주가가 하락하면 버블 붕괴기의 트라우마가 작용해 하락 버튼을 누르게 된다. 대형 버블이 터진 이후에는 이런 투자자들의 불안 심리가 작용하면서 주가의 등락폭이 드라마틱하게 커진다.

그렇다고 주가 버블에 동참하려 한 투자자만 비난할 수는 없다. 버블이 형성되도록 주변 환경을 조성한 정책 당국도 책임을 면하기는 어렵다. 정부는 수시로 증시 육성책을 남발해 투자자에게 보랏빛 성장의 환상을 심어준다. 중앙은행은 성급하게 통화정책을 완화해 유동성을 주입한다. 이들이 투자자의 비이성적 사고와 만나 버블이 형성된다. 정책 당국은 자본시장 육성이나 경기부양이라는 달콤한 성장의 함정에 빠져서는 안 된다. 자산시장에서 가격 거품이 터지면 성장은 고사하고 더 혹독한 경기침체가 뒤따른다. 따라서 자산시장에 가격 버블이 형성될 조짐이 보이면 금융 당국은 신속히 개입해 이를 진압해야 한다.

피셔 방정식($MV = PY + P'Y'$)으로으로 닷컴 버블을 분석해보자. 당시 실물경기 호조로 Y가 견조했고 인터넷의 등장으로 IT기업 성장성이 부풀려졌다. 금리 인하로 M도 증가했다. 자산가격(P')은 급등했다. 주식시장이 과열되며 V가 빨라졌다. P'가 더 급등했고 버블이 형성됐다. 금리 인상과 스마트 머니 매도로 P'가 하락세로 반전하자 M이 줄어들고 V가 느려졌다. 이로 인해 P' 하락이 깊어지며 버블이 붕괴했다.

10장

내가 알게 된
IMF 외환위기의 진실

투자도 문제해결도 결국은 타이밍이다.

연준이 긴축 사이클을 가동시킬 때
부정적 여파에 대해 집중하는 사람은 드물다.
긴축에 들어가 있다는 것은 여전히 경기가 살아 있고
시중에는 유동성이 풍부하다는 의미이기 때문이다.
배부르게 저녁을 먹고 아침을 걸러도
처음 몇 시간은 배가 고프지 않은 것과 같다.
그러나 고금리가 계속되면 유동성 고갈이 온다.
시장의 유동성이 마르면 금융경색과 자본시장 붕괴가 뒤따른다.

환란을 복기해야 하는 이유

2020년 아카데미 작품상에 빛나는 영화 〈기생충〉의 명대사는 "아들아, 너는 다 계획이 있었구나"다. 우리는 무언가 인생을 계획하고 성공을 향해 전진한다. 학생은 학교를 졸업하고 좋은 직장에 취직해 승진하고자 한다. 기업인은 시장을 개척해 회사를 더 큰 기업으로 성장시키고자 한다. 가지고 있는 자원을 바탕으로 성공에 한 걸음씩 다가간다. 평소라면 이런 노력이 성공의 결실로 다가온다. 그런데 사회의 운영 방정식 자체가 확 바뀌는 순간이 있다. 저차원 함수 문제를 풀고 있었는데 갑자기 고차원 함수 문제를 풀라고 한다. 아니면 인생은 망가지고 기업도 문을 닫아야 한다고 다그친다. 말문이 막힌다. 그 순간이 금융위기다.

최근 본 한 유튜브 영상이 가슴을 찡하게 한다. 50대 부부가 캐나다 밴쿠버에서 로키산맥을 넘어 컨테이너 트럭을 몰고 있다. 그곳은 스위스 알프스에 버금가리만큼 험준한 산악 도로다. 남편이 휴식을 취하고 있는 사이 부인이 트럭을 몰다가 사고를 만났다. 폭설이 내리고 있어 시야를 확보할 수 없었다. 한 치 앞도 내다보기 힘들 정도다. 앞차의 비상등에 의지해 운전할 수밖에 없다.

그런 악조건에서 숫자도 알기 힘든 차들의 연쇄추돌이 벌어졌다. 긴장한 부인의 두 손이 벌벌 떨린다. 공포에 질려 소리를 지른다. 남편이 일어나 부인을 진정시킨다. 다행히 사고를 면했다. 인근 휴게소에 정차하고서야 안도의 한숨을 내쉰다. 서로를 아끼는 이들 부부의 사랑이 눈물겹다. 이 부부의 사연이 궁금해졌다. 남편은 캐나다에 정착하기 전 한 기업체를 운영했다. 영업도 순조로워 아이 교육을 위해 부인을 캐나다로 보냈다. 영상에 나오는 과거의 사진은 생활의 여유가 느껴지는 일상을 보여준다.

그러다 IMF가 왔다. 그렇다. 1997년의 그 IMF다. 우리나라에 구제금융을 해준답시고 온갖 횡포를 부리던 미국 수도 워싱턴에 소재한 IMF다. IMF는 젊은이들에게는 톰 크루즈 영화 〈미션 임파서블〉로 더 친숙할 것이다. 그러나 중장년층 한국인들에게 IMF는 외환위기와 동의어다. 그 외환위기를 IMF 환란이라 불렀다. 무슨 전쟁이 일어나 변란이 생겼다고 할 때의 그 환란이 아니다. 외환이 모자라 일어난 대란이란 뜻이다. 지금은 남아돌아 처치 곤란인 그 외환이 당시에는 그렇게도 부족했다. 요즘은 우리나라의 1년 반도체 수출만 해도 1,000억 달러인데 당시에는 온 나라가 50억 달러가 없어서 부도 위기에 직면했다. 달러가 없으니 다들 우리나라를 거지 취급했다. 누가 거지 취급받는 나라와 거래하고 싶겠는가. 투자자들은 우리나라를 떠나지 못해 안절부절못했다.

이런 상황에서 온전할 수 있는 은행도 기업도 없었다. 투자 계획을 세우고 기술을 개발하기는커녕 하루하루 부도 위기를 넘기기에도 벅찼다. 정말 셀 수도 없이 많은 기업체가 도산했다. 재벌 순위 1위를 넘보던 대우그룹이 파산했으니 할 말을 다한 셈이다. 꿈을 품고 회사를 키우던 기업가는 하루아침에 집도 뺏기고 범죄자가 돼 거리를 배회했다. 잘나가던 은행과 대기업에서 승승장구하던 회사원들도 실업자로 전락했다.

이렇게 불과 몇 달 전만 해도 듣도 보도 못하던 IMF라는 괴물 때문에 온 나라가 씻을 수 없는 상처를 입었다. 사람들은 경악했고 좌절했다. 그렇게 잘난 척하며 설치던 관료들과 학자들이 이렇게 큰 피해를 가져올 외환위기를 경고하지 못한 데 분노했다. 온 나라를 손아귀에 넣고 좌지우지하며 위선을 떨다가 일본에 나라를 뺏긴 조선시대 양반들이 떠올랐다. 그래서 IMF 환란은 국치였다. 어쨌든 나라는 살려야 했기에 구한말 국채보상운동을 벌이던 때의 심정으로 금붙이를 모았다. 그러면서도 여전히 궁금했다. '왜 환란이 왔지? 우리가 뭘 잘못했는데?'라는 의문이 꼬리에 꼬리를 물고 일어났다.

경제 우등생 대한민국이 IMF에 들어가자 전 세계 호사가들은 난리가 났다. 서로 신이 나서 분석에 열을 올렸다. 어제까지 성장의 모델이라고 치켜올리던 이들이 오늘은 멍청하고 비효율적인 시스템의 전형이라고 두들겨 패기 바빴다. 샴페인을 너무 일찍 터뜨렸다는 둥, 한국은 끝났다는 둥, 앞으로는 영원히 과거와 같은 풍요로운 경제는 두 번 다시 오지 않을 것이라는 둥 비관적 전망이 언론의 칼럼을 휩쓸었다. 누구의 분석도 마음에 시원하게 다가오지 않았다. "니들이 우리를 알아? 우리가 얼마나 죽도록 열심히 일했는데"라는 항변만이 가슴 깊은 곳에서 솟아날 뿐이었다.

처음에는 IMF가 점 찍어 폐쇄를 요구한 종합금융회사들에 욕을 쏟아부었다. 재벌들이 소유한 이 금융회사들이 불법대출을 일삼고 달러를 무분별하게 빌려 와서는 흥청망청 바보같이 투자하는 바람에 외환위기가 왔다고 입을 모았다. 종합금융회사 대주주가 망하고 임직원들이 줄줄이 감옥에 갔다. 그래도 속이 풀리지 않았다. 30개에 달하는 종합금융회사의 씨를 말렸다. 하지만 뭔가 석연치 않았다. 정말 종합금융회사가 문제의 전부였을까?

내로라하는 분석가들은 재벌에 칼날을 겨눴다. 재벌기업들이 외형 경쟁에만 눈이 멀어 중복투자, 과잉투자를 일삼은 것이 환란의 더 큰 원인이라 떠들어댔다. 모든 재벌이 가시방석 위에 놓였다. 예외는 없었다. 삼성이고 현대고 간에 전부 비난의 대상이 됐다. 재벌그룹은 억울했다. "언제는 수출의 첨병이라 칭찬하더니? 언제는 경쟁하면서 국제경쟁력을 높이라더니?" 애지중지 키운 핏덩이 같은 핵심 기업을 반강제로 다른 그룹에 넘겨야 했다.

재정경제원 경제관료들도 도마에 올랐다. 엘리트 의식에 가득 차 실수라곤 모를 듯하던 그들이 주도했던 경제성장은 사상누각에 불과했다. 감사원이 들이닥쳐 공무원들의 잘못을 캐려고 눈이 벌겋게 달려들었다. 그러나 그들도 할 말은 있었다. "우리는 법에 따라 밤낮 가리지 않고 열심히 일만 했을 뿐인데?"

그렇다면 대체 뭐가 문제였을까? 무엇이 잘못됐길래 환란이라는 도둑놈이 닥쳐 하루아침에 기업과 인생의 운명을 송두리째 절단냈을까? 거기에는 IMF 국가부도 위기를 다룬 어느 영화의 내용과는 달리 악의를 가지고 고의로 환란을 일으키려는 세력은 없었다. 경제의 모든 주체가 나름의 자리에서 한국인 특유의 성실성을 발휘하며 열심히 뛰었을 뿐이었는데 결과가 금융위기로 이어졌을 뿐이다. 정부와 기업과 은행과 국민이 그렇게 많은 하자가 있었다면 어떻게 IMF 이후 선진국으로 진입하는 것이 가능했을까? 우리는 더 곤란한 문제에 부딪혔다. IMF 이전의 정부도, 은행도, 기업도 금융위기의 근본 원인 제공자가 아니라면 IMF 이후에도 언제든 금융위기가 재발할 수 있기 때문이다. 아니, 금융위기의 그림자가 다가와도 깜깜히 모르고 또 당할 수 있기 때문이다.

나도 이 고민에서 자유로울 수 없었다. 내가 내린 결론은 다소 신선하다. 어느 누구도 진지하게 고려하지 않은 환란의 주범으로 나는 '투자자의 심리'를 꼽는다. 여기에서 투자자의 범위는 국내외를 불문한다. 나라 안팎을 가리지 않고 투자자는 불안하다. 그들의 불안한 심리가 모여 때로는 격변을 일으킨다. 투자자의 심리는 또 간사하다. 돈이 된다고 누군가 말하면 벌떼같이 모여든다. 어떤 종목의 주가가 오른다는 루머에는 귀가 솔깃하다. 투자자는 이처럼 탐욕스럽다.

경제학의 아버지 애덤 스미스(Adam Smith)는 《국부론》에서 인간의 탐욕이 자본주의 경제성장의 원동력이라 했지만, 자본시장에서의 탐욕은 불편한 결과를 낳는다. 주가가 이해하지 못할 정도로 올라도 사고 또 사기 때문이다. 성장성이라는 그럴듯한 포장지로 합리화하지만, 탐욕에 눈이 멀어서 그렇다. 자본시장의 역사는 그 탐욕의 화려한 자식이 자산가격의 버블이었다고 말한다. 400년 전 세계 최초의 증권거래소를 세운 네덜란드 사람들은 튤립 뿌리를 사지 못해 안달했다. 튤립 가격이 계속 오르고 오른 탓이다. 한때 알뿌리 하나 가격이 황소 4마리 값과 맞먹었다. 봄에 잠깐 피었다가 져버리는 튤립이 대체 뭐라고 눈이 멀어 달려들었을까? 다들 봉사였기 때문이다. 튤립을 사서 더 비싼 값에 팔 수 있다는 착각에 사로잡혀 있었기 때문이다.

이렇게 버블은 탐욕을 먹고 자란다. 지금은 기억하기조차 어려운 많은 종목에 투자자들은 아귀다툼을 벌이며 달려들었다. 시초부터 상한가를 굳히고 몇십 일 연상을 치는 경우가 허다했다. 인간은 공포에 약하다. 무언가 잃을지 모른다는 공포에 취약하다. 선사시대 파충류에 쫓기며 생명을 보전해야 했던 인간의 DNA 깊숙한 곳에 공포는 깊이 새겨져 있다. 뭔가 잃을 것 같은 위험을 인지하면 달려야 살 수 있다. 도망쳐야 한다.

투자자에게 잃을 것은 자신의 재산이다. 자본시장에서는 주가가 빠지면 재산을 잃는다. 주가가 칼 같은 속도로 하락하면 투자자의 심리는 새파랗게 질린다. 하한가라도 맞으면 극도의 공포에 빠진다. 처음에는 저러다가 곧 회복하겠지라며 기대하지만, 그것이 아니라는 것이 밝혀지면 투매에 나선다. 투매가 투매를 부른다. 주가는 과도하게 하락한다. 이렇게 투자자는 비합리적이다. 이런 투자자의 비합리성이 전 세계적 자본시장 개방을 타고 사고를 친 것이 외환위기다. 투자자의 심리가 위기의 원인이다.

예상치 못했던 거대한 풍랑

1997년 11월 23일, 오랜만에 마주하는 서울의 늦가을 풍경이 반가웠다. 종합금융회사 국제금융부에서 일하던 필자는 업무상 출장을 마치고 홍콩에서 막 돌아오는 길이었다. 차창 가로 보이는 가로수 잎들은 예전이나 다름없이 평화롭게 춤추고 있었다. 그러나 도심의 공기에는 팽팽한 긴장감이 감돌고 있었다. 사람들의 발걸음에서는 분노가 느껴졌다. 평소 혼잡해야 할 도로에는 차량마저 한산했다.

온 나라가 마치 강력한 충격파에 감전된 듯했다. 예기치 못한 외부적 충격에 온 국민이 정신을 차리지 못했다. 정부, 기업, 은행, 가계가 모두 갈팡질팡하고 있었다. 한반도 역사상 초유의 거대한 금융풍랑이 평화로운 일상을 송두리째 뒤흔들었다. 이때만 해도 이 외부 충격이 수십 년 유지해온 금융질서를 해체하고 경제 문법을 새로 쓰게 할 복병이 될 것이라고 예측한 사람은 드물었다.

전국을 벼랑 끝으로 내몰던 충격의 진원지는 IMF였다. 이틀 전인 11월 21일 임창렬 경제부총리가 IMF에 구제금융을 신청했다고 발표한 탓이다. 경제학 교과서에나 등장하던 미국 워싱턴 소재의 이 낯선 기구에 우리나라의 명운을 맡긴 꼴이 된 것이다. 당시 우리나라는 외환보유고가 50억 달러에도 미치지 못할 정도로 외화가 바닥난 상태였다. 만약 IMF와의 구제금융 협상이 실패로 끝나면 외채를 갚지 못해 은행과 국가가 부도를 맞을 상황이었다. 최악의 경우 원유와 식량을 수입하지 못해 추위에 떨면서 배고픈 겨울을 나야 할 지경이었다.

나이트클럽으로 유명했던 남산 힐튼호텔 지하의 어수선한 방에서 우리 정부 대표단은 IMF와 피 말리는 협상을 벌였다. 이 협상은 애당초부터 공정할 수 없었다. 국가부도의 코너에 몰린 우리 정부가 칼자루를 쥔 IMF의 요구를 거절할 수 없었다. IMF 협상단은 교과서적 국제금융이론을 적용해 우리나라에는 맞지 않은 무리한 요구를 해왔다. 그런 이론은 대부분 남미 금융위기에서 얻은 경험적 지식에 기반한 것이다. 어디에도 찾아볼 수 없는 독특한 금융시스템에 특유의 정부 주도 정책으로 제조업 기반을 갖춰왔던 우리 경제는 이런 나라들과는 달라도 아주 달랐다. 불행히도 외환에 목말라 있던 우리 정부는 경제정책을 접수한 IMF 점령군의 요구를 대부분 수용할 수밖에 없었다. 그 여파는 고스란히 오늘날 부조리한 우리 경제의 모습으로 투영되고 있다.

IMF의 설익은 정책 권고의 대표적인 예가 금리 인상 요구였다. 당시 우리 경제는 2가지 난제에 시달리며 코너에 몰리고 있었다. 우선 국가가 보유한 외환이 부족해 부도 위기에 몰리는 '환란(換亂)'을 겪고 있었다. 현재 우리나라는 세계에서 여덟 번째로 많은 4,200억 달러의 외환을 보유하고 있지만, 당시에는 이 수치가 30억 달러 미만으로 떨어졌다. 그 배경에는 장기적으로는 다년간 누적된 경상수지 적자가 있었다. 국제거래를 통해 해외에서 들어오는 외환보다 해외로 빠져나가는 외환의 규모가 더 컸다는 의미다. 가계로 보자면 월급 같은 수입보다 생필품 등의 지출이 더 큰 형국이다. 적자를 메우려면 외부로부터 투자를 받거나 돈을 빌리는 수밖에 없었다. 국내 금융시장에서도 유동성이 부족해 다수의 기업이 부도나고 금융기관마저 자금 부족으로 쩔쩔매고 있었다.

이런 상황에서 고금리 정책을 시행한다는 것은 무리한 노동으로 체력이 약해져 휴식이 필요한 환자에게 병원비가 필요하니 스테로이드를 맞고서라도 다시 밖에 나가 돈을 벌어 오라고 종용하는 꼴이었다. 고금리는 해외투자를 유인하기는커녕 그 주체가 되어야 할 기업과 금융기관을 먼저 말살할 독약이었다. IMF는 금융위기를 불러온 원인과 결과를 혼동했기 때문이다. IMF 위기는 우리나라 금리가 아니라 비합리적 외국인투자자의 공포심이 불러온 투매가 근본 원인이었다. 이들은 먼저 주식시장에서 투매를 했고 그다음은 외환시장에서 투매를 이어갔다. 이들은 왜 1997년 들어 우리나라 시장에서 대거 이탈하리라 헤어질 결심을 했을까? 오랫동안 원인을 우리 내부에서 찾아왔다. 우리의 경제 모델을 헐뜯으며 자책에 사로 잡혀 있었다. 그러나 투자자들은 그렇게 현명하지도, 합리적이지도 않다. 때로는 무지하고 멍청하다. 투자자들이 다른 방향으로 우르르 몰려가면 그쪽으로 쫓아가기 바쁘다.

그런데 이런 투자 방향의 선회는 미국 자본시장에서 먼저 일어난다. 미국 주식과 국채 시장이 가장 먼저 움직이고 위험도가 높은 채권시장이 그 뒤를 따르고 해외 자본시장으로 퍼져나간다. 해외 자본시장의 가장 약한 고리가 신흥국 이머징 마켓이다. 자본력이 막강한 미국의 기관투자자들은 국내외에서 동시에 펀드를 운용한다. 미국 기관투자자들은 생각보다 훨씬 큰 규모의 자금을 자산시장에서 굴린다.

가장 큰 자산운용회사인 블랙록(Black Rock)의 자산운용 규모는 9.1조 달러다. 우리 돈으로 1경 1,830조 원 정도다. 운용 규모로 세계 넘버2로 점프했다는 우리나라 국민연금의 13배다. 한 회사 규모가 이렇다. 그렇다 보니 자본시장에서 이들의 영향력은 상상을 불허한다. 그런데 이들이 자산을 운용할 때 가장 주의 깊게 그 움직임을 주시하는 기관이 있다. 연준이다.

연준의 긴축과 동남아 외환위기

IMF 외환위기를 전후한 시기에 연준은 어떤 정책을 썼기에 그

불똥이 한반도에까지 튀었을까? 연준은 IMF 2년 전인 1995년 초부터 금리를 내리고 있었다. 물가는 2%대로 안정됐지만, 실업률이 5.5%가 넘어 완전고용 상태에서 다소 떨어져 있었기 때문이다. 당시 연준은 물가보다 경기부양에 더 우선순위를 두고 있었다. 그해 연초 6%였던 금리를 1996년 초까지 5.25%로 내려 그 수준을 유지하고 있었다.

연준의 금리 인하로 미국 국내뿐 아니라 글로벌 자본시장의 유동성 상황이 개선됐다. 달러 밀크셰이크 이론이 시사하듯 연준의 금리 인하로 전 세계에 달러 유동성이 풍부해졌다. 연준의 통화정책 완화 기조에 힘입어 국제투자자금이 이머징 마켓으로 유입됐다. 태국과 인도네시아 등 동남아시아와 우리나라도 예외가 아니었다. 국제금융시장의 환경이 개선되면서 국내 주식시장의 유동성도 개선됐다. 김영삼의 문민정부가 출범하기 1년 전인 1992년 500포인트 언저리였던 코스피지수는 1,000포인트를 넘어섰다.

당시 국내의 대표적인 주식이었던 삼성전자와 포항제철은 연일 상한가를 연출했다. 아침부터 상한가에 들어가 종일 풀리지 않는 일도 잦았다. 우량주에 목이 말랐던 외국인들은 투자 한도를 풀어달라고 아우성쳤다. 증권사 객장은 투자 열기로 넘쳐흘렀다. 원·달러 환율은 달러당 750원대로 하락했다. 우리나라 사람들은 해외여행을 다니며 강력해진 원화의 구매력을 맘껏 즐겼다. 나도 당시 결혼식을 올리고 신혼여행을 떠났다. 원·달러 환율이 하락해 넉넉하게 쇼핑을 즐길 수 있었다.

이렇게 1995년에는 올림픽 특수를 누리던 1980년대 후반의 들뜬 분위기가 거리를 채웠다. 호프집과 디스코텍은 젊은이들의 열기로 가득했다. 국민은 어디에서나 에너지가 넘쳤고 파이팅하는 분위기가 사회를 달궜다. 취업하기도 쉬웠다. 기업들은 인재를 구하려고 대학 캠퍼스로 총출동했다. 가을이면 입사설명회로 문전성시를 이뤘다. 모두가 정규직 채용이었고 계약직은 예외적인 경우였다. 해가 가면 퇴직금이 누진적으로 늘어나 노후 걱정도 없었다. 노태우 정부의 주택 200만 호 건설이 결실을 맺으면서 주택 가격도 안정되었고 전세금도 쌌다. 얼마 지나지 않아 선진국으로 진입할 것이라는 기대가 팽배했다. 김영삼 정부는 세계화추진위원회를 만들어 시장 개방에 박차를 가했다. 모두 자신감이 넘쳤다.

큰 변화가 워싱턴에서 일어났다. 1997년 초 물가가 3% 위로 오르면서 불안해질 조짐을 보이자 그해 3월 연준이 고금리 정책으로 방향을 틀었다. 이것은 미국 정부의 강달러 정책에 보조를 맞추는 행보이기도 했다. 달러 강세를 통해 국제투자자금을 미국 자본시장으로 유입하려는 로버트 루빈 재무장관의 작품이었다. 그는 1995년부터 빌 클린턴 행정부의 2기 재무부를 이끌고 있었다.

연준의 긴축 전환은 신흥국 시장의 호시절이 끝났음을 뜻했다. 국제금융시장으로부터 달러 유동성이 유입돼 상승 질주하던 이들 나라의 자본시장에 급브레이크가 걸렸다. 연준이 시중 유동성을 흡수하면서 글로벌 기관투자자가 해외시장에서 철수했다. 이들은 국제금융시장에서 가장 약한 고리인 이머징 마켓에서 먼저 빠져나왔다. 연준의 금리 인상으로 유동성 고갈에 가장 먼저 타격을 받는 곳이 위험도가 큰 신흥국 시장이기 때문이다. 자금이 미국 국채 같은 우량자산으로 이동하는 안전자산 선호 현상이 가시화했다. 국제자금이 신흥국을 이탈해 선진국으로 되돌아갔다.

연준이 통화긴축으로 전환한 1997년에도 마찬가지였다. 국제투자자금이 대거 미국으로 환류했다. 전년 말 710포인트 부근에 머물던 미국 나스닥지수는 그해 10월 1,700포인트를 넘어섰다. 1995년 7월 82포인트였던 달러지수는 1997년 7월 100포인트에 근접했다. 미국 정부가 강달러 정책을 공언한 가운데 큰손들이 미국 시장으로 돌아오자 너도나도 이 흐름에 동참했다. 그간 호평을 쏟아부으며 강력하게 이머징 마켓 투자를 권유하던 애널리스트들의 태도로 정반대로 바뀌었다. 과거에 좋게 보이던 이미지가 나빠지는 데는 그리 오랜 시간이 걸리지 않았다. 전문가들의 분석은 편견과 군집 효과로 가득 찼다.

이렇게 촉발된 국제자본의 미국 복귀와 달러화 강세는 신흥국 시장에는 재앙이었다. 국제자본은 이머징 마켓의 주식과 채권을 거침없이 팔아치웠다. 그 후에는 그 나라의 통화를 팔고 달러를 매입했다. 이 과정이 단기간에 공격적으로 이뤄져서 신흥국의 통화가치가 극적으로 붕괴했다. 하이에나처럼 먹이를 찾는 헤지펀드들도 환차익을 얻으려고 고의적으로 신흥국 통화를 공격했다. 헤지펀드는 부유한 고객의 투자자금을 모집해 위험도가 상대적으로 높은 자산에 투자해 수익을 올렸는데 조지 소로스의 퀀텀펀드(Quantum

Fund)와 줄리안 로버트슨(Julian Robertson)의 타이거펀드(Tiger Fund)가 대표적이었다. 특히 소로스는 외환 투기로 유명했다.

태국이 국제자본 이탈의 첫 희생자가 됐다. 1997년 5월까지 달러당 25바트 수준에 고정되었던 태국 바트(Baht)는 환투기 세력의 좋은 먹잇감이었다. 이들은 공격적으로 바트화를 팔고 달러를 매입했다. 태국 중앙은행은 환율 방어를 위해 달러를 팔았지만 거대한 헤지펀드에 맞서기에는 역부족이었다. 그해 초 400억 달러가 넘던 외환보유고를 거의 다 털어 바트화 방어에 나섰지만, 매도세는 강해지기만 했다. 태국은 고정환율제를 포기했다. 환율이 시장의 수급에 의해 결정되는 변동환율제로의 이행을 선언했다. 그러자마자 바트화 환율은 수직 상승했다. 7월에는 달러당 32바트를 넘어섰고 이듬해 1월에는 53바트로 급등했다. 불과 6개월 만에 바트화 가치는 반 토막이 났다.

인도네시아가 두 번째 피해자가 됐다. 태국 바트화가 폭락하자 환투기 세력은 인도네시아 루피아(Rupiah)를 다음 공격 대상으로 삼았다. 1997년 8월 인도네시아 정부는 환율 변동폭의 제한을 없앨 수밖에 없었다. 그러자 그해 5월 달러당 2,500선 아래에 머물던 루피아화 환율은 이듬해 6월에 1만 4,000포인트를 상회했다. 약 1년 만에 달러 환율이 5배 넘게 올랐다. 루피아화 가치는 5분의 1토막이 났다. 해외에서 같은 상품을 수입하려면 5배가 넘는 돈을 지불해야 하는 고통이 따랐다.

우리나라까지 집어삼킨 환란

1997년 태국과 인도네시아가 연달아 무너졌지만, 국제금융계에서의 우리나라에 대한 평가는 괜찮았다. 부정적인 시각도 점차 늘고 있었다. 국내 경제 펀더멘털에 대한 시선은 두 가닥으로 갈리고 있었다. 그해 연초 벽두부터 국내 금융시장은 기업 부도로 정신이 없었다. 예전에도 재벌이 부도나는 일이 있었지만, 드문드문 발생할 뿐이었다. 정권에 미운털이 단단히 박히지 않는 한 재벌의 어음이 만기가 되면 금융권이 나서서 막아줬다.

그런데 1997년은 정말 이상하고 어수선했다. 그해 1월 재계 순위 14위의 한보그룹이 파산했다. 3월에는 26위 삼미그룹이 부도가 났다. 4월에는 진로그룹, 5월에는 대농그룹이 부도유예협약을 맺어야 했고 한신공영그룹이 법정관리를 신청했다. 7월에는 재계 8위의 기아그룹이 부도 처리됐고 10월에는 쌍방울그룹과 태일정밀이 뒤를 이었다. 경제성장이 본격화한 이래 단기간에 이렇게 많은 재벌기업이 한꺼번에 유동성 위기를 맞은 적은 없었다.

금융시스템이 뭔가 대단히 잘못 돌아가고 있었다. 재벌이 부도가 나면 은행의 대출이 부실화된다. 부도의 산사태로 국내 금융기관의 자산건전성이 심각하게 훼손됐다. 자금시장의 혼란이 온 나라를 강타하고 있었다. 하지만 이를 해결해야 할 컨트롤타워인 재정경제원은 이해할 수 없을 정도로 느긋했다.

한편 1993년 흑자를 보였던 경상수지는 이듬해인 1994년 이후 3년 연속으로 적자폭을 키우고 있었다. 1996년 경상수지 적자는 37억 달러에 달했다. 유가 상승 등으로 지급해야 할 달러가 벌어들이는 달러보다 훨씬 많았다. 이런 악조건에서 우리나라의 외환위기 가능성에 대한 관심도 일각에서 일었다. 희망의 빛도 보였다. 1997년이 되면서 경상수지 적자폭이 줄어들고 있었다. 경상수지가 3분기에는 마침내 흑자로 전환됐다. 그해 2분기 경제성장률도 7%를 넘었다. 이를 빌미로 다수의 경제 전문가와 우리 정부는 외환위기 가능성을 일축했다. 한마디로 '한국은 다르다'라는 논리였다.

1997년 가을, 싱가포르에서 열린 한 외환시장 세미나에 참석하고 있었다. 아시아를 대표하는 외환 분석가가 그날 하이라이트를 받은 연사였다. 그도 경상수지의 개선에 포커스를 맞췄다. 펀더멘털이 강한 우리나라가 외환위기에 처할 가능성은 거의 없다고 열변을 토했다. 우리 정부는 말할 것도 없었다. 강경식 부총리를 비롯한 고위관료들은 펀더멘털이 견고해 걱정할 필요가 없다는 입장을 고수했다. 종합금융회사에서 국제투자 업무를 담당하던 나도 이런 분위기에 취해 있었다.

그해 10월 필자는 부도 위기에 처한 태국의 한 금융회사 채권을 들고 방콕을 방문했다. 그 채권의 최초 발행인은 한 중견 철강회사였는데 금융회사가 지급보증을 서고 있었다. 필자는 한 국제법무법인의 영국인 변호사와 명문대학을 졸업한 태국인 변호사와 함께 그 철강회사를 방문했다. 채권 원리금의 지급을 독촉하기 위해서였다. 예상대로 그 회사의 대표와 재무담당 임원은 자리를 피하고 없었다. 우리는 관할 경찰서에 가서 채권을 부도 신고했다. 법원이 아니라 경찰이 부도 업무를 담당하는 것이 흥미로웠다. 일을 마치고 태국인 변호사에게 일장 훈시를 했다. 태국이 다시 국제금융시장에 복귀하려면 외국인이 보유한 채권을 부도내서는 안 된다고 강조했다. 지나고 보니 낯 뜨거운 장면이 되었다. 불과 수개월이 지나지 않아 우리나라도 태국을 따라 IMF 구제금융을 받아야 했기 때문이다.

다수의 경제 전문가와 정부의 호언장담에도 불구하고 시간이 갈수록 우리나라의 외환위기 조짐은 뚜렷해져 갔다. 그간 우리나라의 펀더멘털이 괜찮다며 관망하던 외국인투자자들이 떠나기 시작했다. 원·달러 환율이 슬금슬금 오르자 눈치를 보기 시작했다. 주가도 흔들리면서 매도 행렬에 동참했다. 가격이 펀더멘털에 비해 떨어지면 매수하는 것이 아니라 가격이 떨어지니 더욱 팔아 젖혔다. 전형적인 허딩이었다.

동남아에서 손실을 입은 것이 영향을 미쳤다. 동남아 채권 가격이 하락해 마진콜이 난무했다. 충격을 받은 자산운용사들이 허겁지겁 이머징 마켓에서 포트폴리오를 정리하기 시작했다. 우리나라도 그 리스트에서 빠지지 않았다. 공포에 사로잡힌 투자자들의 비합리적인 과잉 대응이 우리나라를 환란의 한가운데로 밀어 넣었다.

중요한 심리적 저항선인 원·달러 환율 1,000원 선이 바로미터로 작용했다. 1997년 11월 필자는 종합금융회사 홍콩 현지법인의 업무 감사를 하려고 비행기에 오르고 있었다. 공항 체크인을 하던 그날 오전, 외환시장에서 원·달러 환율이 전인미답의 수준인 1,000원을 돌파했다는 뉴스를 봤다. 착잡한 심경으로 홍콩 땅을 밟았다. 거액의 마진콜을 받은 현지법인의 상황을 점검했지만, IMF까지 가리라고는 상상하지 못했다. 홍콩에서 IMF 구제금융 신청을 발표하던 임창렬 경제부총리의 얼굴을 TV에서 보고서야 실감을 했다.

만감이 교차했다. 태국과 인도네시아에 투자한 채권을 관리하면서 그 나라에 무슨 일이 일어났는지 잘 알고 있었기 때문이다. 우리나라는 구제금융에 대해 엄청나게 값비싼 대가를 치러야 할 터였다. 그해 연말 환율은 달러당 1,695원을 찍었다. 정확히 1년 만에 환율은 2배가 됐다. 역으로 원화 가치는 반 토막이 났다. 해외에서 수입하는 원자재 가격도 2배로 뛰었다. 물가가 급등했고 서민의 삶은 더 궁핍해졌다.

자본시장이 환란의 여파를 비껴가기는 어려웠다. 국내 주식시장도 붕괴에 직면했다. 1997년 6월 800포인트에 근접했던 코스피지수는 12월 중순 350포인트대로 주저앉았다. 지수가 반년 만에 반 토막이 났다. 숱한 기업이 부도가 나서 가장이 직장을 잃고 거리로 쫓겨났다. 부도를 면한 기업도 언제 문을 닫을지 몰라 전전긍긍하고 있었다. 1980년 이후 가장 암울한 12월이었다.

그렇다면 대체 무엇이 외국인투자자의 심리에 공포를 불질렀을까? 그것이 무엇이었는지 알아야 우리는 향후에도 같은 실수를 거듭하지 않을 것이다. 금융위기의 진행 과정을 차근차근 살펴보자.

당시 우리나라는 동아시아의 제조업 기지로서 대마불사로 여겨지던 나라였다. 구제금융을 통해 되살리는 것이 당연하다고 여겨졌다. 우리 경제의 힘과 잠재력에 대한 평가는 여전히 괜찮았다. 그런데도 1997년 겨울 외국인투자자들은 패닉에 빠져 우리나라 주식을 땡처리했다. 그러고는 허겁지겁 달러를 사들여 도망치기 바빴다.

무엇이 이들을 그토록 겁에 질리게 했을까? 경제 펀더멘털은 정답이 아니었다. 나도, 전문가도, 정부도 정확한 답이 아닌 펀더멘털만 주시하다가 위기의 실체를 놓쳐버렸다. 위기의 진원지는 금융이었다. 거시경제가 아니었다. 우리나라의 부실하고 기이한 금융시스템, 정부의 황당한 금융정책이 국가를 위기로 몰아넣은 원흉이었다. 당시까지 정부는 금융시스템을 꽉 틀어쥐고 있었다.

외환위기의 원인: 문제는 경제가 아니라 금융

김영삼 정부는 일본 대장성을 본떠 금융과 세제를 담당하던 재무부와 예산과 거시경제를 담당하던 경제기획원을 합쳐 재정경제원을 만들었다. 경제와 금융의 정보가 집중되는 공룡 부처였다. 해외에 재정경제원 사무관이 뜨기만 해도 은행 지점장이 나와 깍듯이 모시던 때였다. 이 슈퍼 파워의 재정경제원에 금융정책은 식은 죽 먹기였다. 한국은행과 함께 은행의 금리를 통제하고 때로는 대출도 지시했다. 은행의 서비스를 보완하려고 신용금고, 신협, 단기자금회사와 종합금융회사 같은 제2금융권을 두었다. 주가가 빠지면 증시안정대책을 동원했다. 투자신탁회사를 동원해 주가를 떠받치게 했다.

기업과 금융기관은 공룡 재정경제원의 손길 아래에서 벌벌 떨었다. 금융기관과 시장을 빈틈없이 장악한 상태에서 간혹 불거지는 금융 불안은 그리 큰 문제가 아니었다. 문제가 생기면 박정희 정권의 사채동결 같은 긴급 정책을 통해 불을 끄면 그만이었다. 그런데 여기에는 근본적인 역설이 자리 잡고 있었다. 김영삼 정부는 세계화를 중요한 정책과제로 삼고 있었다. 이를 위해 금융기관의 적극적인 해외 진출과 대외투자, 국제금융 업무의 강화를 독려했다. 내가 근무하던 종합금융회사도 외화대출을 위한 신디케이트(Syndicate) 주선에 성공했다고 재정경제원으로부터 칭찬을 받기도 했다.

정부는 심지어 외환 업무를 수행할 수 있는 종합금융회사의 숫자를 대거 늘렸다. 1970년대 후반에 설립한 종합금융회사는 6개에 불과했다. 여기에 5대 시중은행(조흥, 상업, 제일, 한일, 서울)과 후발 시중은행(외환, 신한, 한미, 동화, 동남), 몇 개의 지방은행과 국책은행, 외국계 은행 지점을 포함해 국제금융 업무를 영위할 수 있는 외국환은행의 숫자는 수십 개에 지나지 않았다. 이들이 주로 홍콩과 싱가포르, 도쿄에 소재한 유럽-일본계 은행으로부터 외화를 차입해 대출과 리스의 형태로 국내 기업에 공급하고 있었다. 당시까지 장기간 지속된 해외 은행과 국내 은행의 여신 관계는 안정적이었다. 이들은 외환거래와 국제투자 업무에서도 신뢰할 수 있는 파트너십을 형성해오고 있었다.

남의 돈으로 돈을 벌어야 하는 금융업은 신뢰(Confidence)를 기반으로 한다. 인간관계에서도 신뢰가 중요하다. 진지하게 충고를 했는데도 묵살한다든지 돈을 빌려 가서는 질질 끌면서 갚지 않는다면 신뢰 관계는 물 건너간다. 금융에서의 신뢰는 보다 더 구체적이다. 우리나라 은행이 상대방에게 돈을 맡겼을 때 도덕적이고 안정적으로 운용해 원리금을 되돌려주리라는 믿음을 전제로 한다. 인간관계에서도 그렇듯 신뢰 관계의 구축에는 시간이 걸린다. 우리나라 은행과 종합금융회사는 1990년대 초반까지 아시아에 진출한 유수의 선진국 은행들과 견조한 신뢰 관계를 형성하고 있었다.

신용도 자체보다 정부나 대주주 같은 외부의 압력과 각종 인맥에 영향을 받는 우리나라 은행들의 대출 관행에는 문제가 많았다. 하지만 은행 여신의 안정적 회수는 의심하지 않았다. 간혹 발생하는 금융사고로 은행의 유동성에 문제가 생겨도 정부와 한국은행이 개입해 해결해줄 것이라 믿었다. 당시까지는 은행이 부실화된다는 것은 상상할 수 없었다. 어음과 수표를 발행하고 관리하던 은행은 관공서 같은 이미지를 갖고 있었다. 종합금융회사의 수익성도 매우 양호했다. 자산건전성도 만족할 만했다.

선진국 은행들은 앞다퉈 서울에 지점을 내고 국내 금융기관과 신뢰 관계를 구축했다. 해외 은행 지점과 국내 금융기관 직원들은 상호 방문하면서 좋은 인간관계를 쌓아갔다. 이런 견조한 신뢰 관계를 바탕으로 선진국 은행들은 한국은행과 종합금융회사에 외화를 차입할 수 있는 신용한도를 제공했다. 이 신용한도 내에서 은행과 종합금융회사는 단기로 달러나 엔화 등 외화를 자유롭게 차입했다.

내가 근무하던 종합금융회사도 스위스계 은행으로부터 5,000만 달러의 한도 내에서 달러를 빌릴 수 있었다. 일본계 은행으로부터도 마찬가지였다. 신용도가 나은 국내 은행도 종합금융회사에 달러를 빌려줬다. 차입금리의 경우 산업은행 같은 국책은행은 국제금융의 기준금리로서 런던 소재 대형은행 간 금리인 리보금리(LIBOR), 종합금융회사나 지방은행은 리보금리 +0.25% 안팎, 시중은행은 그 중간 수준이었다.

은행과 종합금융회사는 이렇게 차입한 외화를 국내 기업에 대출하거나 리스 형태로 제공했다. 기업들은 조달한 외화를 이용해 각종 설비투자에 나섰다. 이 생산설비를 바탕으로 제품을 만들어 해외로 수출했다. 그 수출대금으로 은행 빚을 갚고 직원의 급여를 주고 세금을 냈다. 우리 기업이 수출시장에서 선전하면서 경제는 급성장했다. 이렇게 선진국 은행 – 국내 은행·종금 – 기업으로 이어지는 금융의 신뢰 관계가 한강의 기적을 이룬 경제성장의 동맥 역할을 했다. 정부가 그 배후에서 자금의 배분에 관여하곤 했다.

그런데 김영삼 정부가 출범하면서 신뢰의 트라이앵글에 금이 가기 시작했다. 금융은 신뢰라는 사실을 이해하지 못한 정부의 설익은 세계화 추진이 화근이었다. 국제화는 1990년대를 관통하는 거대 화두였다. 내가 대학을 졸업하고 종합금융회사 국제금융부에

배치되었을 때 처음 받은 과제가 우루과이라운드(UR)의 효과를 연구하는 것이었다. WTO 설립과 서비스산업 개방의 근거를 제공한 우루과이라운드는 국내 금융산업에도 커다란 영향을 미칠 터였다.

1993년 12월 우루과이라운드가 마침내 타결됐다. 김영삼 정부도 세계화의 큰 흐름에 뒤질 수 없다는 판단을 내렸다. 선진국클럽인 경제협력개발기구(OECD) 가입 추진도 영향을 미쳤다. 김영삼 대통령은 "세계 중심 국가를 이루기 위한 발전전략은 모든 부문의 세계화"라고 강조했다. 세계화가 국정 운영의 기본 이념으로 채택되었고 21세기를 준비하는 생존전략으로 간주되었다. 청와대의 세계화 드라이브 속에서 각 부처도 분주하게 움직였다.

세계화의 방향은 좋았지만, 금융산업은 성급하게 건드리지 말았어야 했다. 국제금융시장에 충격을 가해서는 안 되는 일이었다. 신뢰의 트라이앵글에 금이 갈 수 있기 때문이다. 정책이 제대로 되려면 추진 주체가 똑똑해야 한다는 것은 말할 것도 없다. 세계화를 추진하려면 세계 금융질서가 어떻게 돌아가는지 알고 있어야 했다. 하지만 국내 누구도 그 질서의 작동 원리를 제대로 알고 있지 못했다. 정부도 예외가 아니었다.

신입사원 시절 외환딜링룸에 아침 일찍 출근했다. 로이터 터미널을 통해 밤새 국제금융시장 상황을 모니터링해야 했기 때문이다. 외환·채권·주식 시장을 망라해 주요 뉴스를 정리했다. 런던과 뉴욕 시장의 움직임을 종합해 두 페이지짜리 〈국제금융 동향 보고〉를 만들었다. 인터넷도, 이메일도 없던 시절이었다. 이 보고서를 당시 주요 통신사였던 데이콤이 제공하는 팩스 서비스를 통해 수백 군데 기관과 거래처에 뿌렸다. 이 보고서는 꽤 인기가 있었다. 인터넷이 나오기 전이어서 쏠쏠한 정보원으로 작용했다.

재정경제원의 관련 부서도 내 보고서를 좋아했다. 문제는 거기에 있었다. 정부와 내로라하는 기업들도 2페이지짜리 보고서에 의존해야 할 정도로 국제금융시장 동향에 깜깜했다. 연준의 정책 동향과 국제자금의 큰 흐름을 읽어 정책에 반영하기란 불가능했다. 그러려면 정부부터 세계화해야 했다. 로이터와 블룸버그 터미널을 도입하고 국제금융 전문가를 채용해 실시간으로 시장 동향을 점검해야 했다. 이런 준비도 없이 느닷없이 민간의 세계화를 종용했다. 거기에 민간의 사심이 끼어들었다.

세계화라는 정책 슬로건에 편승해 이익을 취하려는 로비가 극성을 부렸다. 내실을 제대로 다지지 않은 채 성급하게 추진된 부실한 정책의 결정판이 나왔다. 아마도 단군 이래 최악의 정책적 실수였을 것이다. 정책적 야망과 식견이 부조화하는 가운데 단기자금회사의 종합금융회사 전환이라는 가장 어리석은 결정을 했다. 수출과 경제만 잘 돌아가면 그뿐 금융은 별로 중요하지 않다고 여기던 정부였다. 그러나 금융을 경시한 대가는 엄청났다. 마치 "바보들아, 문제는 경제가 아니라 금융이야"라고 말하듯 IMF의 파고가 들이닥쳤다.

김영삼 정부 최악의 실수: 단기자금회사의 종합금융회사 전환

그러면 지금은 멸종해서 이름조차 생소한 단기자금회사란 무엇일까? 단기자금회사는 박정희 정권의 사채 양성화로 탄생한 우리나라 특유의 이질적인 금융회사다. 다른 나라에서는 찾아보기조차 어려운 독특한 금융기관이다. 요즘으로 치면 머니마켓펀드(MMF)가 가장 가까운 형태이기는 하다. 하지만 MMF가 기업어음(CP), 은행 양도성예금증서(CD), 국채 등 다양한 단기채권에 투자하는 것과 달리 단기자금회사는 기업어음만 취급했다. 어음관리계좌(CMA)라고 하는 일종의 특수한 MMF를 운용했다. 돈에 여유가 있는 부자들이 주요 수신 고객이었다. 이들의 뭉칫돈을 예금으로 받아 기업들이 발행한 어음을 매입했다. 어음 발행자는 주로 재벌기업이었다. 1970~1980년대 은행 문턱은 높았다. 은행 금리는 상대적으로 낮았지만, 돈줄은 정부가 틀어쥐고 있었다.

기업은 단기어음을 발행해 운영자금을 마련해야 했다. 이 어음을 단기자금회사들이 할인해서 매입했다. 금리는 낮지 않았다. 기업은 급한 돈을 융통해서 썼고 단기자금회사는 고금리 수익을 올렸다. 누이 좋고 매부 좋은 격이었다. 어음할인에서 수취한 금리로 예금을 유치했다. 고도성장기를 거치면서 단기자금회사의 규모는 급성장했다.

1990년대 초 단기자금회사의 여수신 규모는 은행을 능가했다. '투자금융회사'라는 상호를 붙인 단기자금회사는 인기가 높았다.

부자들은 은행보다 높은 예금금리를 지급하는 단기자금회사 창구로 몰렸다. 고액의 급여를 지급해 직장으로도 인기가 높았다. 재벌과 금융기관들이 단기자금회사의 주주들이었다. 업계 1위는 장기신용은행이 대주주로 있었던 한국투자금융이었다. 나중에 하나은행으로 변신했다. 그 뒤를 보람은행이 되는 한양투자금융이 추격했다. 명동 한가운데 금싸라기 땅에 자리한 대한투자금융의 사옥은 유명했다.

그런데 김영삼 정부가 세계화를 국정 운영의 기치로 내걸자 단기자금회사들이 종합금융회사의 다양한 업무에 눈독을 들이기 시작했다. 수십 개의 회사가 경쟁하면서 비대해질 대로 비대해진 단기자금업계는 어음할인만으로는 성장에 한계가 있었다. 단기자금회사들은 금융권을 자신들이 창조한 자식쯤으로 여기던 재정경제원에 먹고살기 힘들다고 하소연했다. 예나 지금이나 자신이 관장하는 산업이 성장해야 한다는 정부의 그릇된 인식이 이때도 발동했다. 경쟁력을 잃어 도태되는 산업은 도태되어야 맞는 것이다. 이것을 정부가 무리하게 살려야 할 필요는 없다. 그것은 자원의 낭비이기 때문이다. 어쨌든 김영삼 정부는 단기자금회사들의 로비를 받아들였다. 1994년 지방 소재 9개 단기자금회사의 종합금융회사 전환을 인가했다. 그로부터 2년 뒤에는 15개 단기자금회사가 종합금융회사로 변신했다.

선발 6개사가 오손도손 나눠 먹던 종합금융시장에 엄청난 변화가 닥쳐왔다. 금융백화점으로서 정부의 보호와 해외 주주의 지원,

산업은행, 외환은행, 대우, 현대 등 막강한 국내 대주주의 엄호 아래 온갖 특혜를 누리던 선발 종합금융회사는 금융의 귀족이었다. 당시 종합금융회사 직원의 급여 수준은 국내 최고였다. 선진국 은행에서 외화를 빌려 리스 금융에 사용함으로써 안정적인 수익을 올리고 있었다. 거기다 단자 업무, 외환 업무, 국제투자 업무, 증권투신 업무까지 덤으로 하고 있었다.

반면 단기자금회사들은 좁은 어음할인시장에서 경쟁을 체질화했다. 어음할인은 순간적 판단에 의존했고 시간과의 싸움이기도 했다. 이런 상황에서 종합금융회사로 전환한 단기자금회사들은 기존 종합금융회사에서 인력을 스카우트하면서 공격적으로 영업에 나섰다. 국내시장에서 그랬다면 별문제가 되지 않을 수 있었다. 이들은 공격성을 해외시장에서도 드러냈다. 정부는 이런 단기자금회사와 기존 종합금융회사 간에 존재한 문화의 차이를 간과했다. 이들에게도 외국환은행의 라이선스를 발급했다. 단기자금회사들은 홍콩과 싱가포르의 국제금융시장을 휩쓸면서 신규 수익원이 될 외화 차입에 혈안이 되었다.

그러나 국제금융시장은 갑자기 등장한 24개의 신설 종합금융회사를 맞이할 준비가 돼 있지 않았다. 듣도 보도 못한 금융회사가 자신도 외국환은행이고 재벌 계열사라며 달러를 빌려달라고 요구하자 선진국 은행들은 당혹감을 느꼈다. 연준의 금리 인하로 국제자금시장에서 유동성이 풍부해진 1996년까지는 그나마 괜찮았다. 우리 정부가 외국환은행을 뒷받침하는 관행이 있으니 일단 믿어보자는 심리가 작용했다. 이머징 마켓으로 국제자금이 쏟아져 들어오며 국제자금은 점차 종합금융회사로도 밀려들었다.

그러자 종합금융회사들은 일종의 중개금융에 나섰다. 선진국 은행에서 싸게 달러를 빌려 태국과 인도네시아 등 동남아시아 기업과 금융기관에 비싸게 대출해 이자 마진을 챙겼다. 이렇게 이자 마진으로 챙긴 이익은 일견 땅 짚고 헤엄치기 식의 영업으로 얻은 손쉬운 이익으로 보였다. 부동산 개발 등에 자금이 한창 필요한 상태에서 대출 고객을 찾기 쉬웠기 때문이다.

은행 간의 치열한 경쟁도, 차입자에 대한 신중한 신용평가 과정도 없었다. 금융기관에 대한 대출이 주를 이뤘고 여신 기간도 3년 정도로 짧아 부도 위험에 대한 경계심을 가지지 않았다. 종합금융 회사들은 이내 손쉬운 동남아 투자 이익 놀음에 취했고 점점 대담해졌다. 당초 수천만 달러만 투자하려던 것이 수십억 달러로 늘어났다. 투자 대상도 단순 외화대출에서 채권과 주식 지분투자로 확대되어갔다.

나도 토요일 오후에 회사에 남아 동남아 채권 매입에 대한 승인을 받으려고 품의서를 기안한 적이 한두 번이 아니었다. 여신심사는 요식행위로 끝났다. 종합금융회사는 투자를 찍어내는 일종의 공장이 되고 있었다. 외화대출 신디케이트를 주선하기도 했다. 선진 투자은행의 전유물로 여겨지던 영역이었다. 국제금융에서의 종합금융회사의 눈부신 분전은 신문의 경제면을 장식했다. 재정경제원도 적극적으로 환영하고 표창했다.

그러나 종합금융회사의 좋은 날은 오래가지 않았다. 연준의 긴축으로 국제자금시장의 유동성이 악화했기 때문이다. 채권과 주식시장에서 외국인투자자들이 이탈했다. 주가가 빠지고 환율이 고공행진을 시작했다. 불안감을 느낀 선진국 은행들은 종합금융회사 대출에 대한 스트레스 테스트에 나섰다. 일부 후발 종합금융회사에 대해 단기 외화대출의 만기연장을 거부했다. 그런데 그 나비효과는 엄청났다.

한국은행이 은행의 외화 유동성 공급을 위해 운용하는 외국환평형기금의 대출금리가 상식 밖의 수준으로 급등했다. 이 뉴스는 로이터나 블룸버그를 통해 신속하게 퍼져나갔다. 국제금융시장의 신수들은 이것이 무엇을 의미하는지 잘 알았다. 금융 당국이나 국내 언론은 그 의미를 제대로 알지 못했지만, 그 뉴스는 종합금융회사들이 외화 유동성 위기에 빠졌음을 공식화하는 소식이었다. 다들 그렇게 국제금융시장의 동향에 깜깜했다. 그러나 선진국 은행들의 움직임은 빨랐다.

이들은 종합금융회사에 대한 외화대출의 고삐를 더욱 세게 조였다. 외화대출의 만기연장을 거부했다. 외화 차입금의 만기연장에 실패한 종합금융회사들이 취할 수 있는 수단은 별로 없었다. 정부도 보유 외환이 바닥을 드러내고 있었기 때문이다. 종합금융회사들은 대부분이 리스로 이뤄진 외화자산의 매각에 나섰다. 문제는 만기의 미스매치였다. 갚아야 할 외화 차입금의 만기는 3개월 또는 6개월 안에 속속 돌아오는데 외화 리스의 만기는 장기였다. 대출 만기가 수년 또는 수십 년에 이르기도 했다.

종합금융회사들은 외화자산을 유동화하려고 특별 태스크포스를 만들고, 자정을 넘기면서 야근을 했다. 그러나 연준의 긴축으로 이미 유동성이 말라버린 국제채권시장에서 코너에 몰린 종합금융회사들의 리스 자산유동화채권(ABS)이 순조롭게 팔릴 리 없었다. 투자은행들은 ABS의 인수를 차일피일 미루며 채권신용평가를 요구했다. 그러자 신용평가기관들은 국제보험사의 보증을 요구했다. 국제보험사는 산업은행 같은 국가기관의 지급보증을 또 요구했다. 산업은행이 자발적으로 지급보증에 나설 가능성은 적었다. 보증에서 오는 이익에 비해 위험이 너무 커 보였기 때문이다.

문제해결의 키는 정부가 쥐고 있었다. 그러나 정부는 여전히 우유부단했다. 종합금융회사가 찾아가 지급보증 문제를 해결해달라고 요구하기에는 과천 재정경제원의 문턱은 너무 높았다. 신속하게 정부가 선제적으로 나서야 했다. 종합금융회사 직원들이 왜 주말에도 나와서 야근을 하고 있는지, 문제가 무엇인지 파악해서 지급보증을 주선해야 했다.

환란 회피의 기회를 날린 정부의 무능

필자는 지금도 그 생각을 지울 수 없다. 강당을 개조해 입술에 피가 마르도록 외화자산유동화에 매달리던 직원들의 노고는 그렇게 허사가 돼야 했을까? 이때 만일 정부가 나서서 국책은행을 통해 ABS를 지급보증하도록 했다면 어떻게 됐을까? IMF 외환위기의 원인을 경제보다는 금융시장 참가자의 비합리성과 공포심리에서 찾는 내 입장에서 보면 종합금융회사 ABS 유동화가 성공했다면 외환위기가 아마도 우리나라를 비켜 갈 수 있었으리라 생각한다. 연이은 나쁜 소식에 투자 손실에 대한 공포가 극대화된 선진국 은행들에는 한 가지라도 굿 뉴스가 절실했다. 그런데 외화 ABS 발행 성공은 엄청난 희소식이었을 것이다. 이를 통해 선진국 은행들은 차분히 우리나라의 상황을 되돌아볼 여유가 생겼을 것이다. 동남아 외환위기로 크게 흔들리는 본국의 의사 결정자에게 한국은 역시 다르다고 설득할 수 있었을 것이다.

그러나 정부는 움직이지 않았다. ABS 발행은 물 건너갔고 종합금융회사의 외화 유동성 위기는 피할 수 없는 현실이 됐다. 종합금융회사가 태국과 인도네시아에 투자한 외화채권의 부실화도 시간이 갈수록 심각해졌다. 이미 외환위기에 들어간 이 나라의 금융기관이 발행한 채권의 가치는 4분의 1로 떨어졌다. 종합금융회사가 입은 손실이 투자금의 75%에 달했다. 재무구조가 점점 나빠졌다. 자금 사정이 다소 나은 시중은행을 찾아가 외화대출을 읍소했지만 어렵기는 그들도 마찬가지였다. 종합금융회사가 외화채무의 부도를 면하려고 할 수 있는 대안은 단 한 가지로 좁혀졌다.

외환시장에서 원화로 달러를 사서 채무를 갚는 방법이었다. 달러 매수자금을 마련하려고 종합금융회사들은 만기가 돌아온 어음을 연장하지 않고 돌렸다. 기업들이 자금난에 처하면서 어음을 먼저 돌려야 대출 회수 가능성이 그나마 크다는 판단이 서자 자금시장에 아비규환이 벌어졌다. 우량기업도 여러 종합금융회사가 동시에 돌리는 어음을 막을 재주는 없었다. 종합금융회사들이 살아남으려고 벌이는 살벌한 헝거 게임으로 유수의 재벌들이 우수수 부도가 났다. 국내외를 막론하고 금융시장의 상황이 이렇게 어처구니없게 흘러갔지만, 재정경제원과 한국은행은 뾰족한 대책을 마련하지 못했다. 시장이 차례로 무너지고 나서야 이런저런 대책을 소 잃고 외양간 고치는 격으로 남발하기에 급급했다.

그렇다면 당시 정부는 왜 이렇게 무능했을까? 학력고사에서 최고의 점수를 받았고 행시에서도 수석권에 든 직원이 수두룩했던 재정경제원은 무엇이 문제였을까? 금융위기 당시 정부의 무능은 경직된 관료 체제가 빚어낸 한계와 금융시장에 대한 무지의 합작품이었다. 정책의 주도권을 쥔 재무관료들은 대부분 행정고시 출신이었다. 대다수가 경제학이나 경영학 전공자였다. 재경직을 합격한 수재들이었다.

그러나 재정경제원 관료들은 경제나 법률 전문가였지 금융 전문가는 아니었다. 문제가 생기면 법적·제도적 장치를 마련하는 데는 훌륭한 능력을 발휘했지만 금융시장의 움직임에는 큰 관심이 없었다. 그것은 또 다른 금융 당국인 한국은행도 마찬가지였다. 한국은행 조사역들은 거시경제 데이터를 분석하는 데는 뛰어났지만, 현실의 금융시장이 어떻게 작동하는지 관심이 적었다.

거기에다 당시에는 금융감독도 업종별로 분리돼 있었다. 은행은 한국은행 산하의 은행감독원이 담당했고 자본시장은 증권감독원이 감독했다. 종합금융회사에 대한 1차적 감독권은 재정경제원이 쥐고 있었다. 자금시장은 금융권을 막론하고 밀접하게 얽혀 있었지만, 감독권이 분산된 금융시장은 효과적으로 모니터링이 이뤄지지 않았다.

금융경색은 경제성장에 치명적 해악을 끼친다. 돈이 돌지 않아 기업들이 줄줄이 부도나기 때문이다. 그 영향으로 은행의 자산건전성도 위태로워진다. 그 결과 은행들이 서로를 신뢰하지 못하면 자금시장에 일대 혼란이 발생하고 금융권에 유동성 위기가 발생한다. 이렇게 자금시장이 혼란에 빠지면 자금의 흐름을 꿰뚫고 있어야만 해결방안이 나올 수 있다. 온수와 냉수가 어떻게 흐르는지 알아야 물이 새는 배관을 고칠 수 있는 것과 같다. 그래서 금융은 경제의 혈맥이고 자금은 돈의 배관을 따라 흐른다. 금융 당국은 금융의 배관(Plumbing) 시스템을 이해해야 한다.

1997년 당시 재정경제원과 한국은행 모두 여기에는 문외한이나 다름없었다. 연초부터 한보철강을 비롯한 유수의 재벌기업들이 종합금융회사의 어음 돌리기로 부도가 났다. 날이 갈수록 종합금융회사들의 외화 유동성도 말라갔다. 하지만 금융 당국은 자금시장의 심각성을 제대로 파악하지 못하고 있었다. 여러 대책을 내놓았지만 타이밍이 늦었다. 자금 관련 데이터를 수집하고 있었지만, 제대로 분석해 문제점을 발견할 능력도 조직도 뒷받침되지 않았다. 마치

예기치 않은 급류가 위협하는 항로를 경험도 없이 무능한 선장이 조타수를 잡고 선단을 이끌고 가는 것과 진배없는 형국이었다.

수정한 피셔 방정식($MV = PY + P'Y'$)으로 IMF 금융위기를 풀어보자. 경상수지 적자가 누적돼 통화량 M이 저하됐다. 종합금융회사의 신뢰 상실이 환율 급등으로 이어지며 외국인투자자가 자본시장에서 급격하게 이탈했다. 자본시장이 붕괴되면서 자산가치(P')가 폭락했다. 그 여파로 실물경제에 자금난이 심화되고 금융시장에 유동성 위기가 왔다. 화폐의 유통 속도 V가 떨어진 것이다. 그 여파로 실물경제 성장(Y)이 저하됐다. 이것은 다시 주가와 부동산 등 자산가격(P') 하락을 가져왔다. 실물경제와 자산시장은 밀접하게 연결되어 상호 영향을 주고받았다.